불타는 지구에서 다르게 살 용기

일러두기

1. 출처를 밝힐 때 전자책에서 직접 인용하는 경우 장과 절만 표시했고, 웹사이트에서 직접 인용하는 경우 페이지 및 URL 표시는 생략했습니다. 언론매체에서 인용하는 경우 의견이 포함된 기사나 칼럼만 출처를 밝혔습니다.
2. transition은 '이행전환', transformation은 '전환' '변혁' 등으로 옮겼고, 두 단어가 혼용되는 경우 '전환'으로 옮겼습니다.
3. 탈성장(degrowth)과 포스트성장(postgrowth)은 맥락에 따라 혼용했고, 거의 같은 의미로 썼습니다.

불타는 지구에서 다르게 살 용기

새로운 전환의 서사를 위하여   조효제 지음

다르게 살 용기

창비

기후위기 부정론과 과학기술만능주의가 감각을 마비시키는 시
대다. 기후·사회·생태가 중첩된 위기는 너무 거대하고 막막해,
우리는 매일 위기를 체감하면서도 방관자의 자리에 머물고 싶
어 한다. 그러나 기후위기와 문명전환을 둘러싼 질문들에 정직하
고 친절하게 응답하는 이 책을 읽다보면 이미 큰 걸음을 떼고 있
는 자신을 발견하게 될 것이다. 탐욕과 적대, 격차와 분열, 혐오로
지친 한국 사회에서 '모든 존재를 위한 좋은 삶'을 상상하는 일
은 그 자체로 가슴을 뜨겁게 한다. 이 책은 문명전환이라는 쉽지
않은 길을 두려움보다 희망과 실천의 마음으로 선택하도록 이끈
다. 완주를 서두르지 않으면서 함께 걸을 길을 내주고, 우리를 '함
께-되기'의 자리로 초대한다. 우리는 녹색 민주시민으로 성장하
고자 하는 마음과 오래 묵혀온 가능성을 다시금 발견하게 된다.

김현미 연세대학교 문화인류학과 교수·에코페미니즘연구센터 전 소장

저자는 마침내 이 책에서 복합위기를 돌파하는 거시적 해결책을 제시한다. "산업문명에서 생태문명으로!" 이를 위한 연착륙 과정을 고민하면서 다양한 전환이론과 사례를 검토해 촘촘한 경로를 제시한다. 전환의 길에는 여러 선택지가 있기에 미로처럼 보이지만, 차근차근 실마리를 풀어간다면 목표에 이를 수 있다는 희망을 선사한다. 지금 우리에게 중요한 건 속도가 아니라 방향이라는 진리를 일깨우는 한편, 문명전환이라는 과제와 실천 사이의 깊은 간극에 무력감을 느끼는 이들에게 단순하지 않으면서도 확실한 나침반을 제공한다. 그 나침반의 사용법은 이 책처럼 묻고 답하기를 거듭하는 것이리라.

한윤정 녹색연합 공동대표

지금은 인간의 운명과 지구환경의 안정이 불가분으로 엉켜 있다. 이런 시대에도 사회적 위기와 생태적 위기가 동일한 뿌리를 가지고 있다고 차근차근 풀어주는 이야기는 만나기 힘들다. 그리고 그 두 위기를 헤쳐갈 수 있는 진정한 길잡이는 경제성장도 기술 맹신도 아닌, 바로 사회와 자연이 모두 평화와 기쁨을 얻을 수 있는 '우리 모두의 좋은 삶'임을 설명해주는 이야기도 만나기 힘들다. 이 책은 그 두가지 이야기를 다시 하나로 엮어냈다. 그 각각의 이야기로 진입하기 전에 꼭 읽어두어야 할 책이다.

홍기빈 글로벌정치경제연구소 소장

　미래의 함의와 추정이 강하게 포함된 책을 쓰는 일은 부담이 큽니다. 이런 주제가 현실과 동떨어진다고 보는 시선이 있음을 잘 압니다. 게다가 저는 기후-환경 분야의 전문가도 아닙니다. 그럼에도 이 책을 내기로 마음먹은 이유는 인권사회학자로서 위기의 시공을 넘는 여정에 조금이라도 힘을 보태야겠다는 의무감 때문이었습니다. 처음부터 계획했던 일은 아닌데, 『탄소 사회의 종말』(21세기북스 2020)과 『침묵의 범죄 에코사이드』(창비 2022)를 잇는 사회생태위기 3부작을 연이어 출간하게 되었습니다.

　기후를 포함한 사회생태위기의 정책적 방법이나 이론적 논쟁을 자세히 되풀이할 생각은 없습니다. 이 책은 현상황을 사회, 정치, 역사의 넓은 캔버스에서 비판적이면서도 뉘앙스 있게 독해하고 싶은 일반독자를 위한 교양서입니다. '빨리 행동하라'라는 메시지에 적절하게 반응하기 위해 우선 고민을 가다듬고 싶은 시민을 위한 안내서입니다. 생태문명으로 나아가야 하는 당위성, 그리고 수많은 사람이 처해 있는 절박한 현실 사이를 잇는 가교로서의 스토리텔링입니다. 눈앞의 기후대응을 넘어 '문명전환'을 위한 이행과정에 초점을 맞춰 읽어주시면 좋겠습니다.

사회생태위기에서 모두에게 들어맞는 단일한 해법은 없습니다. '누구의, 누구에 의한, 누구를 위한 해법인지를 물어야 합니다. '목적이 무엇이고 언제까지가 유효시한인지'를 물어야 합니다. 그것에 더해, 어떤 '해법'이든 불확실성이 내재되어 있음을 솔직하게 인정해야 합니다.

이런 고민들과 힘겹게 씨름했던 몇년의 결과를 내놓습니다. 십년, 이십년 뒤 이 책을 다시 펼쳤을 때 스스로 부끄럽지 않기 위해 성의를 다해 집필에 임했습니다. 교양서의 성격을 유지하기 위해 최대한 쉽게 쓰려고 노력했습니다만 그 결과가 어떨지는 독자들의 평가에 맡깁니다.

자료를 제공해주신 국내외 연구자들, 구도완, 김병권, 김왕배, 김종우, 김철효, 서현수, 송지우, 유희석, 이주영, 이창곤, 조성환, 조향, 제러미 벤딕케이머Jeremy Bendik-Keymer, 헨드리크 요하네만Hendrik Johannemann, 레이 허드슨Ray Hudson, 크레이그 런디Craig Lundy, 이분들께 동학으로서 고마움을 표합니다. 바쁜 가운데 초고를 읽고 건설적인 논평을 해주신 박경미, 최재돈, 한승동 선생님께 진심으로 감사드립니다. 세교포럼의 공부 모임을 통해 세상 보는 눈을 넓힐 수 있었습니다. 생명애콜로키움과 기후정치시민물결의 장을 마련해주신 강대인 원장님, 한윤정 대표님을 비롯한 여러 선생님께도 인사를 드립니다.

원고를 쓰면서도 뉴스 속보에 신경을 곤두세워야 했던 계엄의 겨울을 지켜주신 민주시민들에게 깊은 연대의 마음을 전합니다. 헌신적으로 사회시스템을 방어하는 인권 운동가와 연구자, 지구시스템의 문지기 역할을 하는 기후-생태-환경 운동가와 연구자, 이분들과 생각을 나눌 수 있어서 큰 행운이었습니다.

원고를 마감하기 전 대담을 통해 변혁적 중도에 관해 귀중한 가르침을 주신 백낙청 선생님께 감사드립니다. 책의 기획 단계에서부터 성원해주신 창비의 염종선 사장님, 콘텐츠 관련 자문을 해주신 강영규 국장님, 샘플 원고에 유용한 피드백을 주신 정소영 부장님,『침묵의 범죄 에코사이드』에 이어 이번에도 깔끔하게 편집을 맡아준 김새롬 선생님께도 고마운 인사를 전합니다. 편집부에서 경어체 문장을 제안한 덕분에 새로운 형식의 글쓰기를 시도해볼 수 있었습니다.

이 책을 준비하던 중 많은 일들이 일어났습니다. 국내외적으로 상상도 할 수 없었던 사태들이 벌어졌고, 사회생태위기는 놀라울 정도로 빠르게 악화되었습니다. 그 와중에 어머니 남차생南次生 여사가 돌아가셨습니다. 저는 오랫동안 재직하던 대학을 은퇴했고, 한국인권학회에서도 물러났습니다. 앞으로 사회-지구시스템의 경계에 속한 문제에 더욱 시간을 쏟을 작정입니다.

늘 이번 원고만 마치면 삶의 속도를 늦춰보겠다고 약속한 것이 벌써 몇번째인지, 면목이 없을 지경입니다. 아내 권은정에게 미안함과 감사함을 전합니다. 인공지능과 뉴미디어에 관해 대화 상대가 되어주고, 멋진 삽화까지 그려준 사랑하는 딸 명원이에게 아빠로서 자랑스러운 마음을 적어둡니다.

2025년 늦가을
북악산 자락에서
조효제 드림

차례

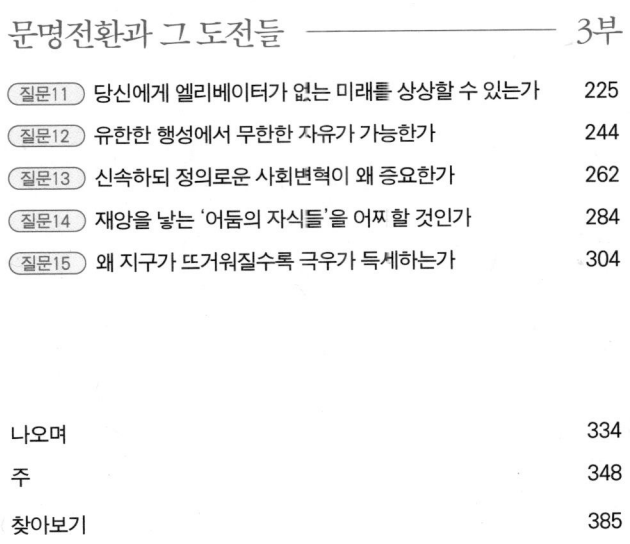

바로 앞에 있는 것이라도 제대로 보려면 무진 애를 써야 한다.
——조지 오웰 George Orwell

종합하기를 주저하는 것이 요즘 학문의 경향이다.
——데이비드 그레이버 David Graeber · 데이비드 웽그로 David Wengrow

이것 아니면 저것, 양자택일 식으로 사회운동을 해서는 안 된다.
이것 그리고 저것을 함께 하는 길을 찾아야 한다.
——알베르토 멜루치 Alberto Meluchi

이 책을 쓰던 몇 년 사이에 다음과 같은 일들이 벌어졌습니다. 재생에너지 RE100 논란, 원전/탈원전 논쟁, 반지하 거주 발달장애인 세모녀 폭우 참변, 오송 지하차도 참사, 후쿠시마 방사능 오염수 방류, 홍수와 채상병 사망, 대파 가격으로 상징된 물가 문제와 총선, 새만금 간척지 잼버리 행사 파행, 영일만 '대왕고래' 석유 시추, 신공항 건설 논란, 아파트 전기차 화재, 조류 충돌과 항공기 참사, 남태령 농민행진, 화력발전소 폐쇄 논란, 경북 대산불, 대선 기후토론, 경제성장 공약과 기후대응 논쟁…. 이들의 공통점이 무엇이겠습니까? 기후·생태·환경 문제가 사회와 정치의 핵심 쟁점으로 떠올랐다는 점입니다. 한 언론은 "기후재앙은 이미 '통제불능'… 도망도 못 간 채로 이제 진짜 '끝'"이라는 기사를 내보

냈습니다.

그것과 함께 불평등 심화, 장기침체, 취약노동 및 비정규직의 증가, 출생률 격감, 자영업 악화, 돌봄위기, 울분감의 심화, 코로나19의 경제적·사회적 후유증, 기후·과학·백신 음모론과 가짜뉴스, 탈진실, 알고리즘 중독, 국내외에서의 극우세력 발흥, 혐오와 차별, 정치적 양극화, 인공지능 확산, 남북한 관계 변화, 전쟁, 지정학적 재배열과 동아시아의 안전 등이 거대한 위험요소로 떠올랐습니다.

주의 깊은 관찰자라면 국내외에서 동시다발로 일어나고 있는 기후, 생태, 정치, 사회의 위기를 관통하는 어떤 경향을 감지할 수 있을 것입니다. 지금은 문명사적 문제의식이 필요한 시간입니다.

위기의 시대, 우리에겐 새로운 서사가 필요하다

저는 이 책에서 기후문제를 포함한 사회생태위기와 관련하여 기존의 연구와 활동들이 쌓아온 성과를 존중하면서, 몇가지 부족한 점들을 보완하려 합니다.

우선, 위기를 극복하면 '지금과 비슷하게' 살 수 있을 것이라는 적응-유지형 서사가 갖는 한계를 보완하려 합니다. 이런 생각의 바탕에는, 탄소중립을 달성하고 경제와 사회가 변화된 상황에 적응하면(쉽진 않겠지만), 현재의 자본주의적 기술·산업문명을 '어쨌든' 지속할 수 있을 거라는 전제가 깔려 있습니다. 이런 입장에서는 기후위기를 현재의 문명 내의 고장으로 파악하지요. 고쳐서 다시 원래대로 쓰겠다는 말입니다.

현재의 사태를 '고장과 수리'라는 관점에서 접근하는 것은 당장에는 합리적 선택처럼 보일지 몰라도 장기적으로는 문명의 경착륙으로 귀결될 가능성이 높습니다. 기후위기는 현재의 문명 자체의 문제이기 때문입니다. 물론 탄소중립, 더 근본적으로는 탄소 마이너스와 에너지 이행전환은 반드시 달성해야 하는 목표입니다. 그러나 그것은 익숙한 삶을 계속 유지하기 위해서가 아니라, 완전히 새로운 목적 — 연착륙을 통한 문명전환 — 을 위해서 이루어져야 합니다.

2025년 10월 신설된 기후에너지환경부의 출범식에서 장관은 "탄소문명을 종식시키고 (…) 탈탄소 녹색문명으로 대전환하기 위한 첫걸음"이라고 했습니다. 정부의 고위관리가 녹색문명 대전환이라는 발언을 한 것은 분명 진일보한 입장입니다. 하지만 이 책에서 논하는 문명전환은 그보다 더 깊은 의미의 변화입니다. 문명전환이란 단순히 기술적인 고체가 아니라, 사회시스템의 다층적 현실을 고려하면서 전체 사회-지구시스템을 급진적으로 변혁하여 포스트자본주의적 생태문명을 만드는 것입니다. 이런 주장은 사람들 대다수가 당연시하는 인식의 '안락지대'를 벗어나야 한다는 말이어서 불편하게 들릴 수도 있습니다.

그만큼 문명전환은 어려운 과정이 될 수밖에 없고, 특히 전환의 초기 단계에서는 전문적이고 기술적인 '정답'보다 민주시민의 시각과 정신이 훨씬 더 중요합니다. 전환은 달콤한 현상유지의 유혹을 뿌리치고, 어려워 보이는 길을 의도적으로 선택해야 하는 일이기 때문입니다. 저는 이것을 '정책보다 정견, 방법보다 방향'이라고 표현합니다. '정견正見'이란 팔정도八正道의 첫째 덕목인 '올바른 견해'를 말합니다. 정견이 있을 때 '정정진'(正精進, 용기있게 행하는 올바른 노력)도 잘 이루어질 수 있을 것입니다. 이 책에서 '정책'을 일부 다루기는 합니다만, 위기 앞 인간의 자세에 대해 올바른 견해가 설 때 위기극복의 방향을 제대로 잡을 수 있고 문명전환 과정에서 민주적 자기결정권을 행사할 수 있다는 점을 주로 강조하려 합니다.

요즘처럼 위기에 대한 우려가 높아진 시대일수록 '어떤 행동'을 하느냐에 앞서 '어떤 지향'을 가진 사람이 될 것인가를 고민하는 것이 더 본질적인 과제입니다. 지향과 견해가 분명한 녹색 민주시민이 되어야 개인적 환경 실천에서부터 정치적 선택, 나아가 현재 문명의 미래에 대하여 일관되고 공동선중심적인 입장을 취할 수 있습니다.

앞으로 위기가 심각해질수록 전혀 예상치 못했던 경제적·사회적 문제들이 일어날 가능성이 큽니다. 예를 들어, 저지대 상습 침수지역의 자산가치가 폭락하여 부동산 금융거래가 정지되는 최악의 시나리오가 한국에서 실제로 거론되기 시작했습니다.[1] 이런 사태 앞에서 누가, 어떻게, 얼마나 고통을 분담해야 할까요? 앞으로 계속 터져나올 이런 생소한 문제들은 선례가 없고 정해진 답도 없습니다. '녹색 민주력'을 발휘하여 공동선을 위한 해법 — 한번도 시도해보지 않았던 — 을 그때그때 창안해야 합니다. 이 때문에 지향이 확실한 녹색 민주시민의 존재가 위기에 대비하는 최선의 방책인 것입니다.

다음으로, 이론과 현실 사이의 간극을 좁히려 합니다. 현재 처한 위기의 뿌리를 직시한다면 탈성장(포스트성장)이나 포스트자본주의 방향으로 가는 것이 논리적으로 타당해 보입니다. 그러나 그런 이론적 주장이 현시점에서 당장 현실과 만나기란 쉽지 않습니다. 이론적 정합성을 높인다고 해서 그런 접점이 쉽게 찾아지는 것도 아니지요.

어떤 새로운 생각은, 그것을 둘러싼 '사회적 의미의 그물망'이 촘촘하고 두터워질 때 현실과의 접촉면이 커질 수 있습니다. '사회적 의미망'이란 현상황에 대한 객관적 인식, '정답'의 실행을 가로막는 장벽에 대한 사회학적 이해, 자본주의체제의 지속불가능성 직시, 정치에 대한 상상력의 확장, 실천 및 수행을 통한 전환의 친숙화, 대안적 세계에 대한 정동적 고양을 합한 개념입니다.

제가 연구해왔던 인권사회학, 글로벌사회학, 국제개발론의 이론적 자원을 동원하여 전환을 위한 사회적 의미망의 확충에 힘을 보태려 합니다. 그래야 사회시스템 티핑포인트(tipping point, 급전환)의 선행조건이 마련될 수 있기 때문입니다. 예를 들어, 포스트성장이나 체제전환을 통해 포스트자본주의 사회로 가려면 반드시 '권력'의 문제를 다뤄야 합니다. 또는 문명전환을 위해 개인의 주도적 첫걸음이 어떤 역할을 할 수 있는지를 찾아보는 것도 실천적으로 중요합니다.

마지막으로, 전환의 통합적 서사가 부족한 점을 메우려 합니다.

'구슬이 서말이라도 꿰어야 보배'라는 말이 있지 않습니까? 저는 그동안 읽었던 '지식의 구슬들', 즉 생태사회주의, 에코페미니즘, 생태경제학, 정의로운 전환, 탈성장, 포스트성장, 비판지리학, 체제전환, 포스트자본주의, 사회생태 전환, 신유물론, 행위자연결망 이론, 에너지 민주주의 등에서 많은 배움을 얻었습니다. 그러나 이런 이론들을 종합하여 일반독자를 위한 전체적인 그림을 보여주는 서사는 드물었습니다.

그러다보니 제가 품은 질문들을 중심으로 이론적 '구슬들'을 잘 꿰어 설득력 있는 '보배'가 될 서사를 세상에 내놓고 싶다는 바람이 커졌습니다. 이 책은 그런 모색의 결과입니다. 개별 이론이 갖는 정교함이 부족하더라도, 일반독자를 위해 최신 자료를 동원하여 문명전환에 관한 한 편의 이야기를 제시했다는 점에서 의미를 찾아주시면 좋겠습니다.

서사를 구성하는 이정표

구슬을 잘 꿰려면 기본 디자인이 필요하듯, 전체 서사를 위해 몇가지 이정표를 세워 우리 논의의 기본방향을 설정했습니다. 이런 방향들은 책에서 독립된 질문으로 다뤄지진 않았지만, 책 내용을 구성하는 15개 질문들의 배경을 이룹니다.

㉠ 3중의 어려움. 위기를 염려하는 선의의 시민은 3중의 어려움을 겪기 마련입니다. 환경을 위해 개인으로서 할 수 있는 실천을

행하고 있지만 그 정도로는 위기극복에 부족할 것 같은 회의감, 정치적 해법이 중요하다는 점에 동의하지만 좀체 바뀌지 않는 정치현실에 대한 불만감, 그리고 자본주의와 무한 경제성장이 위기의 근본원인임을 잘 알지만 그것을 바꾸기가 어렵다는 난감함이 그것입니다. 이 3중의 어려움이 하나로 합해지는 병목지점에 어떤 식으로든 돌파구가 필요합니다.

개인 실천의 효과는 실질적 차원과 표출적 차원으로 나눠서 생각해야 합니다(뒤에서 설명하겠습니다). 정치적으로는 현재 주어져 있는 제도적·비제도적 수단이라도 최대한 활용하면서, 새로운 민주적 실험을 계속하는 것이 중요합니다. 자본주의 시스템의 근본적 변혁은 특히 어려운 도전입니다.

근본원인을 거론하는 것에 거부감, 두려움, 외면, 냉소, 무시와 같은 반응을 보이는 사람이 적지 않습니다. 당장 실천할 수 있는 방법론이 빠진 원론적인 주장을 공허하다고 여기는 눈앞의 문제해결식 사고방식, 근본원인을 공개적으로 거론하지 않으려는 문화 풍토, 타인의 시선에 대한 부담감, 실현가능성이 낮아 보이는 이상론을 언급하기 싫어하는 인지부조화 회피심리 때문입니다. 이런 사람에게도 접점이 되어 오닿을 수 있는 급진성의 어떤 고리가 있어야 할 것입니다.

ⓛ 사회-지구시스템. 인간사회와 지구환경이 함께 작동하는 현상('동조화')이 사회생태위기의 특징입니다. 지구시스템과학에서는 주로 지구의 생물물리적 요소를 다루었지만, 이제는 인간의 활동으로 지구시스템이 근본적으로 바뀌었음을 인정하게 되었습

니다. 기후위기가 좋은 예입니다. 인문사회과학에서는 주로 인간 사회의 정치, 경제, 사회, 문화, 예술 등을 다루었지만, 지구시스템이 그러한 활동들의 기반을 격변시켰음을 인정하게 되었습니다. 이제는 세상을 '사회-지구시스템'으로 통합된 실체라고 파악해야 합니다.

ⓒ 자본주의 생애주기의 일몰. 앞선 문명들과 마찬가지로 자본주의 기술·산업문명의 생애주기도 일몰 단계에 접어들었습니다. 일시적 하강 국면이 아니라 하강 추세가 계속되고 있습니다. 아무리 온실가스를 줄여도 장기적으로는 이 문명의 퇴조를 돌이킬 수 없습니다. 그 이유는 본문에서 다룹니다. 길게 보아 우리 앞에 놓인 길은 경착륙과 이 문명의 붕괴냐, 아니면 연착륙과 새로운 문명의 태동이냐, 둘 중 하나입니다. 미래를 위한 좋은 선택은 당연히 후자이겠지요.

ⓔ 정의로운 연착륙. 연착륙의 핵심은 기술·산업문명의 모순을 최대한 시정하여 사회-지구시스템을 안정시키면서, 새로운 문명을 태동시키기 위한 다양한 실험을 시도하는 '복합적응형 이행과정'입니다. 헬기의 착륙 과정을 상상해보십시오. 헬기는 하강하는 동안 반대의 힘을 작동시켜, 중력과 부양력이 균형을 맞춘 상태에서 천천히, 안전하게 착지합니다. 연착륙 과정을 잘 관리하면 대다수 시민의 삶이 지금보다 나아질 수 있습니다. 연착륙이 잘 이루어져야 사람들이 새로운 문명을 향한 전환에 나설 수 있는 물질적·정신적 역량이 생기고, 세상이 공정하다는 신뢰에 기반하여 전환에 대한 합의가 커질 수 있습니다. 그렇게 해야 '인간/비

인간의 최대한 돌봄'도 가능해집니다. '정의로운 연착륙의 정치'가 생략된 문명전환은 아무리 의도가 좋아도 큰 피해가 수반될 것입니다.

ⓜ 전환 갈등. 연착륙 과정에서는 갈등이 커질 수밖에 없습니다. 예를 들어, 불평등 축소와 재분배와 복지확충을 위한 '조건부 성장' 전략과, 포스트성장을 통한 경제의 재조직화 및 경제성장을 전제하지 않는 생태적 복지 전략이 충돌할 가능성이 있습니다. 또는 국내에서 연착륙을 하고 싶어도 국제적 경쟁압력 때문에 진퇴양난에 빠질 수도 있습니다. 이처럼 창조적 절충의 요구와 비타협적 원칙의 요구가 경합하는 전환의 과정을 이론적으로 지원하는 일이 우리 시대 지식인의 책무라고 생각합니다.

ⓗ 근대의 이중과제와 전환. 복합적응형 이행과정에서 근대의 적응과 극복이라는 이중과제가 명시적으로 드러납니다.[2] 근대의 기술·산업문명에 '적응'한 '실력'을 발휘하여 연착륙을 감당하면서, 동시에 이 문명을 '극복'하기 위한 재부상(재조직화)에 나서야 합니다. 근대의 사상적 성취(민주주의, 입헌주의, 자유, 평등, 성평등, 연대, 정의, 인권)를 방어하고, 근대의 물질적 도전인 만인의 번영과 불평등 축소를 달성하면서, 동시에 포스트자본주의로 나아가는 고차방정식이 요구되는 것이지요. 근대의 극복에도 적응기간이 필요합니다. 전환의 충격과 부작용을 최소화할 수 있도록 완충적 시간을 확보해야 합니다. 이런 점이 부족하면 전환이 아니라 '붕괴'에 가까운 상태가 됩니다.

ⓢ 사회시스템 패러다임과 지구시스템 패러다임. 현시대, 중첩되면

서도 구분되는 두 패러다임이 경합 중입니다. 한편에는 근대의 사회시스템을 개혁하려는 노력이 있습니다. 이를 '사회시스템 패러다임'이라 불러봅시다. 다른 편에는 지구시스템에 친화적인 문명을 지향하는 움직임이 있습니다. 이를 '지구시스템 패러다임'이라 불러봅시다. 사회시스템 패러다임은 민주주의, 노동, 여성, 성평등, 문화다양성, 인권, 장애, 평화, 정의, 이주 등에 관심을 기울입니다. 지구시스템 패러다임은 생명, 생태, 생물다양성, 환경, 자연, 사물, 비인간과의 공존, 동물권 등에 신경을 쏟습니다. 사회시스템 패러다임은 주로 '근대의 적응'에 집중해왔고, 지구시스템 패러다임은 주로 '근대의 극복'을 염원해왔습니다. 기후생태위기는 두 패러다임의 공집합에 속하는 문제여서 사회-지구시스템의 붕괴 또는 보전에서 핵심 연결고리가 됩니다. 기후생태위기가 문명전환의 방향타 역할을 할 것이라는 뜻입니다.

◎ 상호 전환. 전환의 초기 이행과정은 기존 시스템을 일방적으로 넘어서는 단계가 아닙니다. 사회시스템 패러다임과 지구시스템 패러다임이 '상호 전환'을 수행해야 합니다. 양쪽이 서로 상대의 관점을 인정하고, 양쪽 모두가 서로 '상대방 쪽으로' 변해야 한다는 뜻입니다. 전환에는 인식, 감성, 행동이 모두 포함됩니다. 양쪽 다 의아해하실지 모르나, 이런 전략이 중요합니다. 특히 사회시스템 패러다임은 기술·산업문명의 불가역적 퇴조를 인정하고, 자신의 사상과 활동이 지구시스템 패러다임으로의 이행에 어떻게 기여할지를 '의식적으로' 고민해야 합니다. 노동이나 불평등 문제를 해결하기 위해서라도 기후생태적 차원에서의 접근이

필수라는 점을 인식해야 합니다. 지구시스템 패러다임 역시 이행 과정에서 기술·산업 문명의 관리적·분배적 기능이 여전히 필요함을 인정하고, 자신의 사상과 활동이 사회시스템의 연착륙에 어떻게 기여할지를 고민해야 합니다. 연꽃을 피우려면 진흙바닥에 뿌리를 내려야 하는 법입니다.

ⓐ 변혁적 중도와 문명전환. '상호 전환'은 '변혁적 중도'론과 일맥상통합니다. 변혁적 중도는 분단체제 극복을 위한 실천담론으로 제기되었지만, 분단체제가 세계체제의 일부이므로 전지구적 차원에서도 실천적 함의를 지닐 수 있다고 저는 해석합니다.[3] 변혁적 중도의 통찰을 문명전환을 위한 사회-지구시스템 변혁에도 활용할 수 있습니다. 사회시스템 패러다임과 지구시스템 패러다임이 '함께 그리고 동시에' 서로 교차하면서 바뀔 때 사회-지구시스템의 근본적 전환이 가능해집니다.

변혁적 중도는 두 패러다임의 상호 전환뿐 아니라, 학문들의 교류라는 측면에도 적용될 수 있습니다. 문명전환에서는 간학문적·다학문적, 더 나아가 초학문적 접근이 필수적입니다. 생태학, 생물학, 지구과학, 기상학, 물리학 등 자연과학, 그리고 경제학, 정치경제학, 사회학, 정치학, 인류학, 지리학, 사회생태론, 정치생태론, 철학, 종교 등을 총동원해야 합니다. 전환에 관한 지식은 어떤 사실을 발견하는 것이 아니라, 프레임 자체를 바꾸고 새로운 것을 창조해가는 과정에서 우러나오는 것입니다.[4]

변혁적 중도론은 문명전환 그 자체와 궤를 같이하는 면도 있습니다. 문명전환이 사회적 물질대사 전환이나 기후위기 극복을 포함하면서도, 그것을 넘어 전체 사회-지구시스템 내 다양한 분야의 변혁들을 통합한다는 점에서도 변혁적 중도의 의미가 큽니다.

ⓧ 녹색 민주시민. 변혁적 중도의 자세로 문명전환을 견인할 수 있는 최적의 주체는 '녹색 민주시민'입니다. '녹색 민주시민'은 사회시스템 패러다임과 지구시스템 패러다임의 상호 전환을 실천합니다. 녹색 민주시민은 초학문적 관점을 기본값으로 하여 녹색화된 민주사회의 전반적인 '합목적성'을 추구한다는 점에서, 전문가들이 빠지기 쉬운 단일의제 중심주의('사일로'silo 현상)를 넘어설 수 있습니다. 그러기 위해서는 적극적으로 '전인적 녹색 민주시민 교육'을 펼쳐야 합니다.

녹색 민주시민의 '녹색 민주력'은 연착륙 과정에서 사회의 응집력과 회복력을 유지하는 토대가 되며, 전환과정에서 오는 갈등에 정의롭게 대처할 수 있음에 대한 최선의 보증입니다. 녹색 민주시민은 현실의 모순, 인간 행동의 비일관성, 선택과 절충의 불가피성, 복잡계 사회의 예측불가능성, 유례없는 문제들의 등장, 이행목표 미달, 이상과 현실의 격차 등이 엉켜 있을 험난한 전환과정을 헤쳐 나갈 때 정치적 정당성의 원천이 됩니다. 현재의 정치경제 체제를 유지하려는 국가 입장에서는 문명전환과 같은 거시적 주제를 다루기가 어렵습니다. 공식 담론을 초월하여 가치론적 선택에 뛰어들 수 있는 녹색 민주시민의 역할이 그래서 중요한 것이지요.

ⓐ 당대적 감수성과 역사적 감수성. 현상황을 올바로 인식하고 대처하기 위해서는 '지금 눈앞의 상황이 어떤가'를 느끼고 살피는

당대적 감수성뿐 아니라 '어떤 역사적·내력에 의해 현상황이 만들어졌고 앞으로는 어떻게 변화할 것인가'를 느끼고 살피는 역사적 감수성이 필요합니다. 탈탄소 서사는 '당대적 탄소 감수성'을 넘어 '역사적 탄소 감수성'으로 확대되어야 합니다. 한국을 포함한 글로벌 북부가 글로벌 남부에 대한 역사적 '손실과 피해'Loss & Damage 보상에 적극성을 보여야 합니다. 포스트성장 담론 역시 '당대적 포스트성장 감수성'에서 '역사적 포스트성장 감수성'으로 확대되어야 합니다. 예를 들어, 식민지배의 유산 때문에 당장은 수출에 의존할 수밖에 없는 글로벌 남부 입장에서는 북부의 일방적 포스트성장은 큰 타격이 될지도 모릅니다. 저는 개도국의 노동운동가가 선진국의 포스트성장 정책(만일 현실화된다면)에 난색을 표하는 것을 듣기도 했습니다.

ⓔ 자본주의와 권력. 전환의 이행과정에서 경제사회구조만큼이나, 그것을 유지시키는 권력에도 주목해야 합니다. 자본주의는 시대별로 자본주의에 적합한 사회구조를 선택하고, 그 구조를 따르는 권력을 동원하여 사회구조를 재생산해왔습니다. 역사 속에서 다양한 경제권력복합체들이 자본주의 사회구조의 버팀목 역할을 했습니다. 이들은 국가의 비호를 받으며 기후생태재앙을 초래한 주범들입니다. 녹색범죄학의 렌즈를 통해 이러한 권력의 정체를 파악하면 위기 극복과 문명전환을 위한 목표 설정과 행동방안이 구체화될 수 있습니다. 이때 정의와 권리 담론이 매우 중요해집니다. 압도적인 자본주의 경제사회구조에 억눌려왔던 인간의 행위주체성이 이번에는 반대로 억압구조를 역전시킬 수 있는, 희귀

한 역사적 순간에 우리는 서 있습니다.

ⓜ '효과'의 두 의미. 기후생태위기 대응에 있어서 국가 차원의 어떤 정책, 개인 차원의 어떤 행동이 기후문제 해결에 '실질적으로' 효과를 내는지에 관해 논의가 많습니다. 예를 들어, 개인의 텀블러 사용이 기후대응에 실질적으로 효과가 있는지를 둘러싼 논쟁을 들어보셨을 겁니다. 이런 논쟁은 근대에 내재한 문제에서부터 비롯된 위기를 근대적 인식론으로 평가하려는 아이러니를 보여줍니다.

아마 텀블러 사용의 실질적 효과는 크지 않을 겁니다. 하지만 자신의 가치관을 공개적으로 드러냄으로써 (정체성 배지처럼) 상징적 효과를 발산하는 사회적 의미는 작지 않습니다. 어떤 규범이나 가치를 적극적으로 드러내는 '표출적 행동'은, 실질적 효과와는 다른 차원에서 중요한 사회적 효과를 발휘합니다. 포스트 자본주의로 가는 길에서도 개인의 실천이 이런 식의 사회적 의미를 지닐 수 있습니다.

이렇게 본다면 기후대응 담론 전체가 탈탄소라는 실질적 효과를 노리는 외양을 취하고 있지만, 화석연료 시대에서 빠져나오려는 전全사회의 의지를 표출하는 '집단적 서약'과 같은 기능을 수행하는 측면도 있습니다. 기후위기에 대해 작은 언행이라도 계속 표출하면 자신과 주변의 인식이 바뀌는 '사회적 전염'이 확산되고, 급진적 변혁에 눈뜰 가능성이 생기며, 문명전환을 위한 사회적 의미망의 구축에도 도움이 됩니다. 어떤 행동의 실질적 효과는 당연히 중요하지만, 표출적 행동의 사회적 효과를 간과해서도 안 될 것입니다.

ⓔ 문명전환의 본질. 단순한 위기극복이 아니라 위기극복을 포함한 문명전환이 필요하다는 점을 거듭 강조합니다. 현재의 문명을 연착륙시키고 '지구의 한계 내에서 모든 존재를 위한 좋은 삶'을 상위목적으로 두는 새로운 문명으로 나아가야 합니다. 문명전환의 본질은 새로운 종착점에 '도달'하는 것이 아니라, 생태문명이라는 북극성의 방향으로 부단히 나아가는 과정 자체에 있습니다.

그렇다면 어느 정도가 되어야 연착륙이 잘 마무리되고 전환을 위한 재조직화가 시작되었는지 알 수 있을까요? 사회시스템 패러다임과 지구시스템 패러다임의 경계선상에 있는 문제들이 전 사회의 핵심 논쟁점이 되었느냐가 판단의 기준입니다. 그런 문제를 놓고 진보와 보수가 나뉘고, 사회-지구시스템의 '통합적 가치'를 둘러싸고 기술통제나 예산편성에서 격렬한 갈등이 일어난다면 그것이 곧 문명전환이 진행되고 있다는 증거입니다. 그렇기에 정치와 권력과 녹색 민주시민의 역할이 앞으로 더욱 중요해질 것입니다.

우리가 함께 다룰 질문들

이 책은 15개의 질문으로 이루어져 있습니다. 각 질문은 사회생태위기의 본질과 대처, 그리고 문명전환의 초기 이행과정에 필요한 사회적·정치적 문제들을 다룹니다. 인권과 평화, 그리고 분단체제하 한반도의 녹색전환은 대단히 중요한 주제이지만 전작인 『탄소 사회의 종말』과 『침묵의 범죄 에코사이드』에서 다뤘으므로 질문 목록에서 제외했습니다. 이 글을 쓰는 순간에도 우크라이나, 가자, 이란, 수단, 미얀마, 콩고 등에서 전쟁과 갈등이 계속되고 있습니다. 지정학의 시대를 맞아 동아시아와 한반도의 평화가 사활적인 문제로 대두하는 중입니다.[5] 이 책의 주제인 위기대처와 문명전환은 평화와 안전, 안정, 협력, 분단체제극복이라는 바탕 위에서만 가능하다는 점을 거듭 강조해둡니다.

1부에서는 우리 시대를 읽는 다양한 시선을 다룹니다. **질문 1**은 인류세人類世 개념의 진화, 인류세의 정치학, 인류세-자본세 논쟁의 의미를 추적합니다. **질문 2**는 인간과 자연이 연속선상에서 만나게 된 담론적 전환을 다루면서 그 사례로 장애운동과 환경운동을 비교하고, 토종씨앗의 행위주체성을 살펴봅니다. **질문 3**은 과학·기술의 시선을 존중하되 그것이 반드시 사회의 시선과 만나야 한다는 점을 역설하면서, '행성적 위험경계' 개념을 비판적으로 분석합니다. **질문 4**는 사회생태위기의 정치적 차원을 다룹니다. 여기에서 말하는 '정치'란 국내, 국제, 행성, 페미니즘, 비인간을 포괄하는 전일적holistic 개념입니다. **질문 5**는 세상을 이해하는 바탕으로서의 세계관이 위기의 인식과 대처에 얼마나 큰 역할을 하는지, 그리고 포스트자본주의 세계관이 어떤 기여를 할 수 있는지를 짚어봅니다.

2부에서는 사회생태위기를 넘기 위한 서사들을 소개합니다. **질문 6**은 '지구의 한계 내에서 모든 존재의 좋은 삶'이라는 추상적인 상위목적이 가장 '현실적' 비전이라고 주장합니다. **질문 7**은 중간목표로서의 세가지 전략을 논합니다. 기후위기의 새로운 서사, 사회생태 전환, 그리고 다중의 세계 '플루리버스'를 분석할 것입니다. **질문 8**은 인간사회와 생태환경이 전지구적으로 함께 무너지는 현상을 다중위기 등의 사례를 통해 설명합니다. **질문 9**는 근대의 선형적 방법론을 넘어 비선형적 인식론의 함의를 알아봅니다. 사회생태 시스템을 복잡적응계로 파악하는 것이 거버넌스에 얼마나 중차대한 시사점을 주는지도 설명합니다. **질문 10**은 점차 커지고 있는 파국론이나 종말론을 어떻게 봐야 할지, 위기의 시대에 희망을 이야기할 수 있을지를 따져볼 것입니다.

3부는 문명전환에서의 도전과 문제점을 살펴봅니다. **질문 11**은 기술권의 팽창이 사회-지구시스템에 미치는 영향을 논합니다. 현대인이 기술권적 인간으로 진화함으로써 발생한 근본적 딜레마도 솔직하게 다룹니다. **질문 12**는 지구의 한계 내에서 살아야 한다는 명제가 '자유'를 제약하기만 하는지, 위기의 시대에 자유 관념을 재구성할 수 있는지를 살펴봅니다. **질문 13**은 기후생태위기로 지구시스템이 부정적 급전환점, 즉 다시는 돌이킬 수 없는 임계점에 이를 가능성이 높아진 이 순간에 사회시스템에 긍정적 급전환을 일으킬 수 있는지, 그리고 어째서 '정의로운' 변혁이 '신속한' 급전환의 전제조건이 되어야 하는지를 알아봅니다. **질문 14**는 기후생태재앙을 초래하는 자본주의를 실제로 움직이는 권력, 즉 금융, 화석, 농축산, 디지털이라는 4대 권력복합체의 역학과 문제를 파헤칩니다. 또한 기후정의운동이 동학운동으로까지 거슬러 올라가는, 인간 존엄을 확보하고자 하는 운동의 역사적 계승자라는 점을 강조할 것입니다. **질문 15**는 국내외적으로 민주정치를 위협하고 있는 극우와 파시즘이, 지구시스템 교란과 사회시스템 불안정의 상호작용적 결과로서 나타난 하이브리드형 증상임을 역설합니다.

마지막으로 「나오며」에서는 사회-지구시스템이 만나는 현실을, 역사적이고 현재적인 사례를 통해 다시 한번 강조합니다. 문명전환에 나서는 녹색 민주시민이 기억해야 할 '제비컵' 원칙을 소개하면서 전체 글을 마무리합니다.

김종철 선생을 회고하며

저는 2008년 기후위기가 인권의 최대 위협이 되고 있다는 유엔 인권이사회의 발표를 접하고 기후생태 문제를 연구하기 시작했고, 이 주제로 언론에 글을 여러편 발표했습니다. 그러다 2019년 늦가을에『녹색평론』지면에 「기후위기와 인권」이라는 소고를 싣게 되었지요.[6] 기후-인권에 관한 책『탄소 사회의 종말』을 막 쓰기 시작하려던 참이었습니다. 김종철 선생과는 깊은 교분이 없었고, 제가 하던 연구가 선생의 사상적 지향과 일치한다고 생각하지 않았기에 원고 청탁은 다소 의외였습니다.『녹색평론』에 글이 나온 직후 코로나19가 터졌습니다. 그때부터 저는 거의 강박적으로 이 분야 연구에 파고들었습니다. 그 결과가 두권의 저서와 이번 책이라 할 수 있습니다.

첫째 책이 기후와 인권, 둘째 책은 기후생태위기와 생태학살, 이번 책은 사회-지구시스템 전환을 다루었으니 관심의 범위가 점차 넓어진 셈입니다. 그것과 비례하여 언제부터인지 선생이라면 저의 주장을 어떻게 보실까 상상하는 버릇이 생겼습니다. 특히 이번 책은 선생의 생각이 궁금합니다.

김종철 선생이 원고를 청탁했던 의도를 여전히 짐작하지 못하지만, 당신의 분신이나 다름없던 『녹색평론』 지면에 불러주신 것이 제가 공부 범위를 넓히는 데 적지 않은 동기부여가 된 것이 사실입니다. 사람 일이란 알 수 없는 법입니다. 제가 사회시스템을 넘어 사회-지구시스템을 함께 살리는 문제에 시간과 정신을 쏟게 될 줄 어찌 알았겠습니까? 삶의 비선형성을 떠올리면서 선생의 영전에 감사 인사를 드립니다.

1부

우리 시대를 읽는 시선

'추코헐솔'은 인류세에
어떤 교훈을 주는가

> 인류는 인류세를 초래해 우리의 동료 생물들을
> 거대한 지질학적 묘지로 끌어가고 있다.
> ——제러미 리프킨 Jeremy Rifkin

> 지질층서학자들은 '인류세' 용어가 지질학 외 분야에서
> 무분별하게 사용되는 것에 질겁을 한다.
> ——빌레 레데 Ville Lähde

> 인류세의 묘비에 적힐 첫 글자는 '기억하다'가 되어야 한다.
> ——윤지로

새 시대는 새 어휘에 담겨야

'추코헐솔'? 이 말을 들어보신 분이 계실까요? 지구가 불타고 있는 지금과 같은 시대, 이렇게 심각한 사회-기후-생태 위기의 상황을 어떤 식으로 표현할 수 있을까 하는 문제의식을 품고 일 단의 예술가들이 시작한 '언어현실 담당처'The Bureau of Linguistical Reality 라는 프로젝트가 있습니다. 전문적 개념이 아니라 보통사람의 경 험, 감성, 창의성이 반영된 위기의 표현들을 한자리에 모아보자는

취지였는데 그중 하나로 뽑힌 말이 '추코헐솔'이었습니다.[1] 선정된 어휘 중 몇가지만 살펴봅시다.

'따분한 재앙'. 기후재난이니 하는 말을 아무리 들어도, 도시에 사는 현대인에게 그런 경고는 너무나 천천히 다가와 현실감이 들지 않는 지루한 재앙, 즉 '앙뉘포칼립스'Ennuipocalypse이기 쉽습니다. 이 단어는 '답답함'(짜증날 정도의) 권태'라는 뜻의 프랑스어 단어 'ennui'와, '대재앙' '세계의 종말'이라는 뜻으로 쓰이는 'apocalypse'를 합친 말이라고 합니다.

'시들책감'. 가뭄으로 식물이 말라 죽을까봐 걱정하는 마음이 담긴 말입니다. '죄책감'을 뜻하는 영어 단어 'guilt'와 '잎이 시들다'를 뜻하는 영어 단어 'wilt'를 합해서 '시들책감'(시들責感, Gwilt)이라는 표현이 나왔습니다.

'추코헐솔'. 아름답기로 유명한 로스앤젤레스의 오렌지색 석양을 보신 분이 있으실 겁니다. 그러나 그것은 공해와 미세먼지가 빚어낸 착시현상에 불과하지요. 이 사실을 알고 LA의 저무는 태양을 다시 보면 아름다움이 아니라 서글픔이 느껴질지도 모르겠습니다. 2025년 대화재 이후 LA의 석양은 더 진한 검붉은색으로 변했습니다. 추하다는 뜻의 엘살바도르 속어 'chuco'(추코), 놀라움을 뜻하는 한국 속어 '헐', 그리고 태양을 의미하는 스페인말 'sol'(솔)을 합성해서 'Chuco헐sol'(추코헐솔)이라는 감탄어가 탄생했습니다. 이런 뜻이지요, "헐, 저 석양 무지 후지네!"

채택되지 못한 '인류세'

이처럼 우리는 새로운 어휘가 필요할 정도로 심각한 사회생태 격변의 시대를 살고 있습니다.[2] 그러나 이런 상황을 제대로 표현할 말이 없었지요. 2000년 2월 멕시코 쿠에르나바카에서 열린 국제지질권-생물권프로그램IGBP 심포지엄에서 대기화학자 파울 크뤼천Paul J. Crutzen은 우리 시대를 더이상 홀로세가 아닌 '인류세'The Anthropocene로 부르자고 제안했습니다. 돌이켜보면 그때 크뤼천은 '세'(世, -cene)라는 구분이 지질학 개념이라는 것은 알았지만, 그것을 지질학에 국한시키지 않고 더 넓게 사용했던 것 같습니다.

위기의 증후를 콕 집어 묘사해줄 선명한 언어를 찾던 세계인들은 인류세라는 명칭에 뜨겁게 반응했습니다. 이런 분위기 속에서 지질학계는 인류세가 지질층서학적으로 증명될 수 있을지를 확인하기 위해 2009년 인류세실무단AWG을 구성했습니다. 이 조직에는 지질학자뿐 아니라, 지리학자, 생태학자, 고고학자, 인문사회과학자, 국제법전문가가 포함되었습니다. 실무단은 2023년 7월 인류세의 국제표준층서구역으로 캐나다 온타리오주의 크로퍼드 호수를 선정했습니다. 미세플라스틱, 살충제, 화석연료가 타고 남은 재, 특히 핵실험에 의한 플루토늄의 농도가 1952년 이후 대폭 늘어난 증거가 호수 밑바닥에 남아 있음을 확인한 것입니다. 이 뉴스는 세계적인 관심을 끌었습니다.

게다가 2024년 8월에 부산에서 개최될 세계지질과학총회에서 인류세가 공식 용어로 채택될 예정이라는 소식이 전해졌습니다.

이야기를 거슬러 올라가보면 원래 인류세적 상상력의 창시자는 아르키메데스가 아니었을까 싶습니다. 그는 기원전 3세기에 "내게 긴 지렛대와 받침점을 달라, 지구를 들어 올려 보이겠다"라고 호언장담했었지요.

이 주장을 인류세에 적용해보십시오. 자본주의 산업화를 받침점으로 보고, 수백년 시간을 긴 지렛대라고 가정하면 인류가 지구행성을 '물리적으로' 뒤흔들어놓은 게 사실입니다. 만일 아르키메데스 선언의 21세기 버전인 인류세가 부산, 한국에서 공식화되었다면 성장만능주의, 개발지상주의에 온통 물든 우리 사회에 상당한 시사점을 주었을 겁니다.

그런데 인류세실무단의 상급기관인 제4기 층서소위원회SQS는 2024년 3월에 투표를 통해 인류세 공식화를 부결시켰고, 곧이어 국제층서위원회ICS도 그 결정을 승인했습니다. 3월 20일 국제지질과학연맹IUGS은 인류세를 공식적인 지질시대로 지정하는 일이 무산됐다는 성명을 발표하면서 인류세 공식화에 다음과 같은 이유를 열거하며 반대했습니다.[3]

인간은 농업의 시작, 산업혁명, 아메리카와 태평양 도서지역의 식민화 등 아주 오래전부터 지구환경과 기후시스템에 영향을 끼쳤다는 점, 또한 지질학적 시간대는 적어도 수천년에서 수백만, 수천만년을 다루는 데 비해 20세기 중반의 한 세대밖에 안 되는 짧은 시기를 지질시대로 지정하는 것은 무리라는 점, 지구시스템에 대한 인간의 영향력은 통시적으로 누적되어왔고 시간적·공간적으로 불균등하게 나타난다는 점, 등등의 이유였지요. 따라서 인류세는 지질학적으로 특정한 '시대'Epoch가 아니라, 지구역사상 하나의 '사건'Event(24억~21억년 전의 산소대폭발 같은)으로 봐야 한다는 것이었습니다.

새로운 지질시대의 개념어는 되지 못했으나…

그러면서도, 성명은 인류세가 얼마나 중요한지 잘 안다고 하며 변명 비슷한 결론을 내놓습니다. 인류세 개념은 앞으로도 지구과학자, 환경과학자뿐 아니라, 사회과학자, 정치인, 경제학자, 그리고 대중에 의해 널리 활용될 것이라고 했습니다. 인간-환경 상호작용을 설명하는 용어로서 중요한 의미가 있기 때문이라는 것이지요. 성명은 인류세가 지질학적으로 공식 인정을 받지는 못했지만 비공식 용어로는 더욱 쓸모있게 사용될 수 있을 것이라고도 했습니다.

인류의 경제·사회·정치 시스템이 지구행성에 끼친 전대미문의 결과를 염려하던 사람들에게 지질학계의 결정은 실망으로 다가왔습니다. 이미 인류세가 지질학의 테두리를 넘어 인류의 존재론적 은유가 되어 있었기 때문이지요. 인류세 연구자 박범순의 말을 들어봅시다.

"지질학계의 이번 결정은 자체 모순을 드러내고 있다. 인류세는 가치있는 개념이지만 공식적으로는 인정할 수 없고 우리는 여전히 홀로세에 살고 있다니 … 인류세는 화산폭발이나 소행성 충돌과 맞먹을 정도로 강력한 지질학적 행위자가 된 인간의 집단적 행위에 대한 실존적 경고를 담고 있다. 인간의 역사와 지구의 역사를 더 이상 떼어놓고 생각할 수 없는 시대를 사는 사람에게 인식변화를 촉구하는 개념이다. 과학의 패러다임 변화도 요구한다. 이처럼 우리가 쓰는 언어는 중요하다. 그 안에 현실을 바라보는 세계관이 들어 있기 때문이다."[4]

생태사회주의운동가 이안 앵거스Ian Angus는 인류세 공식화 부결에 대해 다음과 같이 분석합니다. 우선 인류세 논의가 지질학계 바깥에서 시작되었기 때문에 보수적인 지질학계가 많이 불편해했으리라는 겁니다. 또한 우리가 겪고 있는 위기는 자연환경의 위기일 뿐 아니라 사회·경제적 위기이기도 한데, 인류세 개념의 공식화에 반대한 사람들 가운데는 평생을 유전과 광산의 개발에 관여했던 지질전문가들이 많았습니다. 그러니 인류세 개념을 자기 인생에 대한 공격으로 받아들였을 가능성이 큽니다. 더 나아가 근본적인 사회변혁을 가로막는 정치현실이 인류세의 공식적 채택에 부정적인 배경으로 작용했을 것입니다.[5]

지구 나이 45억 4300만년 전체를 분석 대상으로 삼는 지질학의 눈으로 보면 인류세는 찰나에 지나지 않을지도 모릅니다. 지구의 전체 역사를 1년으로 친다면 산업혁명이나 핵실험은 12월 31일 밤 11시 59분 59초, 그 마지막 1초 안에서 일어난 일에 불과하니까요. 하지만 이렇게 짧은 순간에 그토록 거대한 격변이 일어났다는 사실의 깊은 의미를 지질학계가 제대로 고려했던 것일까요? 어떤 거대한 변화의 입구에서 구패러다임이 여전히 막강한 영향력을 행사하는 모습, 그리고 새로운 패러다임이 겪는 오해와 무시가 인류세 논쟁에서도 극명하게 드러났다고 봅니다.

'지구시스템 인류세'의 선구적 기여

복잡해 보이는 인류세 논쟁의 구도를 간단히 정리하면 다음과 같습니다.[6] 편의상 지구시스템과학에서 처음 제안했던 인류세를 '지구시스템 인류세', 인문사회과학 및 문화예술에서 논쟁한 인류세를 '인문사회 인류세', 지질학계에서 결정하려 했던 인류세를 '지질 인류세'라 불러봅시다. '지구시스템 인류세'에서 출발한 논쟁이 '인문사회 인류세'로 확장되었다가 '지질 인류세'에서 가로막힌 형국이라 보시면 됩니다.

좀더 자세히 알아볼까요? '지구시스템 인류세'에 속하는 크뤼천은 인류세라는 용어를 제안한 뒤 식물생태학자 유진 스토머 Eugene F. Stoermer와 함께 짧은 글을 발표하여 인류세의 기점을 18세기 후반으로 잡자고 제안했습니다. 제임스 와트James Watt가 1784년 증기기관을 발명한 이래 두세기 이상 인간 활동이 지구에 미친 전반적인 영향에 주목했던 것이지요. "인간은 앞으로 수천년, 어쩌면 수백만년 동안 주요한 지질적 힘이 될 것이다. 인간이 자초한 압박을 막아내고 생태계의 지속가능성을 담보할 수 있는 세계적 전략에 합의할 수 있을지 여부가 인류의 미래에 가장 중요한 과제가 될 것이다."[7]

'지구시스템 인류세'는 새로운 개념들을 제시하면서 전체 인류세 논쟁의 윤곽을 그려나갔습니다. 대표적으로 '거대한 가속' '행성적 위험경계', 그리고 '티핑포인트'(급전환점) 같은 개념을 들 수 있습니다. 급전환점은 **질문 13** 신속하되 정의로운 사회변혁이 왜 중요한가 에서 다룹니다.

'거대한 가속'The Great Acceleration 혹은 '대가속화'란 1750~2010년 사이에 거의 모든 사회경제적 활동이 늘어났는데, 특히 1950년대에 이런 경향이 기하급수적으로 폭증했다는 개념입니다.[8] 이때부터 사회에서 사용되는 물건, 상품, 기자재를 구성하는 물질들이 대단히 복잡해졌습니다. 재사용이 어렵고 분해되지도 않는 각종 신생물질들을 수거해서 안전하게 처리하는, 이른바 '산업 쓰레기'의 처리 문제가 공해와 환경문제의 주범으로 인식되기 시작했지요.[9] 또한 '거대한 가속'의 시대에 사회시스템의 추세와 지구시스템의 추세가 '동조화'되고 있다는, 즉 두 시스템이 함께 움직인다는 사실이 드러났습니다.

'행성적 위험경계'Planetary boundaries는 인류가 환경을 고려하지 않고 경제성장을 계속한다면 2040년경에 시스템의 급전환을 맞게 되리라고 예측한 로마클럽의 『성장의 한계』The Limits to Growth(1972)를 잇는 연구라 할 수 있습니다.[10] 1971년 이래 전세계 '생태용량'이 계속 초과되고 있는 현실입니다.[11] 지구의 생명유지시스템을 구성하는 9개 지표 중 해양 산성화, 오존층 파괴, 대기오염(에어로졸)을 제외한 나머지 6개 지표가 이미 위험경계를 벗어났습니다. 생물권 보전(생물다양성 상실), 담수 고갈, 토지 개간(산림벌채와 농지확대), 온실가스(기후변화), 신종물질 오염(플라스틱, DDT, 콘크리트, 방사능 폐기물), 생화학적 순환(질소와 인 축적) 등입니다.[12]

'지구시스템 인류세'는 인류세 연구에서 선구적인 기여를 했습니다. 인류세의 기점을 1950년대로 보는 시각이 자리잡았고, 과학적 분석의 차원을 넘어 인류세를 초래한 근본원인인 자본주의와 기술·산업문명을 비판한 점, 그리고 공공성을 강조하는 관점도 인상적입니다. 특히 지구시스템의 안정적 작동을 위해 일정한 경계를 지켜야 한다는 주장은 무한성장론에 입각한 자본주의 경제활동의 타당성과 자유의 한계에 대해 심각한 의문을 제기합니다.[13] 하지만 이런 입장을 싫어하는 소위 '생태현대화론자'들은 '행성적 위험경계' 개념을 일종의 '규범적 제국'이라고 깎아내리기도 합니다.[14]

사회-지구시스템의 출현, 역사 인식을 뒤집다

여기서 '지구시스템 인류세'의 새로운 시각이 역사학자 페르낭 브로델Fernand Braudel의 관점을 어떻게 뒤집었는지 짚어보면 좋겠습니다.[15] 브로델의 이론에 따르면 역사는 3개 층으로 이루어집니다. 맨 위층은 권력투쟁이나 전쟁 등 빠르게 움직이는 사건들로 이루어진 '개별적 시간'의 영역이고, 중간층은 경제체제, 사회

변동, 국가형성과 같이 수세기에 걸쳐 바뀌는 '사회적 시간'의 영역이지요. 맨 아래층은 삶의 기본틀을 형성하는 지리·기후·환경 및 기초적 인간활동 등, 인간을 수인囚人처럼 꼼짝 못 하게 옭아매는 '지리적 시간'의 영역입니다.[16] 흔히 빨리 변하는 맨 위층의 사건들을 통해 역사를 인식하곤 하지만(인물이나 사건 위주로 역사를 보면 흥미롭기는 하죠), 전체 역사의 장기지속성을 이해하려면 광대한 지하층을 볼 줄 알아야 합니다.

브로델은 긴 시간, 깊은 구조의 차원에서 역사를 보는 입체적 시각을 제시해서 유명해졌습니다. 그러나 다음과 같은 가정을 해봅시다. 만일 3개 층의 시간들이 뒤섞여 하나의 단일 시간대가 된다면? 수세기 동안 진화해온 자본주의체제의 불안정과 정치적·경제적·사회적 혼란상이 지구시스템의 급전환과 맞물려 함께 터져나온다면? 인간 삶의 광대한 저층이 더이상 안정된 상태가 아니라면? 그렇게 되면 브로델의 기본전제가 흔들리는 셈입니다. 역사학자 졸탄 볼디자르 시몬Zoltán Boldizsár Simon이 지적한 대로 인간의 미래가 행성의 미래와 수렴되고, 인간의 역사를 행성의 역사 차원에서 해석할 필요가 생기는 것이지요.[17]

전환 연구자 조너선 돈기스Jonathan F. Donges와 동료들은 이런 질문에 대해 인간사회의 활동과 지구환경의 활동이 맞물린 '사회-지구시스템'이 출현했다고 주장합니다.[18] 인간의 사고·행동, 정치, 사회규범, 디지털, 인공지능 등을 포함하는 사회시스템이 있고, 원래는 생물물리적 영역이었지만 이제 인간의 통제를 받게 된 지구시스템이 있습니다. 두 시스템이 만나는 경계면의 사회적 물질대사 시스템에서는 생산·분배·소비와 같은 경제활동이 이루어지고, 기계와 인프라 등 기술권(技術圈, technosphere)도 확장되고 있지요. 이 세가지 시스템을 함께 이해해야 하는 시대가 왔다는 겁니다. 이 책에서는 편의상 사회적 물질대사까지 사회시스템에 포함시켜, 사회시스템과 지구시스템이 동조화되어 '사회–지구시스템'이 되었다고 설명할 것입니다.

분야를 초월한 접근, '인문사회 인류세'

'인문사회 인류세'의 인문학, 사회과학, 문화예술, 저널리즘은 '지구시스템 인류세'의 과학적 통찰 위에서 그것의 함의를 자유분방하게 끌어내어 인류세 논의를 학문 전반으로, 예술영역으로, 대중적으로 확산시켰습니다. '인문사회 인류세' 내에는 서로 전혀 다른 해석의 흐름들이 경합합니다.[19]

우선, '인류세 과대론'은 인간의 힘을 절대적으로 평가합니다.[20] 인간이 지구행성을 지배할 정도로 막강한 존재가 되었다거나, 자연에 대한 오랜 투쟁 끝에 인간이 궁극적으로 승리해온 과정이라고 지구역사를 해석하거나, 기술과 자본으로 지구를 길들이는 과정에서 (일종의 부작용으로) 기후생태위기가 왔으니, 기술과 자본으로 위기를 극복할 수 있을 거라고 믿습니다. 인류세 과대론은 긍정적으로든 부정적으로든 인간 힘의 극대화를 기정사실이라 받아들이지요. 생태현대화론, 녹색자본주의, 지구공학,

원자력발전 신봉, 무비판적 트랜스휴머니즘이 이 범주에 포함됩니다.[21]

이런 논리의 연장선상에서, '착한 인류세'를 만들 수 있다는 낙관적 견해가 나오기도 합니다. 그러나 과학기술사회학자 김환석은 이런 견해가 경제성장만을 강조하고 '순진한' 기술낙관주의를 추구한다는 점에서 비판적으로 볼 여지가 크다고 지적합니다.[22]

또다른 입장으로는 '인류세 회의론'이 있습니다. 인류의 지구 지배라는 인식 자체가 허장성세에 가깝다고 보고, 인류세 개념 자체에 어떤 정치경제적 저의가 깔려 있다고 의심하는 입장이지요. 인류를 동질적 집단으로 볼 수 없으며, 인류Anthropos라는 말이 품고 있는 총체성과 일반성 때문에 인류의 복잡성을 정치적으로 해석할 가능성이 줄어든다고 우려합니다.

회의론에서는 인류세의 역사적 기원, 직간접적 원인, 영향력, 결과를 제대로 파악하려면 산업화와 자본주의의 파괴적 영향력, 서구중심주의·식민주의·인종주의 세계관, 기본값으로서의 인간중심주의, 인간-자연 분리론, 남성우월주의 등을 냉정하게 파헤쳐야 한다고 주장합니다.[23]

이와 함께 인류세를 보완하거나 대체할 수 있는 여러 개념이 제안되었습니다. 현상의 묘사, 기원, 문제의식을 굉장히 풍부한 상상력으로 개념화했다는 인상을 받습니다. 대표적인 것들 몇개만 꼽아봅시다.

자본세Capitalocene, 사회세Sociocene, 산업세Industriocene, 기술세

Technocene, 엔트로피세Entropocene, 복잡세Complexocene, 화염세Pyrocene, 지옥세Hellocene, 동질세Homogenocene, 고독세Eremocene, 농업문명세Civilicene, 대농장세Plantationocene, 식민세Coloniocene, 서구세Occidentalocene, 미국세Americanocene, 플라스틱세Plasticene, 도시세Urbanocene, 금권세Plutocene, 쓰레기세Wasteocene, 혼돈세Chaoscene, 인공지능남용세Slopocene …. [24]

이밖에도 역사를 거슬러 올라가 산업화 이전의 식민지배 시대에 스페인제국이 필리핀 등 비서구권에서 열대우림을 개발했던 역사를 '범ｎ열대세'Pantropocene라 부르기도 합니다.[25] 생태환경사학자 고태우는 인류세를 제기한 논자들의 문제의식이 부분적으로 타당하다고 인정하면서, "글로벌 북부와 글로벌 남부의 관계, 화석에너지체제와 자본주의의 결합 속에서 진행되어온 자연에 대한 착취와 불평등의 문제"를 따지는 자본세의 비판적 관점까지 포함한 '인류-자본세' 용어를 쓰자고 제안합니다.[26]

저는 현재의 사태가 인간사회의 위계적 권력구조 조직 방식과 사회적으로 선택된 물질대사 방식에서 비롯됐다는 점에서 '사회세', 그리고 근대 세계체제의 본질인 '자본세'를 합쳐서 '사회-자본세'라고 쓰는 편이 정확하다고 생각합니다. 그러나 '인류세'가 학계, 언론계, 대중에 이미 널리 알려져 있으므로 혼란을 피하기 위해 이 책에서는 주로 '인류세'를 사용하되, 그것을 '사회-자본세'의 의미로 쓸 것입니다.

마지막으로 '인류세 변환론'의 입장도 있습니다. 인류세의 새로운 현실이 그 이전 홀로세의 기본전제, 표준, 제도, 관행을 재편해야 할 필요성을 키웠다고 보는 입장입니다. 변환론에 따르면 인류세의 등장으로 인간역사와 지구역사를 나누던 인식론적 구분이 허물어진 거나 다름없습니다. 인류세는 단일 원인이나 단일 효과로 포착할 수 없는 복합적이고 모순적인 상황을 만들어내며, 인간의 실존적 조건과 미래관을 근본적으로 재검토하게끔 합니다. 그러므로 인류세 논의에서는 인류학, 사회학, 지리학, 역사학, 정치학, 경제학, 문학, 철학, 종교학, 교육학 등 다학문·초학문적 접근이 필수적이라고 보지요.[27]

우리에겐 공통감각의 어휘가 필요하다

'지구시스템 인류세'와 '인문사회 인류세'가 풍성하게 논의를 펼쳤지만, '지질 인류세'의 지질학계는 마지막 순간에 인류세의 문을 닫아버렸습니다. 지구시스템과학자인 크뤼천 스스로도 인류세라는 명칭을 지질학적으로 승인하는 문제가 그렇게 까다로울 줄은 예상하지 못했을 겁니다(그는 인류세 지정이 무산되기 전인 2021년에 타계했습니다).

인류세 논쟁은 그 논쟁 자체가 인간의 능력과 한계를 동시에 보여줍니다. 인류가 지구시스템을 뒤흔들 정도의 '지질학적 힘'으로 등극한 것은 사실이지만, 그러한 힘은 대부분 지구시스템을 교란하며 파괴적인 결과를 초래합니다. 인간은 지구시스템을 흐트러뜨릴 수는 있어도 조화롭게 모으지는 못하는 존재이지요. 인류의 힘이 아무리 커졌다 해도 지구행성에서 생활가능성Liveability이나 거주가능성Habitability, 심지어 보험가입가능성Insurability을 염려해야 하는 딜레마에 빠진 상태입니다. 게다가 공식 용어조차 합의를 보지 못하는 것이 인류의 현주소인 셈이지요.

유력하지만 유능하지 않다는 인간의 모순성이 도드라지는 점이 인류세의 본질이라 할 수 있습니다. 이런 성찰로부터 포스트인류세를 상상하는 공생세Symbiocene, 생태세Ecocene, 민주세Democene, 여성세Gynecene, 쏠루세Chthulucene, 반反인류세Neganthropocene와 같은 새로운 개념들이 제안되었습니다.

인류세(사회-자본세) 논쟁을 통해 우리는 지구시스템이 불안정해지면 세상이 어떻게 흔들리는지를 확실히 인식하게 되었습니다. 이 시대는 역설적으로 '자연의 귀환'을 의미하기도 하지요.[28] 인간 의식 뒤편에서 조용한 배경처럼 머물러 있던 자연이 사나운 얼굴을 하고 무대 전면으로 뛰쳐나온 형국입니다. 현재 우리가 겪고 있는 극한기상이변과 재난, 극심한 불평등을 생각해보십시오. 이런 미증유의 상황에서 인간이 어떻게 살아가야 할까요? 또는 어떻게 사는 게 옳을까요?

앞서 소개한 '추코헐솔'(Chuco헐sol)은 로스앤젤레스에서 서로 긴장관계에 있던 남미공동체와 한인공동체 출신의 두 친구가 만든 말입니다. 서로 다른 언어를 이용해, LA의 추한 노을빛이라는 위기의 풍경을 묘사하는 하나의 공통감각 어휘를 만들 수 있다는 사실에 두 사람은 뛸 듯이 기뻐했다고 합니다. 아무리 누추한 인류세 석양의 시대라 해도, 아무리 급박한 위기의 시간이라 해도, 아무리 반목했던 사이라 해도, 인간은 웃으면서 협력하는 길을 찾을 수 있는 존재임을 보여주었다고 생각합니다.

'인간 대 자연'이냐, '인간과 자연'이냐

자연과 인간, 동물과 인간, 인간과 인간의 관계는
성장하는 게 아니라 성숙하는 것이다.
——홍세화

인간은 기나긴 자연 진화의 산물이다.
우리 피 속에는 고대의 바다가 흐르고 있다.
——머리 북친 Murray Bookchin

우리는 자연이라는 시스템을 지배할 수도,
그 신비를 다 밝혀낼 수도 없다.
하지만 얼마든지 함께 춤출 수는 있다!
——도넬라 H. 메도스 Donella H. Meadows

무대 한가운데로 뛰쳐나온 자연

지식계와 사회적 담론 차원에서 자연에 대한 인식이 크게 바뀐
것이 이 시대의 새로운 서사라 할 수 있습니다. 사회생태 격변의
시대를 맞아 인간과 자연 사이를 가르던 옛 시각을 넘어, 인간과
자연 사이의 상호연결성과 상호침투성이 재발견되고 있습니다.
인간과 자연의 관계를 연속선상에서 파악하는 것이지요. 특히 물

질 교류라는 측면에서 보면 인간과 자연은 동일한 매트릭스 내에서 상호작용하고 있습니다. 자연이 인간을 만들고, 인간은 자연을 바꿉니다.

우선, 자연은 인간을 만듭니다. 우리 몸을 구성하는 원자의 98퍼센트 이상이 매년 생물권 내의 다른 원자들에 의해 대체됩니다. 인간 몸의 세포 수와 몸속에 사는 미생물 수를 단순히 모두 합해 100퍼센트라고 했을 때, 미생물의 비중(57퍼센트)이 세포의 비중(43퍼센트)보다 오히려 더 크다고 합니다. 인간은 독립된 자율 조직체라기보다 생물권을 유지하는 여러 역동적 '활동 패턴' 중의 하나로 봐야 합니다. 원자는 수많은 생물종, 즉 '활동 패턴'들을 생성했다가, 시간이 지나면 또다른 생물종의 생성에 참여하는 행위자라 할 수 있습니다.

이렇게 보면 우리가 지금까지 뚜렷하게 구분해온 여러 범주 — 서로 다른 생물종, 숲속의 다양한 식생, 심지어 생물과 무생물의 경계까지 — 가 갑자기 덜 뚜렷해 보이기 시작합니다. 단일종의 고유성만큼이나 전체 생명의 연결성이 중요하게 인식될 수 있습니다. 어쩌면 인간의 자율성, 행위주체성, 독립성 같은 (근대의) 개념도 우리가 생각하는 만큼 그렇게 견고한 실체가 아닐 가능성이 높습니다.

또한 인간은 자연(생물권)을 바꿉니다. 기후생태위기가 좋은 예이지요.[1] 인간이 배출한 온실가스 때문에 지구가열화가 심해져 오늘 당장 지구시스템에 급전환점이 온다 해도 전혀 이상하지 않을 정도가 되었습니다. 우리가 평소처럼 고기를 구워 먹고 자동차와 비행기를 타고 다니는 어느날, 지구의 기후시스템이 갑자기 문턱을 넘어 완전히 다른 상태로 가버려도 놀랍지 않을 지경이라고 보시면 됩니다.

장애운동과 환경운동의 연결성

'인간과 자연'이 긴밀히 연계되어 있다는 사실이 발견되면서 인간사회와 자연환경 사이의 유사성과 대비성을 찾는 경향이 생겼습니다. 사회적 상상력과 생태적 상상력이 결합하여 인간과 자연을 가로지르는 연속선상의 스토리텔링들이 등장하고 있습니다. 그중 대표적인 예를 살펴봅시다.

장애인 당사자로서 장애운동가이자 이론가인 줄리아 와츠 벨저Julia Watts Belser는 미국의 경우를 들어 장애운동의 경험과 환경정의운동이 얼마나 가깝게 연결되는지를 설명합니다.[2] 장애 문제는 심신상의 직접적 어려움에만 국한되지 않습니다. 경제적 곤란, 사회적 구분, 문화적 편견, 인종적·젠더적 차별 등 '구조적 폭력'이 장애 문제를 악화시킵니다. 마찬가지로 인간, 비인간 동식물, 자연요소로 이루어진 생물권을 파괴하는 행위 역시 그것으로 인해 이득을 보는 측과 피해를 입는 측이 생기는 문제, 즉 '환경적 폭력'이라 할 수 있겠지요.

여기서 장애의 유무, 장애의 종류, 장애의 정도, 장애의 심각성을 누가 결정하는지부터 따져봐야 합니다. 장애인은 어떻게 장애인이라고 정해집니까? 이 질문이 중요한 이유는, 보건의료인과 제도적 전문가들이 장애의 진단과 판정을 통해 일종의 지식 '권력'을 행사하기 때문입니다. 장애에 관한 모든 결정에는 해석의 차원, 가치평가의 차원, 지배와 통제의 차원이 (은연중에) 포함되기 마련입니다.

이 과정에서 장애인 스스로의 경험, 지식, 느낌, 욕구는 무시되거나 주관적인 불만 정도로 폄하되기도 합니다. 이때 장애인의 몸과 마음은 전문가의 통제와 호의에 좌우되는 수동적 객체로 전락하기 쉽습니다. 같은 장애인이라 해도 유색인종, 여성, 홀몸노인, 빈곤층, 성소수자는 장애 결정과 등급 판정에서 불이익을 받곤 합니다.

환경문제의 평가와 판정에서도 비슷한 경향이 나타나곤 하지요.[3] 관변 전문가나 학자들은 소위 '과학적' 담론으로 무장하여 개발계획을 결정하고, 농어민, 지역주민, 환경운동가, 일반시민의 관찰, 경험, 감정, 욕구를 부차적인 것으로 무시하기 일쑤입니다. 그린벨트를 해제하고, 공항을 짓고, 강의 수문을 닫고, 케이블카를 놓아도 '과학적으로' 문제가 없다고 합니다.

시민들이 방사능 오염수 배출이 위험하다고 걱정하면 무지한 '괴담'이라고 힐난하거나, 불순한 저의가 있다고 되레 공격하는 경우도 많습니다. 아주 좁은 의미의 '합리성'에 기대어 '무지한 중생들'을 꾸짖겠다는 오만함이 느껴지지 않습니까? 원전 근처에 사는 주민이 갑상샘암 소송을 제기하면 '원전이 배출한 삼중수소가 암을 유발했다는 인과관계가 불분명하다'라는 판결이 나

54

오기도 하고요.

장애인들은 심신의 자율성을 찾기 위해 '장애 진단의 정치'를 비판하면서 미국에서 사회운동을 전개했습니다. 백인-중산층-이성애자에 속하는 장애인의 경험과 그렇지 않은 장애인의 경험 사이에 나타나는 불공정에 관해 의사들에게 문제를 제기하고, 민간 의료보험 회사를 상대로 투쟁을 벌였지요. 자신의 존엄을 지키면서 필요한 지원을 받기 위해 전문적 진단 자체에 의문을 제기했습니다. 자폐스펙트럼장애, 학습장애, 발달장애, 사회적 의사소통 장애, 성격장애, 조현병, 경계선 지능, 주의력결핍과잉행동장애ADHD 등을 '신경다양성'Neurodiversity의 관점에서 접근하는 장애연구-장애운동이 일어났습니다. 의료전문가의 '병리학'이 아닌, 보통사람을 위한 '대중역학'이 발전한 것이지요.

환경운동에서도 "환경문제는 너무 중요해서 환경전문가에게만 맡길 수 없다!"라는 구호가 터져나왔습니다. 전문가의 환경과학이 아닌 '시민과학'의 깃발 아래 사람들이 모여들었습니다. 미국에서 2005년 허리케인 카트리나 때 침수되었던 지역의 토양이 중금속 등 유해물질에 오염되었을 가능성이 제기되었습니다. 당국은 식품 안전성에 문제가 없다고 주장했지요. 시민과학으로 무장한 뉴올리언스의 환경운동가들은 전문가들더러 그렇게 자신이 있으면 오염된 텃밭에서 재배한 토마토, 오이, 상추로 만든 '카트리나 샐러드'를 10년간 매일 먹어보라고 요구했다 합니다.

장애인은 오랫동안 차별에 시달려왔지만 요즘 들어 새로운 유형의 차별이 나타나고 있습니다. 노골적이거나 직접적이지 않은,

어쩌면 무의식적으로 이루어지기도 하는 차별이 그것입니다. 장애인이나 장애 상태에 대해 아예 모르는 체하거나, 투명인간 취급을 하면서 '패싱'해버리는 언행을 뜻합니다. 이런 것을 '전략적 비가시화'라 합니다.

환경파괴에서도 전략적 비가시화가 나타납니다. 인구가 적고 고령자가 많은 시골 동네에 공해시설을 짓거나, 철도나 고속도로변을 벗어난 곳에서 숲속 나무들을 베어냅니다. 기업이 외국에 나가 산림을 파괴하는 경우도 많습니다. 전략적 비가시화는 장애나 환경파괴를 보통사람의 시선으로부터 차단하는 고도의 정치적 행위라 할 수 있습니다. 장애운동과 환경운동은 이를 되받아 '전략적 가시화'를 통해 장애차별과 환경파괴에 저항했습니다. 장애인이동권 운동가들이 경찰에 사지를 붙들린 채 끌려가는 장면이나 깊은 산골에 자리한 숲의 나무들이 처참하게 잘려나간 이미지가 SNS에 퍼지면 시민들의 가슴에 불이 붙는 것이지요.

전략적 비가시화는 장애에 대한 '부인' 기제와도 관련이 있습니다. 비장애인이 장애인을 애써 외면하거나 장애에 대한 생각을 지워버리는 것을 말합니다. 환경에서도 부인 기제가 나타납니다. 입으로는 기후변화가 심각하다고 하면서 마음속으로는 신경을 꺼버리거나 행동을 바꾸지 않는 태도가 그것입니다. 이런 식의 '기후 침묵' 혹은 '환경 침묵'은 무관심과 무책임 때문일 수도 있고, 너무 큰 문제에 압도되어 심리적 방어기제가 발동했기 때문일 수도 있습니다. 어쨌든 이런 식의 '전략적 무지'는 장애와 마주할 때 적절하게 대응할 수 없게 하고, 기후위기에 대응하기 어렵게 만든다는 공통점이 있습니다.

최근에는 신경다양성과 생물다양성이 긴밀하게 연결되어 있다는 사실이 밝혀지고 있습니다.[4] 영국에서 환경보전 관련 일을 하는 사람 중 30퍼센트가 신경다양성을 가졌다고 합니다. 일반대중들 사이에서보다 2배나 높은 비율이었지요. 왜 그럴까요? 신경다양성 범주에 속한 사람들은 기발한 해법을 찾는 수평적 사고, 초집중력, 기억력, 공감능력이 발달한 경우가 많습니다. 그래서 자연환경 속에서의 미세한 변화, 새로운 생물종을 발견하고 작은 차이를 식별하는 능력, 종들의 행동 특성 이해, 미묘한 새소리 판별에 뛰어나다고 합니다. 환경보전 업무에 적합한 능력을 타고났다는 것이지요.

'인간의 신경다양성이 자연의 생물다양성을 살린다!'라는 말까지 나왔습니다. 역으로, 자연환경은 자폐나 ADHD를 가진 사람에게 심리적으로 안정감을 줄 수 있습니다. 요즘엔 신경다양성을 각자가 가진 특유한 정신적 장점으로 인정하자는 '신경포용성'Neuro-inclusion의 정신으로 신경다양성을 가진 사람들을 환경분야에 더 많이 채용하려는 움직임이 나오기 시작했다고 합니다. 물론 이런 사례를 일반화할 수는 없고, 자칫 '특별한 재능'에만 주목하는 '타자화'의 함정에 빠지지 않도록 조심해야 합니다. 하지만 인간이든 자연이든 다양성이 소중한 가치라는 사실만큼은 꼭 기억해야 한다고 봅니다.

칸막이를 허물자, 가로지르자

이처럼 장애운동과 환경운동 사이에는 놀라울 정도의 유사성
이 존재합니다. 여기서 어떤 교훈을 얻을 수 있을까요? 어떤 영역
에서든 억압권력이 기승을 부리면 그것에 맞서는 저항권력의 움
직임이 나타난다는 점입니다. 장애와 환경 분야만이 아닙니다. 여
성과 환경, 교육과 환경, 노동과 환경, 이주민과 환경, 성소수자와
환경 등 여러 분야에서 유사한 형태의 '억압권력 대 저항권력'의
갈등과 투쟁 관계가 나타나곤 합니다. 이런 점을 이해하면서 각
분야 사이의 칸막이를 허물고, 상상과 행동으로 그것들을 가로질
러 넘나들어야 한다고 생각합니다.

요컨대 인간과 자연의 연계성은, 장애운동과 환경운동에서 보
았듯이 '구도의 유사성' 그리고 다종적 정의 및 종간 연대와 같은
'새로운 관계성'의 양면에서 새로운 통찰을 우리에게 줍니다. 그
것은 인간사회의 모든 측면을 생태환경과 연관시킬 수 있고, 마
땅히 그렇게 해야 한다는 논리로 이어질 수 있습니다. 사회시스
템과 지구시스템을 별개로 보지 않고 연속선상에 있는 것으로,
즉 '사회-지구시스템'으로 보는 관점이 좋은 예입니다. 사회복지
는 사회생태복지, 사회적 돌봄은 사회생태적 돌봄, 사회적 권리는
사회생태적 권리, 생태전환은 사회생태 전환이 되어야 할 것입니
다. 저는 심지어 사회과학 전체가 사회생태과학으로 재구성되어
야 한다고까지 생각합니다.[5]

생물종 간의 정의·연대·협력

문화인류학자 최명애는 인간과 비인간 관계에서도 이러한 관계가 성립될 수 있다고 역설합니다. 인간중심적인 기후정의를 넘어 인간과 비인간이 공유하는 취약성과 경험을 상기하고, 인간에 의해 비인간의 생존권, 욕구, 행위주체성이 '비가시화'되는 것을 비판적으로 넘어서야 한다는 것입니다.[6] 그렇게 했을 때 기후정의도 '단일종적 정의운동'의 틀을 깨고 '다종적 정의운동'으로 승화될 수 있다는 논리라 할 수 있습니다.

문화인류학자 최바다는 강원도에서 토종씨앗 지키기 활동을 하는 여성 농부들의 이야기를 통해 다종적 관계성을 설명합니다.[7] 흔히 '인간과 비인간 동물'의 관계를 중심으로 인간과 비인간 관계를 연구하는 경향이 있습니다만, 그것을 넘어 '인간과 비인간 식물'의 협력 관계를 분석합니다. 상업용 F1잡종씨앗과는 달리 토종씨앗은 차세대 생명을 품어내는 '번식력' 및 환경에 대한 '적응력'이 왕성하다고 하지요. 토종씨앗은 자신을 돌보고 채종하는 (씨앗을 받아내는) 여성 농부에 의해 돌봄을 받는 수동적 존재가 아닙니다. 인간과 공동창조하고 공동진화하는 적극적 행위주체로 봐야 합니다. "양자가 함께 얽혀 성장하는 상호의존적 존재, 즉 함께-되기의 동반자"인 것이지요.[8]

토종씨앗은 타지에서 받아 왔어도 환경이 다른 강원도 땅에 유연하게 적응하면서 자신의 생리와 형태를 변화시키는 존재입니다. 그런 적응력 덕분에 여성 농부가 그 품종을 고랭지에서도 키울 수 있는 겁니다. F1씨앗은 채종을 거치지 않지만(매년 종묘상에서 새로 사 오니까), 토종씨앗은 농부가 윗세대로부터 요령을 전수받고, 시행착오를 통한 경험을 쌓아 어렵사리, 일일이 채종을 해야 합니다. 그 과정에서 농부는 새로운 지식과 안목을 습득할 수 있습니다. 농사가 곧 학습인 셈입니다.

F1씨앗이 농부를 탈숙련화시키는 억압자라면, 토종씨앗은 농부를 숙련화시키는 교육자입니다. 농부가 시기를 놓쳐 채종을 하지 못해도 토종씨앗은 어느새 스스로 씨를 뿌려(직파) 농부가 토종씨앗 지키기 실천을 계속할 수 있도록 도와줍니다. 더 나아가, 토종씨앗은 농부가 자신만의 개성있는 씨앗을 만들 수 있는 창의력을 키워주고 자유, 재미, 보람을 안겨주기도 하지요. 그러므로 "농부는 토종씨앗의 생장과 보전을 돕고 씨앗도 그들이 농부로서 성장하는 것을 돕는다"라고 할 수 있습니다.[9]

이 연구는 우리에게 많은 생각거리를 줍니다. 우선, '인간과 비인간 식물의 연대'를 방해하는 가장 큰 적은 최근의 기후문제라는 사실입니다. 전통지식이 축적된 농사 경험에 근거한 예상과 판단을 불안정한 날씨가 뒤집어버리기 때문입니다. 이렇게 되면 농사를 망치게 되지요. 기후위기의 책임에서 화석연료에 의존하는 대기업형 농업이 차지하는 몫이 크다는 사실을 상기한다면, F1종자로 대변되는 지구시스템의 교란으로 인해 사회시스템이 불안정해지는 동시적 와해 현상을 여기서도 관찰할 수 있습니다.

그리고, 토종씨앗의 순환적 생식력은 자본주의 산업문명의 경제원리를 뒤집어야 함을 가르쳐줍니다. 물질자원을 '생산→소비→폐기'의 한 방향으로만 움직이는 요소로 간주할 게 아니라, 물질조차도 재생산-재소비될 수 있는 순환적 요소로 볼 수 있다는 말입니다. 순환경제는 물질자원도 토종씨앗과 마찬가지로 '적극적' 행위주체성을 가진 존재로 볼 수 있도록 해주는 실천적 사상이라고 해석할 수 있습니다.

동물 아티스트, 인간 예술의 스승

미술 교과서에 나오는 선사시대의 동굴벽화 이야기를 기억하시지요? 수만년 전 고대인들이 깊은 심연과도 같은 어둠 속에서 횃불을 들고 암벽에 그림을 그리기 시작한 순간이 인류 예술의 출발점이라고 배웠을 겁니다.

프랑스 남부 로트주에 있는 페슈메를pech merle 동굴의 벽화는 특히 유명한 사례입니다. 암벽에 그려진 들소, 말, 매머드의 사실적 모습들은 보는 사람을 압도할 정도라고 합니다. 인간의 예술적 창의성의 전범으로 여길 만한 사례입니다. 적어도 최근까지, 즉 이것이 인간만의 작품이 아니라는 사실이 발견되기 전까지는 그랬습니다. 프랑스 도르도뉴 지역의 바라바오bara-bahau 동굴의 벽화가 좋은 예입니다.

암벽화를 현대 기술로 세밀하게 분석하니 밑그림이 드러났습니다. 구석기시대 동굴곰의 발톱 흔적이 수도 없이 발견되었습니다. 발톱 흔적을 흉내 내서 그린 형상이 확인되었고, 발톱 흔적 주위에 몸통과 꼬리 모양을 추가하여 매머드 그림을 '완성'시킨 경우도 많았습니다. 물감을 뿌려 사람 손 모양을 남긴 그림 중에는 동굴곰의 앞발 자국을 본뜬 것으로 추정되는 작품도 있었습니다. 손가락 사이 간격을 최대한 벌려서 연출한 이미지였다는 겁니다. 들소의 몸통에 새겨진 '지붕과 같은 형태'Tectiform sign에 대해 해석이 분분했지만 그것도 사실은 동굴곰의 발톱 흔적임이 밝혀졌습니다. 동굴곰뿐만 아니라 박쥐들의 자취도 고대인에게 예술적 아이디어를 제공한 것으로 짐작됩니다.

우리는 인간과 비인간 동물 사이의 결정적 차이가 '문화'의 존재라고 생각해왔습니다. 동물은 본능적으로 행동하고 생물학적으로 진화했지만, 인간은 문화를 창조하면서 역사를 만들어왔다는 게 통설이었습니다. 그러나 인간과 환경의 장기적인 상호작용을 연구하는 인류학자이자 고고학자 새라 뉴먼Sarah Newman은 이런 식의 인간중심적 문화예술 스토리텔링을 완전히 바꿔야 한다고 주장합니다.[10] 과거 인간들의 물질적 문화를 다루는 인류고고학과, 과거 동물들의 물질적 문화를 다루는 동물고고학Zooarchaeology의 융합학문으로서 고고학을 재구성해야 한다는 말입니다.

이런 관점에서 보면 인류의 예술문화는, 선배 '동물 아티스트'의 습작에서 영감을 얻은 후배 '인간 아티스트'가 그것을 계승·발전시킨 형태라 할 수 있습니다. '동물 흔적 예술史'의 연대기에서 인간의 암벽화는 2세대 예술에 속하는 셈이지요. 이처럼 비인간의 '본능'과 인간의 '창조성'을 명확히 구분하기란 어렵습니다.

인간의 '문화'는 인간과 비인간의 합작품이라 해도 과언이 아닌 겁니다. 동물과 인간이 함께 운영하던 동굴 스튜디오에서 인류 예술이 비롯됐다는, '인간-동물 예술사'를 새롭게 써야 할 시대가 왔습니다.

인간과 자연 관계의 재설정이 가능해지면

이 장을 마치기 전에 인간과 자연 관계를 새롭게 보는 시각에 포함된 깊은 의미를 조금만 짚어봅시다. 탈인간화와 탈동물화를 통해 인간과 식물의 관계 재설정이 가능하다는 논리를 확대하면, 탈식물화와 탈생물화, 더 나아가 탈유기체화도 상상할 수 있지 않을까요? 탈유기체화를 상상한다면 그것을 넘어 탈물질화를 상상하지 말라는 법도 없지 않을까요?

저는 이른바 '인간-너머의'More-than-human 존재론과 인식론, 그리고 신유물론에서 물질과 탈물질의 경계가 섞이는 듯한 사상적 흔적을 발견하곤 합니다(이런 해석에 반대하는 목소리도 있습니다만). 예를 들어, 이 분야의 대가인 도나 해러웨이Donna Haraway는 초기에 가톨릭의 영향을 많이 받았다고 스스로 말하며, 브뤼노 라투르Bruno Latour도 독실한 가톨릭 신자였습니다.[11]

물질대사와 에너지뿐만 아니라, 사상과 정신성, 영성과 종교까지 포함하는 초학문적 접근은 사회-지구시스템을 전일적으로 이해하려는 노력을 풍부하게 해줄 것입니다. 한국 사상에서 도출될 수 있는 문명전환론,[12] 기후위기와 생태문명 철학,[13] 불교의 연기설(緣起說, 존재의 연결성)이나 의정불이(依正不二, 인간과 자연의 관계성),[14] 동학의 개벽사상이나 원불교의 후천개벽사상('물질이 개벽되니 정신을 개벽하자'),[15] 이슬람 환경론과 물(水)사상,[16] 그리스도교 생태신학[17] 등을 더욱 연구할 필요가 있다고 봅니다.

　본서에서는 이런 내용을 다루지 않지만, '인간과 자연'의 관계 재설정은 그 논리의 확장성에 힘입어 문명전환에 필요한 다차원적인 통찰을 제공할 수 있을 것이라고 생각합니다.

왜 인류의 다양한 사회적 성격에 주목해야 하는가

> 삶에서 가장 애석한 측면은 사회가 지혜를 갖추는 속도보다
> 과학이 지식을 쌓는 속도가 더 빠르다는 점이다.
>
> —아이작 아시모프 Isaac Asimov

> 우주에서 지구를 내려다보면 마치 거울 속의 자기 모습을
> 처음 본 아이와 비슷한 느낌을 받는다.
> 우리가 어떤 일을 지구에 행하면 우리 스스로에게 행한 것이 된다.
>
> —서맨사 하비 Samantha Harvey

과학·기술·경제적 시각이 너무 압도적이다

인류세를 활발히 연구했지만 인류세 지정에 반대했던 학자들이 있습니다. 국내에 번역 소개된 『인류세』의 저자 얼 C. 엘리스 Erle C. Ellis와, 『사피엔스가 장악한 행성』의 공저자 마크 매슬린Mark Maslin이 대표적입니다. 엘리스는 인류가 긴 역사 속에서 지구환경에 '통시적'으로 영향을 끼쳤다는 이유로 인류세를 특정 시점의 '공시적' 개념으로 정하는 것에 반대했었지요.[1]

매슬린은 인류세 승인이 무산된 후 『네이처』에 기고한 글에서 현재의 사회생태위기는 "혼란스럽고, 불균질하고, 복잡하고, **사회**

적 맥락에 달려 있는"문제이므로 지질학적인 시대 구분이 적절치
않으며, 따라서 인류세를 거부한 것이 옳았다고 주장했습니다.[2]
저는 인간사회와 지구 생물권의 위기상황에 경종을 울리기 위해
인류세(내용상 '사회-자본세') 지정에 찬성하는 입장이었지만,
매슬린의 지적에도 어느 정도 일리가 있다고 생각합니다. 지구시
스템과학자이면서도 사회생태 격변을 사회적, 정치적으로 해석
해왔기 때문입니다.

사회생태위기도 비슷한 구도를 대입하여 해석할 수 있지 않을
까요? 위기담론에서 과학·기술·경제적 시각이 사회·정치·문화
적 시각을 압도하는 형편입니다. 심지어 '진보적' 입장에서도 주
로 과학·기술·경제적 관점으로 현상황을 파악할 때가 많습니다.
저는 두가지 접근의 조화가 필요하다는 입장이지만, '기울어진
운동장'의 균형을 잡기 위해 이 책에서는 사회적·정치적 시각을
특별히 강조하려 합니다.

사회적 시선으로 줌인(zoom-in)하기

사회생태위기의 현실을 묘사하는 영문학자 박혜영의 스토리텔
링을 들어봅시다.

"상시적인 해고 위협, 치열한 경쟁 체제, 안전하지 않은 노동현장,
반복되는 경제위기로 인한 두려움과 불안감 조성, 거기에 예측할 수

없는 기후변화까지 모든 것이 평화로운 삶을 흔든다. 사람들은 자기계발형 인간관과 초긍정 심리학에 기대어 발전이라는 신기루를 좇아 혼자서 자기를 채찍질하다가, 달래기도 하고, 선물을 하거나 칭찬도 해가며 날마다 오직 자기 자신만을 상대해 살아가고 있다. 저마다 자기에게 모든 것을 투자하고, 자신을 능력있는 '인적 자본'으로 만드는 데 온 힘을 쏟다 보니 타자에게는 관심을 가질 수가 없다. OECD 최고의 자살률과 노인 빈곤율, 최저의 출산율과 함께 많은 사람이 우울, 고독, 혐오, 불안과 같은 정서적 고통에 시달리게 되었다. 공락共樂을 느끼지 못하는 삶에서는 행복도 느끼기 어렵다."[3]

이런 문제의식을 기억하면서 위에서 소개한 '행성적 위험경계'Planetary boundaries 개념을 다시 살펴봅시다. 흔히 '행성적 한계'나 '행성적 한계선' 또는 '행성적 위험한계'라고 번역되지만, 저는 '경계'로 번역하는 편이 낫다고 생각합니다. '한계'limits는 물리적으로 측정가능한 극한값이지만, '경계'boundaries는 위험의 범위를 사회적 합의로 정한다는 의미가 포함되어 있기 때문이지요.[4] '행성적 위험경계'는 과학자들이 제안한 것이긴 하지만 처음부터 사회적 차원을 고려한 개념이었음을 기억해야 합니다. 그럼에도 행성적 위험경계는 지나치게 과학기술론에 기울어졌다는 비판을 받았습니다.

기후생태위기를 과학기술적으로만, 지구의 생물물리적 특성으로만 접근하면 어떤 문제가 생길까요? 인간사회가 '인류'라는 하나의 덩어리로 일반화될 위험이 따릅니다. 그랬을 때 인류는 사회생태 격변을 일으키는 하나의 정량적 측정단위에 불과한 존재로 간주되기 쉽습니다. 하지만 2025년 현재 82억 명에 달하는 세계 모든 인류 —지역, 인종, 민족, 성별, 역사, 발전 정도, 빈부격차가 천차만별인— 를 하나의 단위로 단순하게 기술할 수 있을까요? 그렇게 하면 수치로 계산하기는 쉬울지 몰라도, 인간사회의 현실과 사회생태위기의 전모를 정확하게 파악하기는 어렵습니다.

인류는 사회문화적 맥락에 뿌리를 내리고 살아가는 존재

그런 식으로 탈사회화·탈정치화·탈역사화된 '인류' 개념만 남으면, 위기를 극복하기 위해 노력한다 해도 사회생태위기의 책임과 결과가 인간집단들 사이에서 전혀 다르게 발현된다는 점을 놓치게 됩니다(과도한 일반화의 문제). 또한, 위기가 극심해지면 남태평양 섬나라들이 당장 바다에 잠길 것이라는 식으로 사태를 단순하게 가정하는 오류도 발생할 수 있습니다(결정론적 해석의 문제).[5]

행성적 위험경계 개념은 '조망 효과'Overview effect가 나타나는 대표적인 경우라 할 수 있습니다. 아폴로 8호의 우주비행사였던 윌리엄 앤더스William Anders가 달 궤도에서 '떠오르는 지구'Earthrise 사진을 처음 찍었을 때 그가 느꼈던 감정이 곧 조망 효과였습니다. 그는 푸르고 연약한 유리구슬 같은 지구를 우주에서 바라보았을 때 이루 형언할 수 없는 신비감과 외경심, 그리고 저렇게 아름답고

연약한 행성을 보호해야 한다는 책임감이 강하게 들었다고 합니다. 조망 효과를 떠올리면서 행성적 위험경계를 생각하면 이 아름다운 지구가 처해 있는 위기상황에 연민과 비탄을 느끼지 않을 수 없습니다.

다른 한편, 조망 효과는 마치 외계인이 지구 바깥에서 전지적 시점으로 지구를 내려다보면서 관람자의 시선으로 모니터링한다는 느낌을 주기도 합니다. 아폴르 13호의 선장 짐 러벨Jim Lovell은 우주에서 지구를 바라보니 "모든 것이 작게 보이고, 모든 인간의 문제가 하찮게 여겨지더라"라고 회상한 적이 있습니다. 비행기가 처음 등장했을 때 사람들은 발아래 세상을 내려다보며 '자연을 지배한다'는 느낌을 받았다고 하지요. 전지적 시점의 문제는 인류세 개념 초기부터 지적되어왔습니다. 과학기술친화적인 시각과 행성 전체의 매니지먼트라는 관점이 인류세 개념을 이루는 중요한 요소이기 때문입니다.[6]

행성적 위험경계의 조망 효과는 지구를 거시적으로 보면서 객관적이고 평균적인 상태를 묘사하고 염려하게 해줍니다. 피사체로부터 멀어지는 '줌아웃' 기능과 비슷한 것이지요. 하지만 인간은 언제 어디서나 특정한 맥락에 뿌리를 내리고 살아가는 존재이지 않습니까? 피사체에 가까워지는 '줌인' 기능으로 당겨서 보아야 인간의 존재조건을 구체적으로 파악할 수 있고, 각 인간집단과 개개인이 처해 있는 모순과 부조리와 고통의 무게를 느낄 수 있습니다.

인류의 세가지 계층

인간은 지구 생물물리적 현상의 일부이긴 하지만 그게 전부가 아닙니다. 사회문화적 세계 속에서 의미를 추구하고, 정치적 행위 주체성을 발현하면서 살아가는 존재입니다. 따라서 개인이든 집단이든 경제적·사회적 자원을 얼마나 보유하고 있는지, 어떤 권력관계 속에 있는지에 따라 사회생태위기에 대처하거나 그것을 차단할 수 있는 능력이 크게 달라집니다. 이렇게 다양한 인간집단이 존재한다는 점을 강조하기 위해 지구를 '다문화 행성'이라 부르기도 하지요.

자원소비의 차원에서 생각해봅시다. 각자의 소득 및 생태환경에 대한 영향력으로 전세계 사람들을 분류하면 다음과 같이 됩니다. 우선, 기본욕구를 충족하지 못하면서, 생태환경에 대한 영향이 적은 '생계곤란 계층'이 있습니다. 그리고, 기본욕구를 간신히 채우면서, 생태환경에 대한 영향이 보통인 '지속가능 계층'이 있습니다. 또한, 기본욕구를 채우는 것은 물론이고, 생태환경에 대한 영향이 큰 '소비 계층'이 있지요. 마지막으로, 생태환경에 대한 영향이 엄청나게 큰 '과소비 계층'이 있습니다. 4명 중 1명 미만에 불과한 소비 계층과 과소비 계층이 지구의 자연자원을 소진시키는 데 책임이 가장 큽니다.[7] 소득으로 따져 전세계 상위 4분의 1에 속하는 계층이 전체 온실가스의 4분의 3을 배출하고, G-20 국가들이 세계 온실가스의 4분의 3을 배출하는 현실도 이런 구도에서 볼 수 있는 문제라 할 수 있습니다.

우리가 구해야 할 '미래세대'는 대체 누구인가

여기서는 인간집단을 시간적 차원에서 생각해봅시다. 사회생태위기와 지속가능성 담론에서 '미래세대'를 거론할 때가 많지요. 현세대의 욕구충족만이 아니라 미래세대를 위해서도 지구행성을 잘 보전하자는 뜻이니 세대 간 연대와 장기적 배려를 상징하는 개념이라 할 수 있습니다. 그러나 달리 생각해볼 측면도 없지 않습니다.

'미래세대'를 나중에 태어날 세대라고 뭉뚱그려 일반화하면, 시간이라는 단일 축으로만 상상된 추상적인 집단이 되어버리는 문제가 생깁니다. 미래세대는 앞서 다룬 '행성적 위험경계'처럼, 선의에서 나온 개념이지만 인간사회의 다층적 현실을 담아내기에는 역부족입니다. 미래세대를 위해 탄소를 빨리 줄여야 한다는 말은 당연히 옳지만 그것이 미래세대를 위한 충분한 배려가 되지는 못한다는 말입니다.

미래세대가 정확히 누구입니까? 그들은 수천, 수만의 똑같은 아기인형 같은 존재가 아닙니다. 현세대의 연장선상에 있으며, 현세대의 긍정적이거나 부정적인 모습을 계승할 구체적 인간들입니다. 미래세대 역시 현세대처럼 다양한 나라, 다양한 지역, 다양한 계층에서 태어나고, 다양한 방식으로 사회화되고 교육받고, 서로 전혀 다른 환경에서 저마다의 생애주기를 보내게 됩니다.

젖먹이 때부터 사회생태위기로 삶이 팍팍해질 사람이 있는가 하면, 건강하고 유족하게 평생을 지낼 가능성이 높은 사람도 있습니다. 어떤 양육 조건에서 사회화되느냐, 어떤 교육을 받느냐, 어떤 사회시스템에서 생활하느냐에 따라 이타적 공동체형 인간이 될 수도 있고, 권위주의적 지배형의 인간이 될 수도 있지요. 미래세대를 무정치적, 탈역사적, 탈맥락적 존재로 가정하는 것은 정확한 인식이 아닙니다. 미래세대를 염려하는 마음은 좋지만, 더 좋기로는 '미래사회'를 염려해야 마땅합니다. 현세대의 사회적·정치적 제도 및 경제적 자산과 도덕적 유산이 대물림될 것이기 때문입니다.

미래사회를 보호할 수 있는 최선의 방책은 현세대에서 반생태적·반환경적 측면을 단절하고, 덜 불평등하고 덜 상품화되고 덜 차별적이고 더 민주적인 사회를 만들어 다음 세대에 물려주는 것입니다. 현세대의 문제와 모순을 그대로 둔 채 미래세대를 위해 온실가스만 줄이면 될까요? 크게 잘못된 진단입니다.

만일 그렇게 한다면 불평등과 차별이 그대로 남아 있는 '탈탄소 격차사회'가 올 수도 있습니다. 탄소중립 또는 탄소제로를 달성하더라도 문제가 끝나는 게 아니기 때문입니다. 생각해보십시오. 설령 세기말 온도상승 2도선 억제의 약속을 지킨다 해도(그렇게 되지 못할 가능성이 높지만) 지금보다 기후가 심하게 나빠져 있을 겁니다. 그런 상황에다 불평등구조까지 그대로 이어진다면 현재보다 훨씬 더 암울한 세상이 올 수밖에 없습니다. 스스로 그런 미래에서 인생 후반부를 보내거나, 그런 미래를 후손에게 물려주고 싶으신가요? 탄소중립은 당연히 필요하지만, 현재의 모순을 크게 해소한 사회를 물려주는 것도 그에 못지않게 중요합니다. 요컨대, 좋은 현재사회를 만들어야 좋은 미래사회가 올 수 있고, 좋은 미래사회가 되어야 미래세대의 좋은 삶이 보장될 수 있습니다. '지금 여기에서'의 사회변혁이 미래세대를 위한 최선의 보증입니다.

한번의 재난은 영원한 상처를 남긴다

시간적 차원에서 한가지 더 생각해볼 점이 있습니다. 기후생태위기를 자연재난 '사건' 혹은 극한기상이변 '사건'으로 다루곤 합니다. 하지만 기후재난은 사회의 제반조건이 장기적으로 악화되는 기나긴 '과정'이기도 하지요. '사건'은 특정 시점의 단기적 현상이지만, 장기적 조건은 더 오랫동안 사회의 여러 측면에 악영향을 끼치는 저변의 압박요인 같은 것입니다.

강력한 열대저기압이 한국이나 일본 등 북서태평양 쪽에서 발생하면 '태풍(颱風, typoon)', 미국 등 북동태평양이나 북대서양 쪽에서 발생하면 '허리케인hurricane'이라고 한다는 사실은 들어보셨을 겁니다. 지구 각지의 해당 기상현상을 통칭해서 '사이클론cyclone'이라고도 한다고 합니다. 이 사이클론이 사망률에 끼치는 장기적 영향을 조사한 2024년의 연구를 봅시다. 1950~2015년 사이 미국에서 발생한 사이클론들은 각각 평균 24명의 직접적인 사망자를 발생시켰다고 합니다. 그러나 각 사건의 조사기간을 20년으로 넓혀보면 사이클론 1회당 평균 7170~11430명이 '추가사망'한 것으로 추산됩니다. 이런 간접적인 사망자 중 44세 미만과 흑인의 비율이 높았습니다.[8] 사이클론뿐만 아니라 극한호우, 폭염, 산불, 가뭄 등 다른 여러 재난도 기나긴 그림자를 남기는 장기적 재앙입니다.

산불을 예로 들어봅시다. 산불이 난 곳은 그후에도 산사태의 위험이 급격히 늘어납니다. 자연 자체가 장기적 트라우마 상태에 빠지는 것이지요. 2025년 7월 경남 산청에서 실제로 발생한 일입니다. 사람은 더 말할 나위도 없습니다. 2025년 봄 안동산불을 현장에서 겪은 시인 안상학은 "정작 적은 없는데 사람이 죽고 삶터가 박살"난 "7일간의 전쟁"이었다고 증언합니다.[9]

전쟁터에서 살아남은 병사들이 외상후스트레스장애PTSD를 겪듯이, 산불 재난을 겪은 사람에게도 비슷한 후유증이 남는다고 합니다. 사망률이 늘고 심장질환과 호흡기질환이 증가하며, 어린이, 노인, 임산부와 같은 집단이 특히 취약해집니다. 정신건강도 나빠지기 일쑤입니다. 2019년 강원도 고성에서 산불이 난 후 150여 명이 트라우마센터에서 치료를 받았으며, 주민들은 지금까지 바람만 불어도 잠을 못 이루고, 천식, 악몽, 심각한 정신적 후유증에 시달리고 있습니다. 직업환경의학자 김인아는 산불과 같은 재해는 장기적 공중보건 위기로 봐야 한다고 경고합니다.[10]

인류의 다양성을 모자이크처럼

지구시스템과학의 두 측면을 기억하면 좋겠습니다. 한 측면에는 지구행성이 처한 현실에 대해 객관적으로 경종을 울리는 데 큰 공을 세웠다는 사실이 있지만, 동시에 다른 측면, 즉 "여러 다양한 역사적·사회정치적·윤리적 측면을 도외시한 채 현실을 동질화하려는 경향"을 보이기도 한 점도 있습니다.[11] 이런 경향을 '과학 제국주의'라고 비판하는 시각도 있습니다.

착취적이고 불평등한 개발의 역사적 후유증을 지금도 겪고 있는 글로벌 남부에서는 글로벌 북부의 전문가들이 고안한, 행성적 위험경계와 같은 개념을 곧이곧대로 받아들이기 어렵다고 합니다. '인류'의 이름으로 글로벌 남부에 불리한 조건이 부과될 우려가 있기 때문입니다.[12] 게다가 평균을 전제하는 위험경계 개념은 전지구를 대상으로 한 대규모 기술적 개입, 예를 들어, 지구공학적 조치를 정당화할 수도 있습니다.[13]

사회생태위기는 지구행성 전체의 문제이지만, 그것을 '인간종'이라는 추상적인 차원에서 해결할 수 있는 '만능의 해법'은 존재하지 않습니다. 낮은 차원으로 내려와 각기 다른 인간집단의 경제적·사회적 조건과 다양한 정신적 스펙트럼까지 고려해야 하는 문제입니다.[14] 서로 다른 색상, 명도, 채도를 뒤섞어 하나의 색채로 통일한 후 그것을 위험경계라고 제시하는 것은 분명 문제가 있습니다.

각 인간집단이 처한 조건과 상황을 고려하여 맞춤형 안전기준을 만들고, 모자이크 형태로 각 집단을 위해 다채롭고 공평한 '안전한 활동공간', 즉 '전사회적 위험경계'Societal boundaries를 설정하면 좋을 것입니다. 특히 행성적 위험경계를 초과한 것에 책임이 큰 집단의 활동을 대폭 제한하고, 새로운 경제·사회·정치 시스템으로 전환할 필요가 있다는 것이 전사회적 위험경계의 기본 취지입니다. 이런 문제의식을 배경으로 최근 '안전하고 정의로운 지구시스템 경계'라는 새로운 개념이 나오기도 했습니다.[15]

안전하고 정의로운 지구시스템

안전하고 정의로운 지구시스템을 현실적으로 어떻게 달성할 수 있을까요? 지구적 차원에서 이 문제를 보면, 글로벌 남부의 취약하고 주변화된 집단이 제기하는 정의의 요구를 최대한 존중하는 것이 해결의 출발점이 됩니다. 정의에 기반한 사회적 형평성은 인권담론에서 가장 잘 다룰 수 있는 사안이기도 하지요.

예를 들어, 타이의 소수민족 카렌족이 사는 지역에서 생물문화적 다양성의 보전을 둘러싸고 갈등이 발생했을 때 이들은 '인권'을 호명함으로써 자기들이 역사적으로 소외되어왔던 사실을 적극적으로 표출했습니다. 또한 이들은 국내외 여러 권력주체들이 자기 지역의 자연자원을 추출하려 했을 때 인권의 이름으로 그런 움직임에 대항하기도 했지요. 이런 점은 **질문 14** 재앙을 낳는 '어둠의 자식들'

을 어찌할 것인가에서 다시 다룰 겁니다.

　이처럼 "평등, 반차별, 투명성 책무성, 자력화 등의 권리기반 원칙이 환경 거버넌스에 포함"될 때만 안전하고 정의로운 지구시스템의 경계가 지켜질 수 있음을 기억해야 합니다.[16] 이런 사례들은 앞으로 자연과학과 사회과학이 협업하여 정의로운 지구시스템을 위한 연구가 진행되어야 함을 보여줍니다.

　요약하자면 '행성적 위험경계' 개념이 알려주는 객관적인 사실을 받아들이되, 동시에 그것을 인간사회의 눈높이에 맞춰 해석하는 '전사회적 위험경계' 또는 '안전하고 정의로운 지구시스템 경계' 개념을 적극적으로 활용하는 양면적 접근이 필요합니다. 한편으로 행성적 위험경계를 심각하게 의식하면서 글로벌 정의를 고민하고, 다른 한편으로 국내 불평등을 줄일 수 있는 방안을 찾아야 할 것입니다.

왜 정치적으로 접근해야 하는 문제인가

비정치적이라는 건 태어나지 않았다는 말이고,
죽었다는 말이고, 미쳤다는 말이다!
—에밀리아 프리에토 Emilia Prieto

페미니즘은 대놓고 선한 권력이 행성정치를 담당해야 한다고 믿는다.
—맥신 데이비드 Maxine David·로버타 게리나 Roberta Guerrina·
캐서린 라이트 Katharine A. M. Wright

정치는 인식이 전부다.
—안병진

기후정치는 '진짜 정치'가 아니다?

인도의 한 정치학자가 대학원에 다닐 때 겪었던 일입니다. 박
사학위논문의 주제로 기후변화를 선택하겠다고 하자 같은 대학
원생 친구가 물었다고 합니다. "왜 진짜 정치학 주제를 연구하지
않는 거야?"[1] 이처럼 기후를 비롯한 사회생태 문제는 대중적으로
나 사회적으로나 아직 완전히 주류 영역—특히 정치—에 진입
하지 못한 것처럼 보입니다.

정치학 개론서에서는 정치를 "어떤 사회를 위해 가치를 권위 있게 배분하는 것"(데이비드 이스턴David Easton)이라고 정의합니다. 이 논리를 확장해보면 사회생태위기야말로 이 시대를 대표하는 정치적 문제라 하지 않을 수 없습니다. 국가와 국가, 현세대와 미래세대, 인간과 자연과 비인간의 경계를 가로질러 권리와 자원의 배분에 영향을 끼치고, 그런 배분에 영향을 받는 현상이기 때문이지요. 정의, 형평성, 이해관계, 경제, 안보 등 정치의 모든 분야에 걸쳐 있는 문제이기도 합니다. 국가의 존립을 다투는 '상위' 국제정치뿐만 아니라, 사회, 경제, 정책, 문화 등 '하위' 국내정치를 아우르는 포괄적인 쟁점입니다.

'국내정치'의 렌즈로 보기—제주 남방큰돌고래를 생태법인으로

우선 '국내정치'의 렌즈로 사회생태위기를 분석해봅시다. 최근 들어 이 분야에 대해 시민들의 관심이 높아졌습니다. 한국환경연구원의 국민환경의식조사에 따르면 2023년 역사상 처음으로 기후변화가 '우리나라가 직면한 중요한 환경문제'의 1위로 꼽혔고(63.9퍼센트), 2024년에는 더 올라간 수치의 1위로 꼽혔습니다 (68.2퍼센트).[2]

2024년 총선 때 전체 유권자의 3분의 1이 '기후유권자'라는 조사가 발표되어 선거의 당락을 좌우할 만한 이슈라는 관측이 나왔지요. 그 직전에는 환경부의 '환경보전에 관한 국민의식조사'

가 발표되었는데, 국민 96퍼센트 이상이 기후변화가 심각하다고 답했고, 71퍼센트가 불편한 점이 있더라도 탄소중립에 참여하겠다고 호응했다고 합니다. 그런데도 총선 결과가 기후행동을 위한 정치시스템의 급전환점이 되지는 못했습니다. 2025년 대선 때에도 성인 4482명을 대상으로 조사한 결과 62.3퍼센트가 "향후 출범할 정부는 기후위기 대응을 최우선 과제로 삼아야 한다"라고 응답했으며, 헌법을 개정하여 기후위기의 국가책임을 명시하자는 의견이 60퍼센트가 넘었고, 기후 관련 법을 만들 때 아동·청소년의 의견을 반영하자는 응답이 75퍼센트 가까이 나왔습니다.

이렇게 기후에 대한 대중의 인식이 높아졌지만 기후를 둘러싼 전반적인 상황을 정치의 렌즈로 바라보는 시각은 여전히 부족합니다. 개발, 성장, 인간우월주의의 기존 가치관을 지속시키는 힘이 무엇인지에 대한 본질적 질문, 또는 비인간 존재의 행위주체성을 인정하고 이들에게 법적 자격을 부여하자는 주장이 이제 겨우 나오기 시작한 상태이지요.

정치학자 안병진은 현세대 인간들을 중심으로 편성했던 입법부·행정부·사법부의 전통적인 정치구도가 기후생태위기를 맞아 적실성을 상실했다고 진단합니다. 대안으로 미래세대와 비인간 존재도 정치에 참여할 수 있도록 '미래심의부'(제4부)를 창설하여 인간만을 위한 민주주의 '데모크라시'가 아닌, 모든 생명을 위한 민주주의 '바이오크라시'biocracy를 시행하자고 제안합니다.[3]

이런 제안을 뒷받침하는 좋은 사례가 있습니다. 제주의 남방큰돌고래에게 '생태법인'의 권리를 부여하자는 움직임은 전세계적 기준으로 봐도 선진적이라고 합니다. 과거 한국에서 고래는 포경업의 횡재 상품 또는 수족관의 곡예 동물로 취급되었습니다. 그후 고래를 자연으로 방사하자는 운동, 보전의 대상으로 대우하자는 운동이 일어났습니다. 환경저널리스트 남종영이 『다정한 거인』에서 설득력 있게 보여주듯, 고래를 적극적 권리의 보유자로, 더 나아가 정치적 주체로도 인정하자는 고무적인 움직임까지 일어나고 있는 것이지요.[4]

'깊은 권력'의 문제

2018년 프랑스 정부가 기후변화에 대응한다는 명분으로 '합리적 계산'을 통해 유류세를 올리자 노동자, 자영업자, 농민들이 전국적으로 '노란 조끼 저항'을 벌였습니다. 격렬한 시위와 정치적 위기를 촉발했던 사건이었습니다. 어떤 정책이든, 서로 다른 경제·사회집단에게 서로 다른 비용과 혜택을 발생시키기 마련입니다. 기후 관련한 법률과 세제를 잘 시행하려면 시민들이 그것을 공정하다고 여기는 인식과 여론이 절대적으로 필요합니다.[5]

기후위기가 워낙 절박한 수치로 표현되다보니 사람들은 흔히 마음이 급해지면서 '관리적 충동'에 빠지기 쉽습니다. 인류 전체에 적용되는 공통 목표치를 설정하고, 모두가 협력하여 신속하게 과업을 수행하자는 서사가 절대진리처럼 제시됩니다. 그것이 어긋나면 '큰일 난다는' 식으로 파국을 암시하는 분위기도 만들어집니다. 이렇게 되면 수치 제시, 시한 설정, 결과 평가 등 탈정치화된 목표달성의 논리, 즉 기술관료적 마인드로 다루기 좋은 정책 접근방식이 기후위기 대응의 기조를 이루게 됩니다. 이렇게 물으실지도 모르겠습니다. "그런 접근이 뭐가 잘못인가?"

'과학적 팩트'에만 기반한 단선적 접근은 인간사회 내의 수많은 균열선, 그리고 그것이 필연적으로 의미하는 이념적·정치적 갈등에 대한 고려를 뒤로 미루는 결과를 낳기 쉽습니다. 앞서 보았듯이 아무리 급한 상황이라도 집단에 따라 이해관계가 다를 수밖에 없으므로 다차원적인 접근과 정치적 해법이 필요하다는 사실 역시 뒤로 밀리기 일쑤입니다. 위기에 어떻게 대처할 것인가 하는 질문은 결국 우리가 어떤 사회를 만드는 게 좋은가 하는 '정치적 각본'을 둘러싼 논쟁이 그 핵심인데, 통계와 수치 달성의 밀물 앞에서 이런 논의는 부차적인 것처럼 치부되곤 합니다.

표면적으로는 정치행위가 나타나기도 합니다. 예를 들어, 에너지 이행전환의 종류와 시간표, 비용 충당, 기후 전담 부서 신설에 관한 논쟁이 대표적입니다. 또는 선거에서 어떤 후보를 선출할 것인가 하는 쟁점도 있습니다. 그러나 이런 논의는 더 깊은 차원에서의 권력의 문제를 덮어둔 채 이루어지기 쉽지요. 예를 들어, 경제성장을 전제로 한 탄소중립 정책이 바람직한가, 에너지 총수요 감축이 필요한가 등의 질문은 (학계나 시민사회 일각을 제외하고는) 제도정치나 기성언론의 테이블에 거의 오르지 않습니다.

왜 그럴까요? 의제설정 자체를 좌우하는 '깊은 권력'이 자리잡고 있기 때문입니다.[6] '깊은 권력'은 자본주의의 유지를 위해 사회의 심연에서 작동하는 복합적인 힘과 활동을 가리킵니다. 유엔의 '기후변화에 관한 정부 간 협의체'IPCC에서도 이 점을 안타까워합니다. 무성장/탈성장/포스트성장과 같은 아이디어가 기후위기 극복을 위한 가치 있는 대안일 수도 있는데, '정치적 실천타당성'의 문제 때문에 가로막혀 있다는 것이지요.[7] 이 점은 **질문 14**^{재앙을} 낳는 '어둠의 자식들'을 어쩌할 것인가에서 다룹니다.

기후시민, '정치의 복원'을 말하다

'깊은 권력'을 수면 위로 끌어 올려 정치적 의제로 다루는 경우가 없지는 않습니다. 2025년 스위스에서 '행성적 위험경계 내에서 경제를 운용하자'라는 안건을 놓고 국민투표를 실시한 적이 있습니다. 스위스 녹색당의 청소년위원회가 발안한 투표였지요. 10년의 시간을 두고 국가 전체가 생태적 한계 내의 경제체제로 이행하자는 제안이었는데, 투표참여자 중 68.2퍼센트가 반대표를 던졌습니다. 삶의 질 저하, 공장과 일자리의 해외이전, 물가상승에 대한 우려가 컸다고 합니다. 우파인 스위스국민당에서는 그런 식으로 경제를 위축시키면 아프가니스탄, 아이티, 마다가스카르와 같은 개도국 수준으로 살아야 한다고 겁을 주었습니다.

하지만 스위스 국민의 3분의 1 가까이가 찬성표를 던졌다는 사실은 근본적 차원의 문제의식을 지닌 이들이 적지 않음을 보여줍니다. 솔직히 저는 찬성 비율에 놀랐습니다. 한국에서도 전혀 다른 세상을 꿈꾸는 사람들이 예상보다 많을 가능성이 있다고 생각합니다.

사회생태 문제가 본질적으로 정치 문제라는 사실이 드러나면서 특별히 관심을 끄는 주제도 뚜렷해졌지요.[8] 우선, 기후정의가 기후대응의 핵심이 되었습니다. 산업 전환에 따른 노동자 대책, 재난에서의 취약계층 보호, 눈에 띄지 않는 비용이 취약계층에 주로 전가되는 문제, 정책성과가 부유층에 집중되는 경향이 주요 주제입니다. 예를 들어, 전기자동차에 보조금을 지급하면 전기차를 살 수 있는 계층만 주로 혜택을 누리곤 합니다.

기업의 수익성만 평가할 것이 아니라, 비재무적 요소인 환경Environmental, 사회Social, 지배구조Governance를 적극적으로 평가하자는 ESG 경영도 중요해졌습니다. 이 ESG가 자본주의적 계산에 의한 것인지, 윤리경영을 포함한 이해관계자들의 동기로 추동된다고 볼 것인지, 또는 국가간 헤게모니를 둘러싼 패권경쟁인지도 논쟁의 대상입니다.[9] 최근 미국과 유럽연합에서 ESG 경영의 공시 완화 흐름이 등장하면서 국내에서도 공시 의무화를 유예하자는 역진의 목소리가 나오기 시작했습니다.

유엔이 2011년 '기업과 인권 이행지침'을 발표한 이래 기업의 인권경영도 정치적으로 중요한 화두가 되었습니다.[10] 그와 함께 기후소송이나 에코사이드(ecocide, 생태학살)의 법제화 등 사법·정치의 영역도 커졌습니다.[11] 2024년 헌법재판소가 한국의 탄소중립법에 헌법불합치 결정을 내렸던 것이 좋은 사례입니다.[12]

2025년 7월 국제사법재판소ICJ는 기후대응이 모든 국가의 의무이므로 의무를 지키지 않으면 배상책임을 져야 한다는 권고 의견을 발표했습니다. 물에 잠기는 섬나라에서 온실가스 배출에 책임이 큰 나라를 상대로 기후소송을 제기할 가능성이 생겨난 것입니다.

온실가스 감축과 관련된 통상적인 기후소송과 구분되는, 새로운 '정의로운 전환 소송'이 늘어나는 경향도 관찰됩니다. 퇴출을 당하게 된 화석연료 노동자들의 일자리 보장에 관한 법적 요구 움직임이 대표적입니다.[13]

정책을 시행하는 과정에서 나타나는 갈등 — 예를 들어, 재생에너지에 대한 백래시 — 도 주목받고 있습니다. 시민의 규범과 행동 역시 중요한 주제로 등장했고요. 특히 MZ세대는 물질적 이해관계에 기반한 행동을 넘어서 비물질적 이상주의에 기반한 행동 — 예를 들어, 자기 신념이나 가치관을 표출하는 '미닝아웃 Meaning Out'을 위한 소비 — 을 하는 경우가 많아졌다는 연구도 나옵니다.[14]

한국은 사회시스템과 지구시스템의 이중 위기가 특유하게 나타난 경우입니다. 저는 권위주의적 돌진형 개발로 선진국에 진입한 한국이 외형상 '압축성장'을 달성했지만, '압축소멸'의 징후가 출현해버린 극단적 사례에 속한다고 주장한 바 있습니다.[15] 정치학자 이관후도 압축소멸의 위기에 처한 우리 사회가 '좋은 삶'을 지향해야 하고, 그것을 위해 한편으로는 노동권과 인권을, 다른 한편으로는 기후대응을 지향하는 '정치의 복원'이 시급하다고 강조합니다.[16]

'국제정치'의 렌즈로 보기 — 연대·협력·정의

지금부터 '상위' 국제정치의 렌즈로 사회생태위기를 분석해봅시다. 인류세와 사회생태 격변은 인간사회의 세계적global 차원과, 자연환경의 행성적planetary 차원이 중첩된 현상이므로 당연히 국제정치의 관심을 끌게 되었습니다. 상황의 해석과 해법을 둘러싸고 '3-E 세계'의 접근방식들이 경합 중이지요. 하나씩 살펴보겠습니다.[17]

'위험해진 세계'The Endangered world는 자유주의-제도주의적 관점에서 현시대를 인류세 이전의 안정적이었던 홀로세와 단절된 시기로 진단합니다. 2차 세계대전 이후 개발과 경제성장으로 '거대한 가속'이 발생하면서 지구행성이 위험한 상태에 놓였습니다. 인간의 영향력이 지구시스템의 정상 작동과 자연적 기후 변동성을 넘어서면서 복합적, 초국적, 탈경계적인 위험요소가 대폭 늘었습니다. 그와 함께 지상의 모든 생명활동을 지탱하는 생물권의 보호가 가장 중요하다는 인식이 생겼습니다. 그것을 위해 전지구적이고 탈경계적인 대책이 나와야 합니다(일종의 '생태현실주의' 발상이라고 할 수 있겠습니다). 홀로세에 만들어진 자유주의적 국제질서는 국가간 협력과 조정을 위해 디자인되었으므로 현상황의 대처에도 여전히 쓸모가 있습니다. 2025년에 창설 80주년을 맞은 유엔은 새 시대의 과업을 수행할 수 있도록 개편되어야합니다.

'엉켜버린 세계'The Entangled world는 포스트휴머니즘의 관점에서 인간사회와 생태환경이 완전히 새로운 맥락에서 엉켜버렸다고 진단합니다. 인간의 사회문화와 자연환경을 구분하는 데카르트식 이분법은 종언을 고했다고 보는 것이지요. 인간 행동의 결과가 다시 인간과 자연에게 되돌아와(재귀적으로) 영향을 미치는 시대에 인간과 자연을 구분하는 것은 더이상 큰 의미가 없습니다. 외부 위협으로부터 우리 내부를 보호한다는 식의 생각은 더이상 통하지 않는다는 것입니다. 자기 행동의 결과로부터 자신을 보호해야 하기 때문입니다. 국제기구나 규제 메커니즘을 단순히 개혁하는 것만으로는 부족하고, 인간 너머 그리고 국가 너머의 연대, 협력, 정의가 필요합니다.

'뽑아내는 세계'The Extractivist world는 네오맑스주의 관점에서 현상황을 글로벌 자본주의의 결과라고 진단합니다. 전세계적으로 산업화된 경제가 생태계를 훼손하고, 비서구와 주변부의 인간을 박해하고 있습니다. 신자유주의 지구화로 인해 자원추출, 그리고 생산과 소비가 폭발적으로 늘어 인간과 자연의 관계가 완전히 왜곡되었습니다. 생태계 파괴 속도가 생물권의 자연적 회복 속도를 초과한 지 오래됐고요. 이런 일은 기업, 정치경제 엘리트, 서구 선진국, 부유층 등 일부 계층과 집단의 책임이 가장 큽니다. 서구의 자본주의 민주국가들은 사회생태 문제를 비서구권, 자연-지구행성, 미래에 떠넘기면서 사태 해결을 계속 미뤄왔습니다. 이러한 3중의 '위기 떠넘기기'가 20세기 후반 들어 '거대한 가속'의 원인이 되었음은 이미 이야기된 바 있습니다.[18]

따라서 모든 인간을 한덩어리로 간주하는, 인류세와 같은 보편적 서사는 부족한 면이 많습니다. 자본주의가 초래한 위기를 시장친화적으로 해결할 수도 없지요. 자본의 회로 너머에 존재하는 진짜 안전을 찾아야 하고, 그것을 위해 대안적 사회운동이나 풀뿌리 차원의 생활 속 실험의 역할이 중요합니다.

세 종류의 '세계'를 한데 묶는 공통점도 있습니다. 비선형적이고 탈경계적이고 동조화된 위험들이 지구행성을 가로지르면서 복잡하고 불확실하고 위험한 방식으로 국가-인간-환경을 연결하고 있다는 점입니다. 이 문제는 **질문 9** A면 B라는 식의 직선적 사고로는 왜 안 되는가에서 다시 다룹니다.

페미니즘은 이 문제를 어떻게 바라볼까?

지금까지 소개한 연구가 행성정치를 바라보는 해석의 틀을 다루었다면, 비판적 페미니즘에서는 행성정치에 필요한 '권력의 성격'에 더 관심을 둡니다. 남성중심적 또는 인간중심적으로 상상된 권력으로는 행성정치의 문제를 해결하는 데 한계가 있을 수밖에 없기 때문이지요. 통상적으로는 권력을 지배와 위계의 관점에서 다루지만, 페미니즘은 그런 식의 권력관을 넘어 사회생태위기 시대에 행성 차원에서 필요한 '노골적으로 규범적인 권력'Nakedly normative power, 즉 '대놓고 선한 권력'이 무엇인지를 찾으려 합니다. 그것은 군림하고 억압하는 권력이 아니라, 우리의 미래 모습(미

래성)을 규정하려는 선한 권력이며, 억압받는 하위주체와 함께하려는 연대적 권력이라 할 수 있습니다.[19]

페미니즘에서 생각하는, 행성정치를 위한 '선한' 권력은 '4-E 상상력'을 필요로 합니다.[20]

우선, '돌봄의 윤리'Ethic of care가 필요합니다. 여기서 말하는 돌봄은 사회적 재생산을 여성이 담당한다는 식의 본질주의적 개념이 아닙니다. 인간과 행성의 번성에 필수적인 요소로서의 돌봄, '돌보는 것'과 '돌봄받는 것'이 서로 연결되는 상호적 돌봄을 뜻합니다.

'공감'Empathy이 필요한 점도 짚어야 합니다. 행성 차원에서 탈중심화, 탈식민화, 포용성을 정서적으로 실행에 옮겨야 하겠지요.

'해방'Emancipation의 시각이 더 중요해졌습니다. 이전에는 해방보다 자력화Empowerment를 많이 거론했지만, 자력화는 개인의 자기실현을 중시하는 탈정치화된 신자유주의적 경향과 가까워질 우려가 있습니다. 또한 자력화는 백인중심적인 자유주의적 개인주의와 연결되기도 합니다. 따라서 자력화보다 해방을 강조하는 것은 전환, 정의, 연대를 행성정치의 우선순위에 둔다는 것을 의미합니다.

마지막으로, '형평'Equity을 잊어선 안 될 것입니다. 형평은 기계적으로 평등하게 법이나 제도를 운용하는 것이 아닙니다. 공평하게 정의가 이루어질 수 있는 조건, 그리고 행성의 모든 구성원에게 존재론적 평안을 줄 수 있는 조건으로서의 형평을 뜻하지요.

요약하자면, 돌봄의 윤리, 공감, 해방, 존재론적 평안으로서의 형평 등 '4-E'로 이루어진 '대놓고 선한 권력'이 행성정치에서 작동해야 한다는 것이 비판적 페미니즘의 통찰입니다.

페미니즘 행성정치는 지구행성을 둘러싼 거시적 국제정치의 문제만이 아닙니다. 지구시스템과 사회시스템의 상호작용 속에서 작동하는 사회-지구시스템의 정치에 관심을 가지는 것이 행성정치의 핵심입니다. 페미니즘 행성정치는 기후생태위기로 지구시스템이 교란되는 상황에 맞서 새로운 시선으로 사회시스템 내에서 재난에 대처하고 일상에서 그 정신을 실천하는 모든 움직임을 뜻합니다. 그것은 '사회-지구시스템 전체를 보고, 페미니즘의 시각으로, 로컬(지역) 차원에서, 정치적 행동을 하라'라는 명제로 요약할 수 있겠습니다.

강릉에서 펼쳐진 페미니즘 행성정치

2023년 4월 강릉 시내에서 도심 산불이 발생했습니다. 순식간에 민가 지역 120헥타르가 타고, 건물 240여채와 문화재가 소실되었으며, 주민 1천여명이 긴급대피를 해야 했습니다. 행성 차원에서 벌어지는 지구시스템 교란과 사회시스템 불안정이 지역 차원에서 나타난 사회생태 재난이었습니다. 강릉기후정의시민모임의 여성 활동가들은 그후 3개월 동안 재난 대피소의 쉼터 운영을 지원하면서 '대피소 문화'를 직접 관찰하고 경험했습니다.

이들이 대피소에서 자주 접했던 질문은 다음과 같았습니다. 그대로 옮겨보겠습니다. "자꾸 불안하고 심장이 뛰는데, 따로 쉴 곳은 없을까?", "위험한 난간에서 뛰어다니는 아이들, 어디서 놀지?", "여기서 어떻게 수유를 하지…ㅜㅜ", "갑자기 월경을 시작한다면, 어디로 가야 할까?", "TV에서는 계속 현장 소식만… 잠깐 조용히 있고 싶어.", "같이 대피를 나온 우리 강아지, 어디로 가야 할까?", "휠체어를 타는 남편, 같이 가려면 여자 화장실로 가야 하나? 남자 화장실로 가야 하나?", "갑자기 텐트로 들이닥치는 카메라, 거부감이 들어.", "모든 쓰레기를 한곳에 모은다고?", "밥을 먹으러 그때마다 30분씩 걸어가야 하는 걸까?"

활동가들은 이런 현실적 질문에 대한 응답으로 『모두를 위한 재난 대피소』라는 제안서를 발표했습니다.[21] 이들의 관찰과 제안을 '대놓고 선한' 페미니즘 행성정치의 틀로 분석해보았습니다.

① 상호적 돌봄의 가치를 중심으로 '돌봄의 윤리'를 상상하는 대피소. 시끄럽고 어수선한 대피소 현장은 아이들과 양육자들에게 전혀 안전한 공간이 아니었다. 모두를 위한 대피소에 아이와 양육자 모두를 위한 쉼터가 마련되어야 하고, 안전하고 소음이 차단되는 수유 공간이 있어야 한다. 돌봄을 제공하는 활동가들, 의료 및 상담 지원을 나온 종사자들이 편히 앉아서 주민과 만나고 대화를 나눌 수 있는 '모두의 사랑방'이 필요하다. 재난상황이 길어질 때 하교 후 돌봄을 받을 수 있는 어린이 쉼터가 있어야 한다. 현장을 지원하는 자원활동가를 위한 봉사자 쉼터도 필요하다. 영구적으로 머무를 공간이 아니지만, 서로가 서로에게 "환대받고, 돌봄받

고, 일상을 이어"갈 수 있는 대피소가 되어야 한다.

② 탈중심화와 포용성이 충만한 '공감'을 상상하는 대피소. 급하게 재난현장을 빠져나온 여성 이재민을 위해 "월경대 배부처"를 알려줘야 한다. 탈脫남성중심적 공감의 정신이 필요하다. 또한 반려동물과 함께 살아가는 가구를 위해 반려동물용 긴급 키트를 제공하고, 인근에 쉼터와 배변 장소, 반려동물별로 지낼 수 있는 케이지, 산책 봉사자 지원망이 필요하다. 인간중심성을 탈피한 확장적 공감에 기반한 반려동물 지원은 그 가정이 안정을 되찾고, 위기 이후의 삶을 계획하는 데 도움이 된다.

③ 전환, 정의, 연대에 기반한 '해방'을 상상하는 대피소. 다양한 전문가와 지역 활동가, 구호단체들이 서로간에 또 주민들과 대화하고 협력함으로써 "장기적으로 지역에서 연대의 가치가 중요함을 알리는 계기"를 마련할 수 있었다. 미디어전문가들이 대피소에서 주민과 연대했다. 미디어 지원실을 개설하여 재난으로 소실된 집을 로드뷰를 통해 다시 볼 수 있도록 돕고, 이메일 사용이나 주민등록등본·증명서 발급 등 컴퓨터를 사용해야 하는 일들을 도왔다. 예고 없이 나타나는 카메라로 이재민들의 피로도가 높았지만, 그들이 보다 준비된 상황에서 인터뷰할 수 있도록 방송국과 이재민을 연결하는 컨트롤타워가 필요하다.

④ 존재론적 평안으로서의 '형평'을 상상하는 대피소. 이재민에게 평안과 안전감을 줄 수 있는 공간성과 장소성을 고민했다. 예를 들어, 장애인과 비장애인, 성소수자, 아이 동반 보호자, 휠체어 사용자 등 '모든 사람을 위한 화장실'이 있어야 한다. 기저귀 교환

대와 아이 변기가 있고, 음성 안내와 점자 안내가 함께 나오는, 편안하고 안전한 공간이어야 한다 간단한 의료 처치나 수액을 맞은 후 쉴 수 있는, 안정을 위한 공간이 있어야 한다.

위와 같은, 강릉의 여성 활동가들이 현장경험에서 만들어낸 '모두를 위한 재난 대피소' 제안은 앞으로 더욱 잦아질 재난상황에서 페미니즘 행성정치의 지역적 실천이 어떤 식의 돌봄으로 진화할 수 있을지를 보여줍니다. 상상력의 확장과 현실적 유용성, 두 측면 모두에서 그러합니다.

'대놓고 선한 권력' 앞의 장애물들

국제정치에서 사회생태위기의 핵심 질문은 홀로세의 옛 조건에 맞춰 설계된, 국가, 국제기구, 기업 등 구제도들이 인류세의 새로운 조건을 감당할 수 있을까 하는 점입니다. 이들 제도가 홀로세 시대에 '병리적인 경로의존성'을 만들어놓은 탓에 사회생태위기가 왔지만, 구제도는 여전히 막강한 영향력을 발휘하면서 근본적인 전환을 가로막고 있습니다. '병리적인 경로의존성'이란 지구시스템의 실상에 관한 정확한 정보를 체계적으로 가로막는 피드백 메커니즘을 뜻합니다.[22] 지구가 망가지는데도 경제성장의 효과만 따지는 관행을 예로 들 수 있지요.

홀로세의 정치는 "정치에는 세계가 없다, 국가만이 있을 뿐"이라고 요약할 수 있습니다. 그러나 인류세의 코로나 팬데믹 상황에서는 "병균에는 국가가 없다, 세계만이 있을 뿐"이라는 진단이 더 중요해졌지요. 팬데믹만이 아닙니다. 경제의 순환, 에너지 수급, 불평등 격차 등 사회적 위기도 국가를 넘어 세계적으로 동조화하는 경향을 보입니다. 기후생태위기가 포스트-국가적 현상의 전형적인 사례이기 때문입니다. 국제정치가 인류세 시대의 '포스트-국가' 담론으로 진화할 수 있을까요?[23]

영토주권을 신성시하는 국민국가들로 이루어진 글로벌 정치체제는 아직도 홀로세의 '병리적인 경로의존성'에서 벗어나지 못하고 있습니다. 기성정치가 사회생태위기 앞에서도 의제의 범위를 넓히지 않는 이유 중 하나가 '국익 우선주의' 때문입니다. 상황이 아무리 심각해도 국가는 전지구적 차원에서 해법을 찾기보다—그렇게 해야 문제를 풀 수 있는데도—자국의 산업을 보호하고, 에너지 이행전환을 위한 자원을 확보하는 데만 몰두하곤 합니다. 사회생태위기를 행성 차원의 비상사태가 아니라, 국가 차원의 비상사태로 해석하는 것이지요. 이렇게 되면 행성안보 문제가 국가안보 문제로 축소·왜곡되고 맙니다.[24]

기후생태위기를 초래한 경제성장과 GDP(국내총생산) 수치에 여전히 매달리는 주된 이유 중 하나도 결국 국가간 경쟁 때문입니다.[25] 주권 고수, 국익 우선, 국제경쟁력 신봉 등이 워낙 기본값처럼 되어 있습니다. 그 밑바닥에는 '정치 현실주의'의 두 기둥인 '국가주의' 그리고 국제관계에서의 '국가생존 우선주의'가 깔려 있습니다.

시민사회도 이런 분위기에서 자유롭지 않지요. 한국이 다른 나라에 비해 경제적으로 뒤처지는 한이 있더라도 탄소를 더 줄이자거나, 한국이 선진국이 되기까지 배출했던 탄소량에 비례하여 개도국에 정의롭게 보상을 해주자는 주장을 많이 들어보지 못했습니다.

국가중심주의로 보면 자국의 관할권 내에서 국민의 이익을 위해 자연을 잘 관리하는 '관할권 내의 지속가능성'에 초점을 맞추게 됩니다. 그러나 현재의 위기는 지구 전체의 생물권을 인간/비인간이 함께 살 수 있는 '다종적 번성가능 영토'Multi-species territory로 지키는 문제, 즉 모든 생명의 '거주가능성'에 초점을 맞춰야 하는 위기입니다. 생물권은 국경선을 넘어서 연결된 공간이므로, 국가 관할권 내의 지속가능성에만 집착하면 장기적으로 거주가능성조차 확보하기 어렵다는 점이 불을 보듯 명확합니다.

'행성적 민족주의'라는 기이한 현실

지금은 지구시스템 전체를 돌보는 '형평성 있는' 행성적 거버넌스가 절실하게 필요한 시대입니다. 그런데 현실은 이상하게 흘러가고 있지요. 행성적 차원으로의 정치 확대와 배타적 국익 추구가 기이하게 결합된 형태의 '행성적 민족주의'가 출현했기 때문입니다.[26]

특히 미국은 행성적 민족주의의 선두주자라 할 수 있습니다.

미국은 자국의 군사체계인 육군, 해병대, 해군, 공군, 해안경비대에 이어, 2019년에 미 우주군USSF을 창설하여 인공위성이 활동하는 '지구 정지 궤도'Geosynchronous orbit의 모든 영역에서 독점적인 군사작전권을 행사하고 있습니다. 이것은 미국이 19세기에 남북 아메리카대륙, 즉 서반구 전체를 자국의 영향권 아래에 두었던 사례와 비슷한, '행성적 먼로 독트린'이라 할 수 있습니다.

글로벌 거대 IT 기업들, 이른바 빅테크는 이런 경향에 적극적으로 호응하는 편입니다. 파리기후협정과 같은 행성적 거버넌스보다, 기술-우주식민주의-자본주의가 결합된 행성적 민족주의가 수익을 높이는 데 유리하기 때문이지요. 행성적 민족주의의 종주국인 미국과 빅테크는 전지구적 커먼즈Commons나 인류의 공동유산과 같은 개념을 절대 좋아하지 않습니다. 이민자 수용 반대 정책과 국익 중심의 기후규제 완화 정책을 선호하는 극우파들 역시 행성적 민족주의에 동조합니다.

하지만 상황이 어렵긴 해도 행성적 차원에서 정치, 기술과학, 거버넌스를 강화하는 행성적 공동선의 이상을 포기할 수는 없습니다. 이런 입장은 책임있는 행성적 거버넌스를 구축하기 위한 '가이아정치'Gaiapolitik의 필요성을 재확인시켜주기도 하지요.

부족하기 짝이 없는 홀로세의 국제 제도

홀로세의 국제기구 역시, 전지구적 위기를 다루기에는 국가만큼이나 태부족합니다. 사회생태위기 중 제일 잘 알려진 기후위기 레짐(regime, 체제 또는 규칙)을 살펴보겠습니다. 1992년 리우에서 채택된 '기후변화에 관한 유엔 기본협약', 약칭 '기후변화협약' UNFCCC은 기후에 관해 가장 권위있고 영향력이 큰 국제제도라 할 수 있습니다. 기후위기는 행성적인 접근이 필요한 문제임에도, 기후변화협약은 — 여타 국제제도도 마찬가지이겠지만 — 처음부터 그런 접근방식을 취하지 않았습니다.

그렇기는커녕 국가주권, 국가의 자연자원 개발권, 참여국들 사이의 협의와 합의 등 철저하게 홀로세적 기준을 따랐습니다. 국제협약은 대기권이나 행성 전체에 의무적인 책임을 지는 것이 아니라, 회원국에게 자발적인 책임을 맡길 뿐입니다. 따라서 국제협약은 국민국가의 정치적 양식을 전세계적 범위로 확장시켰을 뿐, 새로운 행성적 위기를 다루기에는 적합하지 않은 옛 제도라 할 수 있습니다.

2015년의 파리기후협정 역시 철저하게 국가주권, 국가이익, 국가자율성을 고수합니다. 이런 점을 두고 정치학자 김성진은 국제사회 구성원들의 탈탄소 의지가 총동원되지 않는 한 파리협정 체제가 실질적인 변화를 쉽게 가져다주지는 않을 것이라 경고했었지요. 하지만 구속력이 아니라 자율성에 기반을 둔 제도가 수립되었으므로 결국 '국제' 제도 역시 개별 구성원의 의지에 좌우됨을 보여줍니다. 구성원들이 평가하는 이익 개념이 근본적으로 변하지 않으면 파리기후협정과 같은 제도는 해결책이 아니라 도피처에 불과하다는 것입니다.[27]

이런 우려는 트럼프 행정부 2기 출범 후 미국이 또다시 파리기후협정에서 탈퇴함으로써 일부 현실이 되었습니다. 이 사건은 국제법규범이 현재 크게 흔들리고 있는 추세 속에서 파악할 수 있습니다.[28]

그렇다면 세계정부 출현이 답일까

그렇다면 지구행성 전체를 다스리는 세계정부가 출현하면 문제가 해결될까요? 사회생태위기의 특성상 단일 세계정부는 오히려 도움이 되지 않을 수도 있습니다. 예를 들어, 지구의 기온은 전 세계적으로 오르지만, 폭염, 가뭄, 산불, 산성화, 홍수와 같은 재난은 국가나 지역의 차원에서 발생하고, 사람들은 주로 이러한 지역적 문제를 자신의 문제로 인식합니다. 이처럼 행성 차원의 거시적 현상과 지역 차원의 국지적 현상이 뒤섞여 발생하는 위기의 특성 때문에 단일한 세계정부가 만능 해결책이 되기는 어렵습니다. 전체 수준에서의 공동 대응과 개별 수준에서의 맞춤형 대응을 배합하고 조정하는 문제가 더 절실하게 필요한 거버넌스 과제일 수 있습니다.

이것과 관련하여 대표적으로 두가지 해법이 나와 있지요. 하나는 하향식으로서, 행성 차원에서 어떤 특정 쟁점에만 관여하는 제도를 만들자는 제안입니다. 예를 들어 '지구팬데믹기구'를 창설하여 팬데믹에 관한 초국경적 컨트롤타워 기능을 하도록 하자

는 것입니다.[29]

또 하나는, 환경사회학자 한상진의 상향식 제안이 있습니다. 환경파괴와 사회불의가 동시에 발생하는 '생태사회적 배제'를 극복하고, '생태사회적 통합'을 달성하기 위해 행성 차원의 생태거버넌스, 국가 차원의 생태민주주의, 지방 차원의 생태결사체가 서로 교차하는 시스템을 만들자고 합니다. 그것을 위해 "지방에서의 공동자원화를 통해 국가 수준에서의 생태민주주의의 가능성을 확장"시켜 그것을 지구 차원으로 전파하자는 아이디어입니다.[30]

생물권 정치의 재발견

이 장을 마치기 전에, 미래학자 제러미 리프킨이 이미 30여 년 전에 생물권(생명권)을 둘러싼 새로운 정치의 출현을 예견했음을 상기하고 싶습니다.[31] 앞서 「들어가며」에서 지적한 것처럼, 우리 주변에서 일어나는 수많은 일들이 직간접적으로 기후위기, 재난, 에너지 이행전환, 생태환경 악화와 관련되어 있음을 기억해야 합니다. 생물권의 사회생태적 문제가 사회적·정치적 논쟁의 주제가 되는 일이 대단히 잦아졌으며, 시간이 갈수록 이런 경향이 심해질 것입니다.

환경학자 박지형은 '넓누리'라는 개념으로 생물권에 대한 독특한 해석을 제시합니다. 지구 생물권은 "무한성장의 덫에서 빠져나와 인간과 자연이 조화를 이루는 대안적 사회생태 시스템의 무대"이므로 소중히 보전해야 합니다. 그런데 현재 산업사회의 구성원들은 물질적 혜택뿐 아니라 경제성장을 마치 종교적 맹신처럼 추앙하는 경향이 있습니다. 그러므로 "목적 지향 활동과 삶의 즐거움"이라는 인간적 가치를 추구하려면 지구 생물권의 생태적 '인프라 차원'의 변화와, '정신적 차원'(넋누리)의 변화가 함께 일어나야 한다는 것입니다.[32] 이 주장에 따르면 생물권 정치는 경제적·물질적 차원과 정신적·문화적 차원이 결합된, 전혀 새로운 형태의 융복합 정치라고 이해할 수 있습니다.

왜 어떤 이에게 기후위기는 음모론인가

현미경으로는 별을 보지 못하고, 망원경으로는 세포를 보지 못한다.
우리가 세상을 보는 렌즈는 초점을 맞추면서 동시에 흐리게 만든다.
—제프리 크리팔 Jeffrey J. Kripal

성장주의자에게 자연은 무한한 자원의 보고이자 공짜 정화조다.
—구도완

우리 스스로 생각을 바꾸고,
삶의 방식을 바꿔서 사회 변화를 추동해야 합니다.
정치변화만 중요하다는 주장은 비타민만 먹어서
불로장생할 수 있다는 말과 다르지 않다고 봅니다.
—홍기빈

저변의 가치관이 바뀌지 않으면
환경 관련 법률이 아무리 많아도 무용지물이 되기 쉽다.
—톰 올리버 Tom Oliver

왜 그는 4대강 사업에 대해 반성하지 않는가?

전직 대통령 이명박이 4대강 사업을 자신의 최대 '치적'으로
꼽았다는 보도가 나왔습니다.[1] 그는 유럽에서 기후변화에 미리

대비하여 대형 화물을 운하로 운송했다고 주장하면서 낙동강 주민과 공무원은 모두 찬성했지만 정치권의 반대로 사업이 난항을 겪었다고 아쉬워했습니다. 반면 녹조 문제와 재자연화에 대해서는 일언반구도 하지 않더군요.

낙동강을 지키는 환경운동가가 즉시 반론을 폈습니다. 보가 건설된 센강은 수질이 극히 나쁘다, 4대강 사업은 변종 운하 사업에 불과하다(2025년 10월 이명박은 4대강 사업이 한강과 낙동강을 잇는 운하를 위한 전단계 공사였다고 실토했습니다), 녹조에서 뿜어져 나오는 맹독물질 마이크로시스틴 때문에 수돗물 안전이 위험해지고, 강의 생명이 단절되고, 농산물이 오염되고, 인근 공기질까지 악화되는 등 각종 문제가 일어나고 있다, 22조원이라는 천문학적 혈세를 수질개선, 홍수예방에 썼더라면 훨씬 더 나았을 것이다, 하고 말입니다.[2] 실제로 2025년 낙동강 인근 주민들을 대상으로 한 조사에서 47.4퍼센트에 달하는 사람들의 콧속에서 녹조 독소가 검출되었습니다.

저는 환경운동가의 주장이 타당하다고 생각합니다. 이명박이 애당초 왜 그렇게 무리한 사업을 추진했는지, 그리고 그것의 결과를 목격하면서도 어떻게 자화자찬에 빠질 수 있는지 이해가 되지 않습니다. 사업에 찬성한 측은 비판의 목소리를 무시하고 오염의 증거를 외면하면서 자기들이 옳았다고 강변해왔고, 앞으로도 그럴 것입니다.

마인드셋이 중요하다

이번 장에서는 바로 이 점을 다루려고 합니다. 왜 어떤 사람들은 어떤 문제를 특정 시선으로단 일정하게 바라보고, 반대 근거가 나와도 끝까지 자기가 옳다고 우기는 걸까요? 정말 그렇게 믿는 것인지, 스스로 믿지도 않으면서 이해관계 때문에 그렇게 말하는 것인지, 잘 모르겠습니다. 여러 이유가 있겠지만 이런 질문을 깊게 파고들면 결국 심성의 밑바탕에까지 이르게 됩니다. 이런 심적 토대는 우리가 삶이나 세계를 이해하는 방식과 가치판단에 영향을 끼칩니다.[3] 그러한 토대가 곧 '세계관'이지요. 4대강 사업의 추진자는, 적어도 어느 정도는, 자신의 세계관에서 비롯된 신념에 따라 행동했을 가능성이 있고, 그렇기에 지금까지도 그런 세계관에 따라 현실을 평가하고 있을 것입니다.

세계관이란 무엇입니까? 그것은 "우리가 세상을 바라보고 이해하는 방식에 영향을 주는 일련의 가치론, 존재론, 인식론적 가정"이라 할 수 있습니다.[4] 패러다임, 이데올로기, 마인드셋(심적 경향) 등과 비슷하게 쓰입니다. 세계관은 흔히 렌즈에 비유되곤 하지요. 갈색 렌즈로 보느냐, 녹색 렌즈로 보느냐에 따라 전혀 다른 색채의 세상이 나타나고, 세부사항은 그다음 문제가 됩니다.

세계관을 건축에 비유할 수도 있습니다.[5] 높은 빌딩을 올리려면 먼저 땅을 파야 하는데 그 땅이 건물의 지반이 되며 그 지반의 특성이 곧 세계관입니다. 빌딩의 지반이 단단한지 무른지, 지하에 수맥이 지나가는지 등에 따라 건물의 안전도나 수명이 크게 달라집니다.

다양한 세계관/가치관이 있지만 그것들을 동일선상에서 평가할 수는 없습니다. 예컨대, 자신과 세상의 선익을 키울 수 있는 긍정적 세계관이 있는가 하면, 나치즘처럼 배제와 증오에 기반한 세계관도 있지요. 세계관이 가치판단을 직접적으로 결정하지는 않지만 둘 사이의 상관관계는 강력합니다.

세계관은 어떻게 만들어질까요? 인지발달이나, 사회규범 학습과 정체성 형성은 영유아 시기부터 이루어진다고 합니다.[6] 청소년기의 환경적 세계관은 이후의 삶에서 환경과 관련된 행동에 큰 영향을 끼칩니다.[7] 사회화, 공식적·비공식적 교육, 인생 경험, 인적 네트워크, 그 사회의 문화적 조망, 그리고 종교도 세계관 형성에 큰 역할을 합니다. 요즘은 미디어, 인터넷, SNS의 역할도 중요해졌지요. 초기부터 인터넷과 미디어의 특징적인 문화적 서사 또는 정동적 자극 ─ 예컨대 밈meme과 같은 ─ 에 반복적으로 노출될수록 세계관도 그런 경향을 따라가기 쉽습니다.

생태환경적 세계관이란 무엇인가

생태환경과 관련된 세계관을 살펴봅시다.[8] 환경철학자 한면희는 환경철학의 세계관이 인간중심주의와 생태중심주의의 양대 축으로 이루어진다고 설명합니다.[9] '인간중심적 세계관'에서는 자연을 주로 인간이 활용하는 대상으로 여깁니다. '생태중심적 세계관'은 인간을 전체 생태계의 일부로 간주하고, 인간이 생태계와 생물다양성을 훼손하지 않도록 최대한 노력해야 한다고 봅니다. 이와 유사한 '생명중심적 세계관'은 모든 생명의 내재적 가치를 중시합니다.

전환 연구자 윤갑구가 제안한 '저엔트로피 세계관'에서는 생산과 소비를 최소로 하고, 자연이 생명의 원천이라는 원칙이 가치판단의 근거가 됩니다. '친태양 에너지운동'도 중요합니다. 왜냐하면 "기존 세계관은 기존 에너지 환경과 긴밀하게 연관되어 있으므로 현재의 역사적 위기를 극복하는 데 절실하게 요구되는 자신감과 정열을 우리에게 불어넣어줄 수가 없"기 때문입니다.[10]

생태환경적 세계관을 정리하자면 이렇습니다.[11] 우선 '전일성' 관점은 세계를 상호연결되고 상호의존하는 살아 있는 시스템으로 보며, 인간과 자연의 관계를 공동창조와 공동진화(co-evolution, 공진화)의 파트너십으로 간주합니다. 다음으로 '관계성' 관점은 세계의 현상이 서로의 상호작용을 통해 촉발된 과정으로서 존재한다고 여깁니다. 그리고 '변화성' 관점은 세계가 끊임없이 변하고, 아주 작은 변화가 규모 확장을 통해 큰 변화를 초래한다고 가정합니다. 세계는 복잡계로서 비선형적 동역학이 지배하므로 시스템 구성요소들 사이의 상호작용은 예측불가능하고 불가역적이지요. 이 점은 **질문 9** A면 B라는 식의 직선적 사고로는 왜 안되는가에서 다룰 것입니다.

'자기'에 대한 가치관에 따라서도 생태환경에 대한 태도가 달라집니다.[12] '자기초월적 가치관'을 가진 사람은 보편주의, 자비심, 환경문제 인식, 그리고 환경에 대한 관심도가 높고 환경친화적 행동에 나서는 비율이 높습니다. 나, 인간 타자, 동식물까지 '자기'의 넓은 해석틀에 포함되지요.

그러나 '자기강화적 가치관'을 가진 사람은 성취, 이익, 자아 성공, 사회적 권력, 부를 목표로 삼고, 환경에 대한 관심도가 낮습니다. '자기'에 대한 해석틀이 좁고, 다른 인간이나 생명에 대한 포용성이 낮으며, '자기'가 피해를 입은 경우에만 환경문제에 관심을 가진다고 합니다. 종교나 신앙에 기반하여 생태환경에 대해 적대적인 태도를 취하는 경우도 생깁니다.

눈앞에서 바닷물이 차오르는데도 보지 못하는 이유는?

종교에 기반한 세계관이 기후위기에 부정적인 영향을 줄 수 있음을 보여주는 좋은 사례가 있습니다.[13] 남태평양의 키리바시는 33개의 환초로 이루어진, 인구 12만명의 작고 가난한 섬나라입니다. 국토 대부분이 해발 2미터 남짓한 높이라서, 기후위기로 인한 해수면 상승의 영향을 제일 많이 받는 나라에 속합니다. 현재 속도로 해수면 상승이 진행되면 세기말까지 바닷물이 약 1.1미터 이상 오를 것이고, 국토의 3분의 2가 물에 잠길 가능성이 있습니다. 이미 앞마당에 물이 차고, 우물에 바닷물이 들어오는 등의 상황이 벌어지는 키리바시는 아마 세계에서 기후위기를 가장 생생하게 눈앞에서 목격하는 나라 중 하나일 것입니다.

키리바시의 아노테 통Anote Tong 대통령(재임기간 2003~16년)은 상황을 심각하게 받아들여 국내외적으로 기후문제 대응에 앞장섰습니다. 파리기후협정의 협상 과정에서 섬나라들의 목소리를 적극적으로 대변했고, 국내에서도 기후대응을 국정의 최우선 과제로 추진했습니다. '존엄을 지키는 이주' 프로그램을 개발하여 국민들이 자발적으로 해외이주를 할 수 있도록 교육과 훈련을 제공했으며, 피지섬에 토지를 매입하여 국민의 미래 터전을 준비하기도 했습니다.

그의 후임으로 대통령에 오른 타네티 마마우Taneti Maamau(재임기간 2016~25년 현재)는 전임자와 정반대였습니다. 기후대응을 뒷전으로 물리고, 리조트 개발사업을 추진하여 외국인 관광객을 유치하는데 열을 올렸습니다. 그는 기후위기로 키리바시가 위협받는다는 것은 "국민을 현혹하는 비관론"이라고 폄훼하면서, 키리바시의 미래는 오직 신께서 결정할 일이므로 감히 인간이 왈가왈부할 수 있는 문제가 아니라고 주장했다고 합니다. 지금도 마마우 대통령은 소극적인 기후정책을 펴고 있습니다.

이 사례는 개인과 집단의 종교적 세계관이 기후생태위기에 얼마나 부정적인 영향을 끼칠 수 있는지를 보여줍니다(종교적 세계관은 표면적 이유일 뿐 사실은 종교를 빙자해 개발정책을 밀어붙인다는 해석도 가능합니다). 바닷물이 눈앞에서 차오르고 있는 키리바시에서조차 이런 일이 일어날 수 있다면 다른 나라에서는 어떻겠습니까?

자연은 수단인가 목적인가

세계관에 따라 자연을 보는 관점도 달라집니다. 인간에게 도움이 되는 대상으로 보기도 하고(도구적 관점), 자연 그 자체의 가치를 인정하기도 합니다(본질적 관점). 유엔 생물다양성과학기구IPBES의 조사에 따르면 2010~20년 사이에 이루어진 자연의 가치 평가 연구 중 '도구적 가치'에 관한 주제가 거의 4분의 3에 달했다고 합니다.[14] 산업화가 진전될수록 인간과 자연의 관계를 도구적으로 보는 패러다임이 득세하기 쉬워집니다. 비인간 존재를 완전히 본질적 가치로만 대하기는 어렵겠지만, 도구적 가치로만 대하는 세계관으로 사회생태위기에서 벗어나기란 불가능합니다.

IPBES는 이런 딜레마를 절충적 세계관으로 풀자고 제안합니다.[15] 우선 '자연으로부터의 삶'Living from nature이 있습니다. 자연이 제공해주는 자원과 물질 덕분에 인간이 생계를 유지하고 욕구를 충족시킬 수 있다는 것이지요. '자연과 함께하는 삶'Living with nature도 있습니다. 인간의 욕구와 무관하게 자연이 그 자체로서 번성할 수 있는 내재적 권리를 인정해주자는 입장입니다. '자연 속에서의 삶'Living in nature을 볼까요? 인간이 자연의 테두리 내에서 살아가고 그 안에서 자기의 정체성을 형성한다는 뜻입니다. 마지막으로, '자연으로서의 삶'Living as nature이 있습니다. 자연이 인간의 심신 그리고 영성적 차원에 깊숙이 스며들어 있다는 의미입니다. 2024년 10월 콜롬비아의 칼리에서 개최된 제16차 생물다양성협약 당사국총회CBD COP16의 대주제는 '자연과의 평화 맺기'Peace with Nature였습니다.

어느 지역의 숲에서 아름드리나무들이 하루아침에 잘려나가 환경운동가들과 시민들의 분노를 자아냈다는 기사를 읽은 적이 있으시지요? 저도 그런 뉴스를 접할 때마다 왜 그렇게 했을까 하며 답답하게 느끼곤 합니다. 문제의 근본원인을 숲에 대한 우리 사회의 세계관에서 찾아봅시다.

산림법 1조의 '목적'은 이렇게 되어 있습니다. "산림 자원의 증식과 임업에 관한 기본적 사항을 정하여 산림의 보호·육성, 임업 생산력의 향상 및 산림의 공익 기능의 증진을 도모함으로써 국토의 보전과 국민경제의 건전한 발전에 이바지함."

산림청의 '비전과 목표' 역시 다음과 같은 식입니다. '비전'은 "숲으로 잘사는 대한민국, 숲으로 만드는 지속가능한 미래"이며, '2037 목표 및 기대효과' 네가지 중 하나가 "산림산업 성장으로 돈이 되는 산림(산림산업 매출액: 161조원→210조원)"이라고 나와 있습니다.[16] 이처럼 한국에서 산림은 철저히 도구적 시선의 대상이고, 주로 경제활동을 위한 수단, 즉 '자원과 재산'으로 이해됩니다.

세계관이 좌우하는 정치와 정책

효과적이고 회복력 있는 생태환경 정책을 위해서는 그 토대가 되는 가정과 전제를 잘 파악해야 합니다. 전지구적 환경 거버넌스 연구에 평생을 바친 오런 영Oran R. Young은 그 어떤 환경정책이든 전사회적인 세계관의 인지적 토대와 부합할 때만 효과를 거둘 수 있다고 말합니다.[17]

새만금 사업의 논의 과정을 관찰했던 사회학자 정수복은 이 논쟁의 핵심에 세계관의 충돌이 있었다고 지적하더군요.[18] "오랜 개발의 시대를 거치면서 형성된 경제적 합리성의 관점이 지배적인 상황에서 생태적 합리성이라는 새로운 관점이 등장하면서 마찰을 빚었던" 것입니다. 그러므로 서로 극과 극의 세계관을 가진 사람들 사이에서는 토론이 성립하는 것 자체가 쉽지 않고 합의도 어렵다는 점을 절실히 깨달았다고 합니다.

이처럼 자연에 대해 개인과 사회가 지닌 세계관은 정치적 판단과 정책 결정에서 큰 역할을 합니다. 현재의 정치·경제 시스템을 고수하고 개발 혜택을 원하는 세계관과, 사회생태 전환을 위한 규범적 공동체를 소망하는 세계관은 전혀 다른 정치적 비전으로 이어질 수밖에 없습니다.[19] 후자의 세계관을 가진 시민들이 많아져 전환을 위한 정치적 동력이 커지고 마침내 행동의 계기로 작용할 때, 환경법학자 박태현이 제안하듯 '생태적 법질서'의 정신을 헌법에 포함시킬 수 있을 것입니다.[20] 더 나아가, 이런 세계관이 커질수록 민주적 공화주의와 돌봄 정신에 입각한 녹색 헌법으로의 개헌도 이루어질 수 있습니다.[21]

4대강 사업의 세계관, 녹색성장

처음 질문으로 돌아가봅시다. 4대강 사업은 어떤 세계관에서 추진되었을까요? 당시 국정 화두로 강력하게 제시되었던 '저탄소 녹색성장'이 실마리를 제공합니다. 녹색성장, 그리고 그것의 바탕이 되는 '녹색경제'의 세계관은 다음과 같은 특징이 있습니다.[22] 우선, 기후-환경문제를 시장 메커니즘으로 타개하는 것이 녹색경제의 '목표'입니다. 이 목표에는 녹색기술을 개발하여 기후위기를 새로운 사업의 기회로 활용하는 것도 포함됩니다.

또한 기술혁신을 이끌 수 있다고 생각되는 시장의 역할이 녹색경제의 핵심 '수단'이 됩니다. 그런 시장이 제대로 돌아가려면 공공재의 민영화, 커먼즈의 상품화, 자연의 상업화, 효율성의 제고가 필요하다고 보지요.

또한, 이 과정에서 발생하는 문제를 잘 관리하는 것이 녹색경제의 '과제'입니다. 어떻게 하면 성장과 환경을 분리시켜 탈동조화되게끔 할 수 있을까, 어떻게 하면 끝없는 경제성장을 통해 '떡고물'의 일부를 국민에 나눠줌으로써 본격적인 사회정의 논쟁을 피할 수 있을까, 어떻게 하면 사회구조가 개인에게 미치는 영향력에 관심을 끄게 하고 각자의 능력에간 주의를 기울이도록 할 수 있을까 하는 것들입니다.

이 문제를 다룬 다큐멘터리영화 「추적」이 2025년 8월에 개봉되었습니다. 17년간 4대강 사업을 취재한 최승호 PD가 이명박을 세 번 만나, 왜 그런 사업을 벌였는지 직접 물어보았습니다. 다음은 최PD의 결론입니다. "운하의 물류로 경제를 성장시키고 강 주변 부동산을 개발해서 부자 되고 싶은 사람들의 욕망을 채우려고 했다. 그것을 통해 대한민국을 부자로 만든, 성공한 대통령이 되고 싶었던 것 같다."[23] 영화에는 이명박이 건설 현장을 찾아가 관계자들과 구호를 외치는 장면이 나옵니다. "녹색! 성장! 성장! 성장!" 4대강 사업은 경제성장 만능주의의 세계관에서 비롯된 역사적이고 비극적인 생태학살 범죄로 기록되어야 할 것입니다.

여기서 중요한 결론이 나옵니다. 민주사회에서 대화, 타협, 숙의는 당연히 중요합니다. 하지만 공동선에 반하는 세계관을 끝까지 고집하고 실행하려는 세력에 대해서는 결국 민주적 권력을 동원한 통제가 필요하다는 것입니다. 녹색 민주시민에게 꼭 필요한 시각입니다. 이 점은 **질문 14** 재앙을 낳는 '어둠의 자식들'을 어쩔 것인가에서 다룹니다.

기후위기 대응에도 세계관이 중요하다

세계관과 기후교육의 연관성도 많이 연구되고 있습니다. 흔히 기후교육은 사람들에게 정확한 지식과 정보를 제공하여 행동할 수 있는 동기를 부여하기 위해 실시한다고 되어 있지요. 그러나 지식·정보를 제공하기보다, 개인들의 서로 다른 세계관, 가치관, 이념, 정치적 지향을 고려하여 '공감형 의사소통'을 도모하는 편이 효과적이라고 합니다.[24]

최근에는 기후 거버넌스와 연관된 세계관을 찾으려는 움직임도 활발합니다.[25] 인지·심리 발달 단계에 따라 사람들의 세계관을 12종류로 나눌 수 있는데, 그중 5종류가 기후와 관련이 있다고 하지요. 이들 세계관은 각각 장단점이 있지만, 그중에서도 특히 '다원주의형' 및 '전략형'의 2종류가 효과적이라고 합니다.[26]

'순응형 세계관'은 권위주의적 유형으로, 기후문제에 하향식으로 접근하고 규제를 선호합니다. 현재의 시스템을 유지하려 하고, 시민과 이해당사자의 거버넌스 참여를 부차적으로 여깁니다.

'전문지식형 세계관'은 비전문가와 전문가 모두에게 통하는 세계관입니다. 과학적인 렌즈로 세계를 이해하고, 에너지 효율성, 재생에너지, 탄소감축 등 정량적이고 기술적인 해법에 관심이 많습니다. 그러나 사회·정치·경제의 시스템이나 패러다임에 대해서는 상대적으로 관심이 적지요.

근대적 자아와 관련성이 높은 '성취형 세계관'도 있습니다. 자유, 개인의 권리, 자기이익을 중시하고, 산업화 및 자본주의적 유능성과 독립성을 장려합니다. 기후문제를 시장주도적으로 해결하려 하고, 소비자의 반응과 기업가정신을 중시합니다.

'다원주의형 세계관'은 지구중심적으로 생각하고, 인간, 지구, 비인간을 포괄하는 세계관입니다. 불확실성, 복잡성, 카오스, 다원성을 수용하고, 전일적이고 시스템적인 사고를 합니다. 계급·젠더·인종 등을 가로지르는 급진적 해법에도 열려 있지요. 그러나 이 세계관은 모든 가치를 동일선상에 놓는 가치상대주의에 빠질 수 있고, 다른 사람도 자기와 비슷하게 생각할 거라고 가정하는 경향이 있다고 합니다.

마지막으로, '전략형 세계관'은 효과적이고 지속적인 변화를 위해 장기적으로 사고합니다. 사회적 맥락과 복잡한 관계성을 인정하며, 다른 사람의 세계관을 이해하기 위해 노력합니다. 그러나 전환에 대한 의지가 강한 나머지 타자를 그저 '변화시켜야 할 대상'으로만 여기곤 하는 점이 있습니다.

저를 포함해서 많은 사람이 위의 유형들이 조금씩 섞인 절충적 세계관을 지니고 있을지도 모르겠습니다. 복합적이고 다층적 차원의 기후위기 영역에서 하이브리드형 세계관은 자연스러운 현상일 수도 있습니다. 그러나 더욱 적실한 세계관을 찾고 인정하는 노력을 게을리해서는 안 될 것입니다.

지구시스템 위기는 포스트자본주의 세계관을 요청한다

기후생태위기의 원인인 무한 경제성장과 GDP 만능주의의 밑바닥에 자본주의 경제체제가 자리잡고 있음을 우리는 너무도 잘 압니다. 자본주의적 세계관을 내면화한 사람들의 광범위한 동의를 바탕으로 자본주의는 계속 작동하지요. 개인주의, 사적 소유, 자유시장과 자유경쟁에 의한 성장과 번영, 혁신, 그리고 개인의 주도성이 인간사회를 행복하게 만든다는 믿음이 자본주의적 세계관의 핵심입니다.

그렇다면 이러한 자본주의적 세계관을 어떻게 해야 할까요? 어떻게 하면 위기의 근본원인을 제어하고 포스트자본주의 세상을 만들 수 있을까요? 전환에 관심있는 사람이라면 누구나 고민하는 문제일 것입니다. 속시원한 답이 없는 질문이고, 옛 혁명들처럼 단번에 올 수도 없는 난제입니다.[27]

하지만 길이 전혀 없는 건 아니지요. 자본주의 시스템으로부터 조금이라도 벗어나기 위해서는 개인과 집단이 명확한 목적의식을 품고 다양한 실험과 실천을 행해야 합니다. 그런 행동을 통해 세계관이 바뀔 수 있고, 그런 노력이 축적되면서 포스트자본주의의 가능성이 열릴 수 있습니다. 전환 연구자인 주세페 페올라 Giuseppe Feola와 동료들이 정리한 포스트자본주의를 위한 실천방안들을 살펴봅시다.[28]

'제도중단'Exnovation은 제도 내 혁신Inncvation을 뛰어넘는 개념입니다. 사회적·환경적으로 해악이 큰 기술·관행·제도를 혁파하고, 의도적으로 종결시키고, 자금을 끊으며. 대안적 기술에 정치적·금융적 자원을 투자하고, 돌봄 쪽으로 가치관을 선회하며, 수직적 권력관계를 수평적 권력관계로 대체해야 합니다.

'탈배움'Unlearning은 지금까지 익힌 지식과 사고방식을 의식적으로 버리는 것을 뜻합니다. 지속적 성장, 과잉생산, 과잉소비 등 관행적으로 당연시해온 가치·규범·실천을 내려놓고, 자발적 검소와 자연과의 친화를 받아들입니다.

'자본주의 균열'Crack capitalism은 자본주의적 관행과 조직구조가 계속되는 것을 거부합니다. 비화폐적 가치에 기반한 행동과 조직을 실천하고, 자기결정, 수평적 관계 맺기, 협력과 상호인정 원칙을 지향하지요. 여성학자 안숙영은 지역에서 생산한 감자, 가지, 오이, 파, 버섯 같은 식재료를 지역에서 직접 판매함으로써 지구화된 소비사회에 작은 균열을 내는 길가의 여성 노인들을 본받아 "일상에서 자본주의의 적"이 되어보자고 제안합니다.[29]

'일상적 저항'Everyday resistance은 생활 속에서 억압적·착취적 권력에 조용히 저항합니다. 자연과 노동을 값싸게 취급하는 통제적 권력관계에 의문을 던지면서 '미소 띤 얼굴'로 태업을 감행합니다. 그런 실천을 통해 자신의 자율과 존엄을 지키는 것이지요. 대안학교 교사이자 농부인 장길섭은 "제가 뭐 세상을 바꿀 수 있는 힘이 있는 것도 아니고, 단지 세상이 저를 바꾸지 못하게 제가 저항할 뿐인 거죠"라고 말합니다.[30]

'가시적 저항'Visible resistance은 세상 사람들 들으라고 공공연하게 반대 목소리를 내는 사회운동형 행동을 뜻합니다. 인간과 비인간의 삶을 착취하는 자본주의의 물질적·상징적 인프라를 적극적으로 거부하고, 집단적이고 직접적인 행동을 통해 다양성과 자율성의 공간을 방어합니다.[31] 삼척, 제주, 가덕도, 울진, 영광, 설악산, 4대강 등 현재 전국에서 벌어지고 있는 저항의 형태입니다.

'거부'Refusal는 어떤 상황, 주체성, 사회적 관계에 대해 통상적이고 상식적인 개념규정을 폐기하고, 무화無化시키고, 그런 현실에 기권표를 던집니다. 사회적 인정, 돌봄, 자력화, 민주주의의 대안적 정의를 제시할 수 있는 자유를 긍정합니다.

'단절'Delinking은 근대성, 자본주의, 가장된 보편성과 같은 서구적·식민주의적 에피스테메(episteme, 지식경험형식)의 우월성과 결별합니다. 서구의 이익을 편의적으로 추구하고 이중 기준을 적용하면서도 수사적으로만 '보편'을 내세우고 그것을 비서구에 강요하는 행태와 단절한다는 뜻이지요. 주체성, 시티즌십citizenship, 인권, 인간-비인간 관계 등의 의미를 재규정하고 다양한 논리와 지식체계를 받아들입니다. 서산 가로림만 바다의 박정섭 어부는 점박이물범이 물고기를 잡아먹는 성가신 존재라고만 생각했는데 "물범이 있는 데가 천혜의 생태적 가치가 있는 거"를 알게 되어 그 사실을 주변에 알리기 시작했다고 합니다. 박어부는 이렇게 말합니다. "가서 물범 얘기하니까 - 먹혀들어."[32]

'상상계의 탈식민화'Decolonization of the imaginary는 근대 자본주의체제의 토대를 이루는 '상상계'(그것을 통해 전사회를 상상할 수 있는 일련의 가치, 제도, 법, 상징들)를 지성적으로 타격합니다. 개발 이념에 동조하지 않고, 환경적으로 유해한 기술과 작별하고, 광고 공간의 축소를 요구합니다. 경제중심주의 및 무한성장 이념에 정신적으로 항거합니다.

'탈친숙화'Defamiliarization는 익숙한 상식과 공리주의적 가치관을 성찰하고, 그것을 정서적으로 거부합니다. 비판적 각성을 모색하면서 사물의 새로운 문화적 의미와 재접속하는 것이지요.

이러한 행동 아이디어들은 두가지 기능을 갖습니다. 하나는, 그러한 행동을 통해 실제로 포스트자본주의로 나아가는 길을 개척할 수 있다는 것입니다. '수단적 기능'이 있는 셈이지요. 또 하나는, 그러한 행동을 통해 "삶과 존재의 규범과 가치와 정체성을 구성, 재구성, 변혁하는" 방향으로 나아가는 '표출적 기능'입니다.[33]

'나는 이런 생각과 행동을 한다'라는 상징적 신호를 적극적으로 내보임으로써, 자신과 주변에 영향을 끼치려는 것이지요.

비슷한 생각을 하는 사람들과 함께 꾸준히 포스트자본주의를 실험하고 실천하다보면 어느새 자본주의적 세계관의 익숙한 자장에서 벗어나 ─ 그것과의 완전한 결별까지는 아니더라도 ─ 포스트자본주의 세계관을 낯설어하지 않는 자신을 발견할 수 있을 것입니다. 그렇게만 되어도 여러분은 이미 고갯길의 절반을 올랐다고 할 수 있습니다.

위기를 초래하는 시스템을 바꾸려면

로마클럽의 『성장의 한계』를 공저했던 도넬라 메도스는 어떤 시스템을 바꾸려면 12가지 개입지점Leverage point 중 둘째 단계에 속하는 패러다임(세계관)에 개입하는 것이 효과적이라고 알려줍니다. 그 단계로부터 시스템의 목적(셋째 단계), 권력구조, 규칙, 문화 등이 도출되기 때문입니다. 흥미롭게도 메도스는 제일 높은 첫째 단계를 패러다임적 세계관으로부터 빠져나올 수 있는 능력, 다시 말해 여러 종류의 패러다임이 공존할 수 있음을 인정하는 주체적 '깨달음'이라고 합니다. 시스템과학자가 철학적인 주장을 하는 것이지요. 이는 **질문 7**어떤 중간목표를 세워야 할까에서 살펴볼 '다중의 세계'(플루리버스)와 이어지는 통찰입니다.[34]

서두에서 '정책보다 정견, 방법보다 방향'이 중요하다고 말했었지요. 메도스의 분류에 따르면 '구체적 정책'은 낮은 단계의 개입에 속합니다. 높은 단계의 세계관을 바꾸는 것, 즉 '올바른 견해의 정립'이, 위기를 양산하는 현재의 시스템을 새로이 전환하는 출발점이 될 수 있다는 점을 거듭 강조하면서 이번 **질문 5**를 마칩니다. 그렇다면 구체적으로 어떤 세계관을 택할 것인가, 이것이 다음 질문의 주제입니다.

2부
사회생태위기의 새로운 서사

모든 존재의 좋은 삶, 가능한가

> 비전과 전략은 추상적 논의나 공허한 이야기가 아니라
> 실용주의가 길을 잃지 않게 하는 나침반이다.
> 나침반 없이 격변하는 세계를 어떻게 헤쳐 나갈 수 있는가.
> ──윤홍식

> 지구가 모든 사람의 필요는 채울 수 있어도,
> 어느 한 사람의 탐욕을 채울 수는 없다.
> ──마하트마 간디 Mahatma Gandhi

> 사적으로는 그만하면 충분하다 싶을 정도만,
> 공적으로는 누구나 넉넉하다 싶을 정도의 사회가 되어야 한다.
> ──마티아스 슈멜처 Matthias Schmelzer

파국이냐 생존이냐, 잘못된 이분법

두 장의 사진을 봅니다. 한국전쟁 당시 정부가 1차 환도한 후인 1950년 10월 서울 은평의 학교, 불타버린 교실 자리에서 벽돌에 앉아 수업을 듣는 아이들의 모습이 보입니다. 유엔군이 북진을 개시한 후인 1950년 11월 원산의 학교, 운동장에서 뛰어노는 아이들의 모습도 보입니다.[1]

시간을 거슬러 올라가 다른 장면을 봅시다. 1941년 6월 영국에서는 『베버리지 보고서』*Beveridge Report*를 논의하기 시작합니다. 나치의 런던 대공습으로 4만명 이상이 사망하고, 나라의 운명이 풍전등화 같던 순간에 '요람에서 무덤까지'라고 일컬어지는 전후 복지국가의 비전을 준비한 것입니다. 오늘내일 목숨을 부지할 수 있을지조차 확실치 않은데도 배움에 임한 남북한 어린이들, 폭격의 아수라장 속에서도 살기 좋은 사회의 청사진을 그린 영국인들은 무엇을 말해주는 것일까요? 인간은 위기상황에서도 급박한 현실 너머로 자신과 공동체의 미래를 꿈꾸는 존재라는 점입니다.

'장기주의'를 주창하는 철학자 윌리엄 매캐스킬William MacAskill은 역사란 어떤 제도나 관행이 오랜 기간 고착되었다가lock-in 간혹 유동적인 변화의 창이 열린 후 다시 고착되곤 하는 과정으로 설명합니다. 지금이 그러한 '역사적 가소성의 순간'이라는 것이지요. 위기로 인해 잠시 열린 문명전환의 순간에 어떤 선택을 하느냐에 따라 그 결과가 아주 오랫동안 고착될 수 있는 갈림길에 우리는 서 있습니다.[2]

고개를 갸우뚱하실 독자가 계실지도 모르겠습니다. "위기 앞에서 너무 한가한 소리를 하는 게 아닌가?" 하고 말이지요. **질문 6**모든 존재의 좋은 삶, 가능한가을 다루는 이번 장은 그런 분들을 염두에 두고 집필했습니다. 아시다시피 기후생태위기는 음료수 자판기 사용하듯 하는 식으로, 즉 어떤 행동(금액 투입 후 음료수 선택)을 하면 곧바로 그에 따른 결과(음료수)가 나오는 식으로 풀 수 없습니다. 인류가 한번도 경험해보지 못했던 '행동과 결과'를 상상해야 하는 문제입니다. 지금 당장 발버둥을 쳐도 아주 긴 시간 속에서 효과가 서서히 드러날 수 있는 문제이니까요.

오해는 하지 마시기 바랍니다. 곧바로 취해야 할 행동을 등한시하자는 말이 절대 아닙니다. 기후학자 김형준이 정확히 짚은 바를 실천에 옮기면 됩니다. "과학에 기반을 둔 1년에서 10년 정도의 근미래 시나리오, '적응'과 '완화'의 통합 관리 및 최적화, 그리고 포괄적 영향평가 및 대응 전략"을 지금 바로 시행해야 합니다.[3]

그런데 단기적으로는 이렇게 행동하면서도 미래의 장기적 비전은 그것대로 유지하는, 두개의 바퀴로 가는 역사의 수레에 우리 삶과 사회를 실어야 합니다. 이것은 상식적인 주장입니다. 이 때문에 '어떤 인간으로 살 것인가'라는 근본적인 질문이 중요하다는 것입니다. 서두에서 말했던 "정책보다 정견, 방법보다 방향"을 기억하면서 이 장을 읽어주세요.

해열제만 먹이고 있는 건 아닐까?

현재의 위기를 '파국이냐 생존이냐'라는 양단간 프레임으로 제시하는 경향이 있지요. 그러나 생존을 강조하는 방식은 눈앞의 재난에 급히 대처하기 위한 수사일 수는 있어도 미래의 대비로는 부족합니다.[4] 이런 양자택일 서사는 '포부의 위축'으로 이어지기 마련입니다. 생존을 중심에 둔다는 것은 사회의 포부를 큰 폭으로 하향조정한다는 뜻이기 때문이지요.

무엇이 생존입니까? 생물학적으로 목숨만 부지하는 것이 생존일까요? '만인에 대한 만인의 투쟁'과 같은 발상에서 이루어지는 홉스식 생존관을 지상 가치로 삼으면 민주주의를 받치는 기본전제까지 흔들리기 쉽습니다.[5] 국민의 '생존'을 평계로 지배, 억압, 불평등을 정당화하는 극단적인 체제가 들어설 수도 있습니다. 인간은 삶의 의미를 추구하는 존재이기 때문에 그런 의미가 사라진 '최소 상태'를 사회 운영의 기준으로 삼는 것은 바람직하지도, 가능하지도 않습니다.

그럼에도 이런 서사가 기후위기 대응 담론 속에 상당히 널리 퍼져 있습니다. 전사회적 서사란, 그 사회가 특정한 세계관을 설파하거나, 사회 자체가 처한 상황을 특정한 방식으로 묘사하는 문화적 대본 같은 것이라 할 수 있습니다. 전사회적 서사는 '상위목적'Goal, '중간목표'Objective, 그리고 '행동방안'Action의 3중 구조로 이루어져 있습니다. 상위목적은 '비전', 중간목표는 '전략'과 비슷하다고 보시면 됩니다.

현재의 주류적 서사에서 '상위목적'은 기후위기에서 살아남기 위해 세기말까지 2도(또는 1.5도) 내로 기온상승을 억제하는 것입니다, '중간목표'는 탄소중립과 에너지 이행전환이며, '행동방안'에는 시민들의 행동과 정치 참여 그리고 개인의 실천이 들어 있습니다.

이런 서사에는 어떻게 하든 온실가스만 줄이면 된다는 식의 '탄소 흑묘백묘론'이 은연중에 포함되어 있습니다. 이렇게 되면 기후생태위기를 초래한 근본원인, 즉 화석연료에 기반한 산업화, 무한성장을 추구하는 자본주의, 자연자원 추출·소비·폐기의 지속불가능 경제 등은 잘 보지 못하고, 그것의 결과만 해결하려는 유혹에 빠지기 쉽지요.

녹색성장, 탄소거래제, 기업의 그린워싱, 과대포장된 탄소포집저장기술, 지구공학적 개입 등이 대표적입니다. 원전은 또 어떻습니까? 언론학자 제정임에 따르면 원전 관련 기업과 기관들은 광고와 협찬을 통해 사실상 언론매체를 매수하여 친원전 이데올로기를 대중에 전파해왔습니다. 그런 활동으로 인해 원전의 위험성이나 후쿠시마 사태에도 불구하그 원전 찬성 여론이 높게 나오는 결과가 초래된 것입니다.[6]

전환 연구자 김현우는 현재의 비상 상황에서 벗어나려면 '(한국적인) 자본주의체제'와 '근대'로부터의 전환이 요구되는데, 그것을 위한 서사적 이정표로서 근대의 이중과제론과 변혁적 중도론이 '좋은 얼개'가 될 수 있다고 지적합니다. 그러한 "얼개를 비상상황으로 연결하고 (…) 절박하면서도 효능감 있는 행동으로 연결하는 장치 또는 이야기"가 필요하다는 말이지요.[7] 이 책이 지향하는 '전환의 통합적 서사'와 결이 같은 제안입니다.

우리 삶의 양식을 본질적으로 바꾸지 않고 '탄소·감축·온도·억제'라는 네가지 키워드에만 매달리는 것은, 마치 중병으로 몸이 뜨거워진 환자에게 근본치료는 하지 않고 해열제만 계속 투여하는 것과 같다고 봅니다.

모든 존재의 에우다이모니아—새로운 서사의 출발점

위기에 본질적으로 대응하려면 사회의 '상위목적'(비전)을 '지구의 한계 내에서 모든 존재를 위한 좋은 삶'으로 설정하는 새로운 서사가 필요합니다. 이 글에서 '지구의 한계'란 행성적 위험 경계와 생태발자국 등을 포함한 개념입니다. 최근 들어 기후생태 위기와 관련된 연구에서 '좋은 삶'이라는 주제가 크게 주목받기 시작했습니다.

관련 연구들의 제목만 몇개 살펴보면 좋겠습니다.『지구 한계 안에서 좋은 삶을 모색하는…』,[8]「행성적 위험경계 내에서 모두를 위한 좋은 삶」,[9]「행성적 위험경계 내에서 모두를 위한 좋은 삶을 달성할 수 있는가?」,[10]「기후변화 앞에서의 좋은 삶」,[11]「좋은 삶과 기후 적응」,[12]「포스트성장: 행성적 위험경계 내에서의 좋은 삶」[13] 등 많은 사례를 찾을 수 있습니다.

저는 인간과 비인간을 포함한 '모든 존재의 좋은 삶'을 제안하고 싶습니다. 이것은 서두에서 말한 '인간/비인간의 최대한 돌봄'과 일맥상통하는 구상입니다. 즉, '모든 존재에 대한 돌봄'이 '모든 존재의 좋은 삶'을 가능하게 한다는 것이지요. 사회학자 정연 보가 제안한 '생태주의적 돌봄'을 예로 들어봅시다. 인간은 취약한 존재이므로 서로가 의존하며 살아가야 합니다. 인간의 이러한 본질과 기후생태위기의 현실을 고려한다면 인간사회 내에서의 평등하고 협력적인 관계도 중요하지만, 그것을 넘어 비인간의 행

위주체성을 포함한 '탈중심화된 그물망'을 크게 펼친 인간/비인
간의 협력적 돌봄이 절대적으로 필요합니다. 비인간 존재들 사이
에서 일어나는 "다양한 협력과 공생관계들에서 인간이 배우고 그
안에서 협력자가 되는 방향"이 곧 생태주의적 돌봄인 것입니다.[14]
비슷한 맥락에서, 전환 연구자 우석영 등은 「기후 돌봄 선언」에서
"기후위기로 인해 삶 또는 자기실현이 어려워진 인간/비인간 약
자들, 기후재난 상황에 처해 취약해진 인간/비인간 존재들을 돌
보는 일"이 '기후 돌봄'이라고 설명합니다.[15]

그렇다면 무엇이 '좋은 삶'일까요? '좋은 삶'이란 고대 그리스
의 '에우다이모니아'Eudaimonia 개념에서 나왔습니다.[16] '좋다'라는
뜻의 'eu'와, '신적인 존재'라는 뜻의 'daimon'이 합쳐진 것이지
요. 행복, 최선의 삶, 번성, 자기실현, 웰빙 등으로도 번역되는데,
이 책에서는 주로 '좋은 삶'이라는 표현을 사용할 것입니다. 아리
스토텔레스에 따르면 에우다이도니아는 "행위를 통해 성취될 수
있는 모든 좋음들 중 최상의 것"입니다.[17] 모든 행위와 선택에 있
어서 완전하고 자족적인 목적telos 그 자체이고, 각자가 고유하게
지닌 탁월성을 추구함으로써 완성되는 어떤 궁극의 경지라 할 수
있습니다. 에우다이모니아는 일시적 향락과 구분되며, 개인의 주
관적 감정만이 아니라 객관적으로 논할 수 있는 '행복한 삶'을 뜻
합니다.[18]

사회생태위기 앞에서 왜 '좋은 삶'이 재조명되고 있을까요? 에
우다이모니아 개념이 진화하면서 이 시대에 적합한 가치로 떠올
랐기 때문입니다. 오스트레일리아의 공공윤리학자로 기후문제

관련해서도 활발한 저술활동을 펼치고 있는 클라이브 해밀턴^{Clive}
Hamilton은 위기의 시대를 넘기 위해 성장 중독 자본주의 소비지상
주의를 거부하고 삶의 의미와 행복감을 재발견하자고 주장합니
다. 그것을 위해 "행복의 근원에 대한 온당한 평가를 출발점으로
삼아 인간이 지닌 가능성의 전면적 실현을 고무하는 사회를 조직
하자는 정치 이데올로기"로서의 '행복주의'Eudemonism가 가치관의
기준이 되어야 한다고 역설합니다.[19]

지구의 한계 내에서 모든 존재의 좋은 삶

'지구의 한계 내에서 모든 존재의 좋은 삶'을 추구하는 행복주
의의 기본 방향성을 다룬 최근의 연구 동향을 살펴봅시다.

우선, 인간이 사회적 존재임을 강조하는 추세가 두드러집니다.
행복한 개인이 있으려면 '행복한 사회'가 필요한 법입니다. '좋은
삶으로서의 웰빙'은 사회적 관계의 질에 크게 영향을 받습니다.
사회적 연결성, 그것이 삶에 주는 의미, 그리고 (인간 및 비인간과
의) 관계적 차원과 행복 간의 상관성에 주목해야 합니다.[20] 경제
적 충족, 정치적 자유, 개인 존중의 문화도 개개인의 행복도를 높
입니다. 실증연구에 따르면 누진세율이 높을수록, 의료·대중교통
·교육 등 공공서비스에 대한 만족도가 높을수록, 사회 전체의 행
복이 늘어난다고 합니다.[21]

'좋은 삶으로서의 웰빙'은 물질적·관계적·주관적 차원이 모두

포함되는 '행복 종합세트'입니다. 기후위기를 겪으며 목축으로 생계를 잇는 케냐 북부 삼부루 마을의 여성들에게 '좋은 삶'을 물었더니 순위가 다음과 같이 나왔습니다. ① 자녀의 취학, ② 자녀 양육, ③ 착한 마음, ④ 행위주체성, ⑤ 영성, ⑥ 물, ⑦ 자녀의 기본욕구 충족, ⑧ 가축 판로 확보, ⑨ 자연자원, ⑩ 타인에게 베푸는 태도.[22]

물질적 차원이 주를 이룰 것이라는 예상과 달리 세가지 차원이 고루 섞인 결과가 나온 것이지요. 한국을 포함하여 어느 나라에서든 순위는 다르게 나오겠지만 '좋은 삶'이 여러 차원의 복합구성물이라는 사실에는 변함이 없을 것입니다.

교육철학자 신득렬의 아리스토텔레스 해설에 따르면 좋은 삶이란 개인에게나 공동체에게나 모두 중요합니다. 공동체 중에서도 특히 정치공동체인 국가는 구성원들의 좋은 삶(행복)과 안녕을 최고 목표로 두어야 합니다. 그것을 위해 정치공동체의 '공동선'을 가능케 하는 '친애'와 '정의'를 추구해야 하는 것이지요.[23]

그런데 오늘날 우리는 인간중심의 정치공동체뿐 아니라 자연과 조화를 이루는 삶이 '좋은 삶'이라는 사실을 깨닫게 되었습니다. 기후생태위기 앞에서 인간중심적 법적 자격이나 행위주체성 개념만으로는 위기에 대응하기 어렵다는 점을 알게 된 것이지요. 전환 연구자 위도 페스Udo Pesch는 '좋은 삶'이라는 개념은 "자연이 목소리를 낼 수 있는 법적 인격성과 자연의 행위주체성을 인정하는 논리에 찬동해야만 한다"라고 강조합니다.[24]

'좋은 삶'은 소비지향적인 삶과 다르다

인간과 비인간이 함께 '번성'하고 '좋은 삶'을 누리려면 전세계, 특히 한국과 같은 글로벌 북부 선진국들이 소비를 '절제'해야 합니다. 지금과 같은 소비수준으로는 생물권이 파산될 것이 불을 보듯 뻔하기 때문입니다.[25]

'절제'에는 여러 수준이 있습니다. 가장 낮은 수준의 절제 원리인 '적정'Moderation의 원리는 과소비와 저소비 사이에서 균형을 잡는 것입니다. '단순'Simplicity의 원리는 물질주의를 피하고 정신적·예술적 활동을 지향하는 주관적 선택에 가깝습니다. 가장 높은 수준의 절제 원리인 '충족'Sufficiency의 원리는 인간의 기본욕구를 넉넉히 채울 수 있을 정도로만 살면 충분히 행복한 삶이 가능하다고 봅니다. 인간/비인간의 공생과 공영을 위해서, 그리고 사회생태위기로부터 벗어나기 위해서, 필요하다면 과소비를 막을 조치도 강행해야 한다고 보기도 합니다. 이러한 충족의 원리는 자본주의에서 벗어날 체제전환을 요구하는 급진적 사상의 의미도 있습니다.

그런데 '충족'을 개인이 자기 가치관에 따라 선택할 수 있는 문제로만 보면, 생태윤리적 감수성이 높은 소수를 제외한 대다수 사람에게는 호소력이 떨어질 수도 있습니다. 어떤 사회적 맥락에서 충족의 원리가 수용될 수 있을지를 고민해야 하는 것이지요.

충족의 원리가 널리 받아들여지려면 불평등의 대폭적인 감소,

공공서비스 확충, 그리고 기본소득/기본서비스가 전제되어야 합니다. **질문 8** 인간사회와 생태환경은 어떻게 함께 무너지는가 에서 보겠지만, 상대적 박탈감이 낮은 사회일수록 남 눈치 보지 않고 충족의 삶을 선택할 수 있는 정신적 여유가 생기고, 그것을 지속할 수 있는 사회적 평정심도 나올 수 있습니다.

요약하자면, '지구의 한계 내에서 모든 존재의 좋은 삶'을 보장하는 에우다이모니아는 사회적 존재로서의 인간, 전체 사회가 행복해야 한다는 점, 공공성과 누진세율, 다양한 차원의 웰빙, 인간과 비인간 자연의 상호의존과 공존, 그리고 충족의 원리와 불평등 해소의 바탕 위에서 실현가능성이 높아진다고 할 수 있을 것입니다.

우리에겐 더 추상적이고 더 높은 비전이 필요하다

이렇게 묻는 분이 있을 것입니다. 이번 **질문 6** 모든 존재의 좋은 삶, 가능한가 에서 말하는 상위목적이란 게 너무 이상적이고 추상적이지 않은가? 아닙니다. '지구의 한계 내에서 모든 존재의 좋은 삶'은 충분히 유연하면서, 충분히 구체적인 비전이라고 생각합니다.

우선, '좋은 삶'이라는 긍정적 프레임으로 비관적 위기감을 넘는 메시지를 제시할 수 있습니다. 생태환경을 중심적으로 고려하는 세계관에 기반한 명확한 방향성이 있으므로 성장과 개발에 대한 환상을 버리고, 자본친화적 기후대응의 허점을 꿰뚫어 볼 수 있는 이점도 있습니다. 소비축소를 실험하여 위기에 대비한 적응 훈련을 할 수도 있고, 글로벌 남부와 자연-지구행성과 미래세대에 우리의 문제를 떠넘기는 무책임을 뿌리칠 수도 있습니다.

사회복지학자 윤홍식은 상위목적인 '비전'과 중간목표인 '전략'은 잠정적인 지위를 가지며, "권력구조, 디지털 기술변화, 인구구조의 변화, 세계화의 재편, 기후위기 등 국내외 조건의 변화에 따라 계속 수정·보완"된다고 설명합니다.[26] '잠정적으로 만들어가는 과정'이란 최종적이고 목적론적인 세계관에 기반하지 않으며, 열려 있는 미래를 인정하는 바탕에서 '좋은 삶'을 꾸준히 모색해나가는 여정이라 할 수 있지요. 또한 변혁적 지향을 굳게 견지하면서 —어쩌면 협상이 필요할 수도 있는— '좋은 삶'을 발견적으로, 또 민주적으로 개척한다는 뜻도 됩니다. 이런 자세와 행동이 위기의 시대에 요구되는 녹색 민주시민의 길이라고 믿습니다.

돌아가는 길이 빠른 길이다

그렇다 하더라도 위기대응이 시급한 상황에서 이런 상위목적부터 고려하는 것이 너무 답답해 보일 수도 있을 것입니다. 이렇게 느끼시는 분들을 십분 이해합니다. 그런 분들에게는 런던정경대학LSE의 경제학자 존 케이John Kay가 제안한 '빗각 이론'Obliquity이 중요한 시사점을 줄 수 있을 것입니다.[27]

'빗각'은 직각(90도)이나 평각(180도)이 아닌, 기울기가 있는 예각 또는 둔각을 말합니다. 어떤 목적을 달성하기 위해 '직접적 행동 → 결과'라는 직진전략보다, '간접적 행동 → 결과'라는 우회전략을 택하는 것이 더 효과적일 수 있습니다. 추상적이고 간접적인 상위목적이 있으면 민주적, 숙의적, 반복적, 적응적 과정을 통해 "정보와 견해의 범위를 넓혀서 더 나은 의사결정"을 내리기가 수월해지기 때문입니다.[28]

온실가스 감축을 가로막는 정치적·경제적·사회적 장벽을 만났다고 칩시다. 그 장벽을 정면으로 넘거나 무너뜨릴 수도 있겠지만 정공법이 항상 효과적이지만은 않습니다. 직진전략을 쓰면 감축을 거부하는 장벽이 더 강해지는 반발이 생기기도 합니다. 때론 우회해서 사회적·시민적·문화적·교육적 실천과 동원을 통해 감축을 더 잘할 수도 있습니다.

실제로 빗각 이론을 적용했던 사례가 있습니다. 아일랜드 더블린 북부의 킬배럭 소방서에서 있었던 일입니다. 2008년 당시 서장이었던 닐 매케이브Neil McCave는 해당 소방서가 탄소중립 소방서가 되면 좋겠다는 소망을 품었다고 합니다. 당시 킬배럭 소방서의 여건은 최악이었습니다. 인원이 줄반이나 감축되어 대원들은 사기가 떨어진 상태였습니다. 낙후된 건물이라 환기가 나빴고, 창문 틈새로 바람과 습기가 들어왔습니다. 보일러를 가동해도 난방이 시원찮았고요. 탄소중립 이야기를 꺼낼 형편이 아니었습니다. 매케이브는 우선 근무환경을 바꿔보자고 선언했습니다. 16만 유로의 예산을 확보하여 환기시설, 태양열 온수시설, 콘덴싱 보일

러와 신형 라디에이터, 단열 창문, 빗물저장시설, LED 전등을 설치했습니다. 그러자 에너지 사용량의 95퍼센트, 물 사용량의 90퍼센트가 줄어 첫해부터 4만 8000유로의 절감 효과가 발생했고, 3년 만에 투자금 전액을 회수할 수 있었습니다. 폐배터리 수거 상자를 비치하고 쓰레기 처리를 간소화했습니다. 사무실이 따뜻해지고 밝아지는 등 근무환경이 좋아지면서 대원들의 사기가 높아지자 근무환경 개선 아이디어를 공모하기로 했습니다. 크고 작은 제안이 300가지나 들어왔습니다. 소방서 뒷마당에 텃밭을 조성하여 퇴직한 대원들이 지역 청소년들을 상대로 견학 프로그램을 진행했습니다. 지역의 토종 나무를 모아 순직 대원들을 추모하는 정원을 꾸몄습니다. 생물다양성 보전을 위해 꿀벌도 쳤고요. 대원들은 처음에는 근무환경 개선 활동에 참여한 것일 뿐이었지만, 시간이 지나면서 탄소중립의 중요성을 깨닫기 시작했습니다. 킬배릭 소방서는 2013년 아일랜드 최초로 탄소중립 소방서로 인정을 받았습니다. 간접적 방식을 통해 탄소중립을 달성했고, 생태환경에 대한 인식까지 달라졌으니 일거양득이 된 셈입니다.

직진전략과 우회전략을 적절히 배합해야 한다

물론 빗각 이론이 모든 경우에 적용되는 것은 아닙니다. "(…)목표가 일차원적이고 명백하며, 목적 달성을 확실히 판단할 수 있는 경우"에는 직진전략이 효과적입니다.[29] 이 점을 기후위기 대응에 적용해봅시다. 이중 전략이 필요합니다. 탄소중립과 에너지 이행전환에 있어서는 정치분야, 정책분야, 산업분야에 목표치를 명확히 제시하며 압력을 가하는 직진전략이 당연히 유효합니다. 전문적 기후운동에서 애드보커시(advocacy, 주창) 활동으로 수행할 수 있는 방식이기도 합니다.

그러나 전사회가 지향해야 할 방향성의 제시, 대중의 인식변화, 그리고 사회-지구시스템에 대한 교육의 측면에서는 '지구의 한계 내에서 모든 존재의 좋은 삶'을 목적으로 삼는 우회전략이 훨씬 더 강력한 효과를 발휘할 수 있습니다. 탄소감축을 포함하되 더 넓은 의미에서 변혁적 세계관을 설파할 수 있기 때문입니다.

참고할 만한 이야기가 있습니다. 한국인은 깨알 같은 에너지절약이나 탄소감축 방법론보다 높은 차원의 거시적 메시지에 더 잘 반응한다는 연구가 있습니다. 한국 대중을 상대로 할 때는 미시적인 행동 방안보다는, 거시적이고 사회적인 예방 메시지와 결합된 "좀더 총체적인 캠페인을 기획할 필요"가 있다는 겁니다.[30] '탄소를 몇퍼센트 줄이자'라는 행동수칙보다, '지구의 한계 내에서 모든 존재의 좋은 삶'이라는 상상력 충만한 깃발 아래에 모이고 싶지 않으십니까?

천천히 그러나 확실하게

충주에서 여주까지 65킬로미터 구간을 자전거로 달렸던 라이

더팀의 기록이 있습니다.[31] 한 팀원의 자전거에 펑크가 났습니다. 반창고로 때우려 했지만 하필 그때 본드가 없었던 바람에, 지나가는 라이더들에게 본드와 펑크패치를 빌려 붙여봤지만 잘 고쳐지지 않았다고 합니다. 온갖 시도를 한 끝에 결국 중간중간 바람을 넣으며 함께 천천히 달리다가, 나중에는 바람이 빠진 상태로 그냥 천천히 달려 목적지에 도착했습니다.

라이더팀이 그 여행에서 깨달은 바가 있었다고 합니다. 펑크를 때울 생각만 하니 도리어 생각 자체가 좁아지더라는 겁니다. 위기상황에서는 "생각만 협소해지는 것이 아니라, 행동 자체가 경직"되었다고 해요. 문제에만 몰입하다보니 "그것 외엔 아무것도 보이지 않게 되고, 그러면 해결책조차 단순하고 즉각적인 것만 떠오를 뿐"이었다고 합니다. 라이더 필자는 "오늘 이와 같은 경험을 해보니, 바쁠수록 돌아갈 수 있는 게 얼마나 큰 용기인지 겨우 알겠더라"라는 감상을 남겼습니다.

조급한 심정을 내려놓는다고 해서 결의의 강도가 약해지는 것은 결코 아닙니다. 2024년 12월 비상계엄 사태 때 공직자로서 유일하게 사표를 던졌던 류혁의 말을 들어봅시다. "제가 울트라마라톤도 해본 적이 있는데, 절대 조급하면 안 되거든요. 길게 보고, 천천히 뛰어야죠. 그런데 그렇게 천천히 뛰고 있다고 해서 울트라마라톤 하는 사람의 의지가 약한 건가요? (…) 제가 좋아하는 표현이 'slowly but surely'예요. 천천히, 그러나 확실하게."[32]

존 스튜어트 밀John Stewart Mill은 진정 행복한 사람은 행복만을 직선적으로 추구하지 않으며, 자기가 좋아하는 활동에 꾸준히 몰입하다보면 그것의 결과로서 행복이 온다고 했습니다. 담대한 상위목적(비전) 세우기를 회피하지 않을 때, 더 구체적인 중간목표(전략)도 그에 맞추어 실현될 가능성이 높아집니다. 자, 그렇다면 행복한 삶이 가능하다는 비전을 우리가 꿈꾸게 되었다 칩시다. 그러면 어떤 '전략'을 세워야 할까요?

어떤 중간목표를 세워야 할까

건축 문제에 관한 해결책을 꼭 건물에서만 찾을 수 있는 것은 아니다.
──세드릭 프라이스 Cedric Price

작은 일을 하면서도 큰 일을 생각해야 한다.
그래야 작은 일들이 한 방향으로 모일 수 있다.
──앨빈 토플러 Alvin Toffler

기후위기와 생물다양성 상실은 쌍둥이와 같은 문제다.
──행크 폴슨 Hank Paulson

다시는 하나의 이야기를 마치 유일한 이야기인 것처럼 말하지 못하게 하자.
──존 버거 John Berger

한국 환경운동가들의 자화상

환경사회학자 구도완과 동료들이 한국의 환경운동가 43인을
인터뷰하여 『생태전환을 꿈꾸는 사람들』이라는 책을 냈습니다.
이들이 어떤 지향으로 환경운동을 해왔는지가 감동적으로 그려
져 있는 자료입니다.[1] 원로 운동가 정성헌은 환경·생태·생명 운
동을 "좋은 세상을 만드는 운동"이라고 간략하게 정의합니다. 곽

빛나는 이런 운동을 하는 사람은 스스로 행복해져야 한다고 다짐했다 합니다. "절대로 즐겁지 않으면 하지 말자. 아무리 좋은 일이라도 나를 혹사시키지는 말자."[2] 김기섭은 생협운동의 존재의의가 "조합원의 행복과 삶"을 위한 것이라고 재삼 강조하고요.[3]

해당 책의 엮은이들은 '생태전환'을 "지구의 생태적 한계를 인식하고 인간과 비인간 존재가 함께 어울려서 차별과 불평등 없이 살아가는 새로운 문명과 사회"를 위한 움직임이라고 규정합니다.[4] **질문 6** 모든 존재의 좋은 삶, 가능한가에서 제시했던 '지구의 한계 내에서 모든 존재의 좋은 삶'이라는 상위목적과 대동소이합니다.

이러한 상위목적을 달성하기 위한 중간목표로서 다음 세가지를 제안하고 싶습니다. ① 기후위기 대응의 새로운 서사, ② 사회생태 전환, ③ 다중의 세계 — 대안적 세계관의 상상과 실험. 서로 연결되고 중첩되는 목표들입니다. 별로 새로운 점이 없어 보이고, 이미 연구가 많이 이루어진 분야입니다. 그런데 기존의 연구가 로드맵 차원의 아이디어를 주로 다룬 반면, 분석적 차원에서의 사회적·정치적 논의는 미흡했다는 평을 듣기도 합니다.[5]

기후위기 대응의 새로운 서사

첫째 중간목표인 '기후위기 대응'을 살펴봅시다.[6] 통상적으로 기후위기 대응 서사는 '완화'(온실가스 감축 또는 저감), '적응'(기후변화 대응 및 회복력 제고), 그리고 최근 추가된 '보상'(개도국의 손실·피해 보상)으로 이루어집니다.

1992년 리우 환경정상회의에서 유엔기후변화협약이 등장했을 때 생물다양성 보전과 사막화 방지 대응도 함께 제안되었습니다. 그런데 협약 당사국총회COP 중에서 기후변화총회(예: 2024년 11월 아제르바이잔 바쿠 COP29, 2025년 11월 브라질 벨렝 COP30)는 대중의 주목을 많이 받지만, 생물다양성총회(예: 2024년 10월 콜롬비아 칼리 COP16)는 큰 관심을 끌지 못하는 실정이지요. 또한 사막화 방지는 기후에 악영향을 끼치는 토지 훼손을 다루는, 지구환경 보전에 대단히 중요한 문제임에도 불구하고 기후변화에 비하면 대중의 관심이 많이 떨어집니다.[7]

기후문제에 장기적으로 대처하려면 기후문제가 발생한 배경인 생물권과 생태계로 시각을 확장해야 합니다. 기후·환경 연구자인 박정재는 토양오염 및 해양오염, 생태계 파괴, 생물다양성 감소 등을 종합적으로 고려하는 틀 내에서 기후위기를 다뤄야 한다고 지적합니다. 이런 문제일수록 '속도전'으로 접근하면 패착이 될 수 있다고도 우려합니다. "빨리 해결하려다 오히려 더 느려질 수 있는 게 지구 생태계 문제"이기 때문이지요.[8]

더 직설적으로 이 문제를 바라보는 생태학자 이정모의 말을 들어봅시다. "기후위기 논의가 부각되면서 생물다양성에 대한 강조가 급격히 줄었어요. (…) 마치 기후문제만 해결하면 아무런 문제가 없게 되는 것처럼 생각하는데, 사실 기후문제를 해결해야 하는 이유가 바로 생물다양성을 지키기 위해서예요. 본말을 잃어버렸어요."[9]

스톡홀름회복력센터SRC의 환경학자 칼 폴케Carl Folke도 결이 비슷한 주장을 합니다. "기후변화의 영향을 줄이려면 온실가스 배출에만 초점을 맞춰서는 안 된다. 생물권과 지구시스템의 회복력을 새로 살리고 강화해야 한다. 그것을 위해 농업, 산림, 해양 등 기후변화와 연계된 중요한 생물권 활동을 관리해야 한다. 그것에 더해 생물다양성을 지키고 강화하면 기후변화 속의 삶, 생태계 탄소 저장, 기후변화의 악영향에 대한 회복력과 적응력을 기르는 데 큰 도움이 된다."[10]

한국환경연구원의 구경아도 "최근 유엔 등에서는 환원주의적 접근에서 벗어나 자연을 전체론적으로 바라보려는 움직임이 커지고 있다. 복잡한 생태계 특성상 직접적으로 눈에 보이는 것보다 간접적인 영향들이 훨씬 중요할 수 있다"라고 강조합니다.[11]

질문 1'추코헐솔'은 인류세에 어떤 교훈을 주는가에서 다뤘던 '행성적 위험경계' 지표를 창안한 요한 록스트룀Johan Rockström과 동료들은 식물의 광합성 덕분에 물순환, 탄소 대 질소 균형 등 생물권의 기능적 보전이 유지되며 그것이 기후에 순기능을 하지만, 전세계적으로 이런 기능이 대단히 위험한 상태에 처했다고 경고합니다. 따라서 생물권 보전과 기후행동을 단일한 이슈로 보고 함께 추진해야 한다는 것이지요.[12] 예컨대, 태양광이나 풍력발전 시설과 같은 기후대책을 시행할 때 생물다양성 영향력 평가를 해야 하며, 기후 분야에 비해 10분의 1에 불과한 생물다양성 분야의 투자를 대폭 늘려야 합니다.[13]

참고로 2024년 22대 총선에서 당시 녹색정의당이 제시한 생태·

환경 정책공약을 살펴봅시다. 첫째, 숲과 습지를 되살리는 자연복원법 제정. 둘째, 난개발 방지를 위한 환경영향평가제도 개선. 셋째, 산과 강·동식물에 법적 지위를 부여하는 생태법인 지정 입법. 넷째, 생태학살범죄에 관한 특별법 제정. 이런 공약은 기후와 자연의 연결고리를 확실히 설정하고, 탄소중심적 기후대응의 직진형 접근을 보완하는 전략으로서의 의미가 크다고 생각합니다.

2025년 9월에 뜻깊은 행사 두개가 연달아 열렸습니다. '생명의 편에 선 사람들'이라는 슬로건 아래 생명지킴이대회, 그리고 '기후정의로 광장을 잇자'라는 슬로건 아래 기후정의행진이 개최되었지요. 기후생태위기에 대처하려면 두개의 바퀴로 가는 수레가 필요하다는 메시지가 상징적으로 표출된 움직임이었습니다.

어떤 파이프를 잠가야 할까?

유엔환경계획UNEP이 2024년에 발표한 연구도 이런 점을 강조합니다.[14] 지금까지 기후대응은 화석연료를 퇴출하거나 재생에너지로 전기를 생산하는 것, 즉 '생산의 녹색화'가 주목표였지요. 탄소의 '공급 파이프'를 잠그는 것이 일차적 타깃이었던 것입니다.

그런데 기온상승 요인 중에서 상품 생산용 자연자원 추출이 차지하는 비중이 60퍼센트에 달합니다. 산림벌채와 농경지 확장 때문이지요. 1970년대 이래 자연자원 추출이 무려 400퍼센트 이상 증가했으며, 지금의 추세대로라면 2060년까지 현재보다도 60퍼센트 이상 늘어나게 된답니다. 또한 자원의 추출은 대기오염에 40퍼센트, 전세계 물 부족에 90퍼센트, 육상 생물다양성 상실에 90퍼센트나 책임이 있습니다.

이것이 무엇을 의미할까요? 자연자원 추출의 '수요 파이프'를 잠그지 않는 한, 아무리 탈탄소 '녹색 성산'을 해도 기후위기 해결이 어렵다는 뜻입니다. 전체 자원소비를 큰 폭으로 줄이고, 자원의 추출과 채굴에 급제동을 거는 기후대응 2.0 버전이 나와야 합니다.[15]

비유로써 이 절을 마칠까 합니다. 세계보건기구WHO가 '건강'을 어떻게 정의하는지 아시지요? '건강'이란 "단순히 질병 또는 병약의 부재가 아니라, 완전한 신체적, 정신적 및 사회적 웰빙의 상태"라고 되어 있습니다. 기후위기도 마찬가지입니다. 단순히 탄소의 제거만이 아니라(그것도 당연히 필요하지만), 사회-지구시스템의 전일적 건강이라는 관점에서 문제에 접근해야 합니다. 머지않아 탄소중심 기후대응 서사와 생태중심 기후대응 서사가 균형을 이룰 날이 오기를 바랍니다. 후자가 '지구의 한계 내에서 모든 존재의 좋은 삶'이라는 상위목적에 더 잘 부합되기도 하고요.

사회생태 전환이란 무엇인가

둘째 중간목표인 '사회생태 전환'은 연구가 많이 이루어진 분야입니다.[16] 우선 관련 용어를 살펴볼까요?[17]

전환 연구자 박순열에 따르면, '이행전환'Transition은 어떤 목적을 위해 경로 변화가 일어나는 과정을 뜻합니다. 재생에너지로 경로를 바꾸는 것이 좋은 예입니다. '전환'Transformation이란 시스템의 경로가 바뀔 때 시스템의 구조와 기능에 변화가 일어나는 것을 말합니다. 예를 들어, 봉건제에서 산업자본주의로 바뀌었을 때 자유로운 개인, 자본주의적 소유관계, 계약에 의한 노동시장 등 완전히 새로운 유형의 사회구조가 등장하여 전사회적 전환이 이루어졌습니다. 이 주제를 다룬 칼 폴라니Karl Polanyi의 기념비적 저작 제목이 『거대한 전환』The Great Transformation임을 기억해보십시오.[18]

전환과 혁명은 어떤 차이가 있을까요? 혁명은 급격하고 급진적인 변화를 통해 어떤 상황에 돌파구를 내는 정치적 변혁이라는 뜻이 강합니다. 전환은 의도적이고 계획적이며 비폭력적인 변화를 통해 경제·사회·문화·행동을 속속들이 바꾼다는 뉘앙스가 강하지요.

왜 사회생태 전환이라는 '엄청난' 목표가 필요하게 되었을까요? 우선, 인간과 비인간 자연에게 '공동의 집'이 되어준 생물권 자체가 위협받고 있기 때문입니다. 지구 전체 역사 중 35억년 이상 존재해왔고, 그중 호모 사피엔스가 25만년 동안 살아온 생물권은 인간과 비인간 모두에게 생명의 터전이라 할 수 있습니다.

과거 인간은 자기 삶 주변의 국지적인 '생태적 인간'으로 존재했습니다. 그런데 기후위기 시대의 인간은 지구 전체에 영향을 미치는 '생물권적 인간'이 되었습니다.[19] 지구행성의 생물권을 수호하기 위해선 특정 지역의 국지적 환경문제 해결만으로는 태부족하고, 지구 생물권 차원에서 총체적 전환을 감행해야만 하게 된 것입니다.

기후위기 문제가 워낙 커진 탓도 있습니다. "지구온난화·오존 층 파괴·자원소비와 같은 환경문제들이 어떠한 단일 국민국가보 다도 훨씬 더 큰 '환경적 운명공동체'를 만들어내고 있다."[20] 바로 이 점이 전통적인 환경운동과 최근의 기후운동을 나누는 결정적 차이라 할 수 있지요. 또한 기후위기는 화석연료에 기반한 산업 화와 자본주의 팽창의 직접적 결과이므로 자본주의와의 연관성 이 명명백백합니다.

사실 기후변화는 글로벌 자본주의 역사에서 아이러니한 현상 이지요. **질문 1** '추코휼솔'은 인류세에 어떤 교훈을 주는가에서 보았듯 1950년대 에 시작된 '거대한 가속'은 전후 케인스주의에 의한 복지국가 황 금기 또는 프랑스에서 '영광의 30년'(1945~75년)이라고 했던 시기 와 겹칩니다. 그런데 1990년대 초 동구권 사회주의가 몰락했던 바 로 그 시점에 기후변화협약이 체결되었지요. 자본주의체제가 승 리한 것처럼 보였던 순간, 그것에 대한 근본적 문제의식이 표출 된 것입니다. 오늘날에는 냉전이 끝났던 한 세대 전과 비교해서 자본주의에 대한 문제의식이 더욱 첨예해진 상태입니다.[21] 따라 서 통상적 환경문제와 달리 기후위기는 "사회생태 전환을 해야만 하는 본태적 원인"이 되었다는 평을 듣습니다.[22]

또한 **질문 8** 인간사회와 생태환경은 어떻게 함께 두너지는가에서 보게 되겠지 만, 사회생태계의 '거대한 와해'가 진행되고 있으므로 이제는 기 후생태 문제를 지구시스템에서만 다룰 수 없고, 사회시스템 문제

(자본주의, 불평등, 노동)와 동전의 양면으로 봐야 하는 상황이 되었습니다. "현세대와 미래세대의 욕구 충족, 사회·경제의 물질적·문화적 재생산, 자연자원의 토대 및 생명을 지탱하는 생태계 기능의 유지, 사회적 통합과 사회적 배제의 문제, 빈곤·불평등·차별의 종식, 생태 시티즌십의 관점에서 인권 및 시민권 강화" 등 사회-지구시스템의 총체적 재조직화가 필요한 시점에 이른 것이지요.[23]

전환의 사회적 차원

질문 3 왜 인류의 다양한 사회적 성격에 주목해야 하는가 과 **질문 4** 왜 정치적으로 접근해야 하는 문제인가 에서 현재의 위기를 사회적이고 정치적인 차원에서 접근해야 한다고 강조했었습니다. 우선 사회생태 전환의 '사회적 차원'을 알아봅시다.[24] 먼저, 현대 산업사회의 장기적 특성을 이해할 필요가 있습니다. 세계인구의 절반은 아직도 농경사회에서 산업사회로 전환 중에 있습니다. 한국을 포함하여 산업화된 선진국은 '포스트-산업사회'로의 전환이 필요하지만, 산업화를 추진 중인 개도국은 우선 '포스트-농경사회'로, 그리고 '포스트-산업사회'로 이중 전환을 해야 하는 입장입니다.

다음, 사회가 자연으로부터 자원과 에너지를 추출하여 사용한 후 폐기물을 다시 자연으로 배출하는 사회적 물질대사(신진대사) 체제를 어떻게 볼 것인가 하는 문제가 있습니다. 사회적 물질대사는 인간사회가 지구의 생물물리적 시스템과 상호작용을 하면서 끊임없이 진화하는 과정으로 봐야 합니다. 지금처럼 지속불가능한 물질대사에 계속 의존하는 이유는 전체 사회가 성장과 축적을 본질로 하는 자본주의 구조에 갇혀 있기 때문입니다.

마지막으로, 경제적·사회적 불평등 문제를 지극히 중요하게 다루어야 합니다. 불평등이 심하면 기본서비스에 대한 접근성이 제한되고, 정치적 권력이 기울어지며, 사회적 인정이 결핍되는 문제가 발생합니다. 불평등을 줄일 수 있는 3대 기둥, 즉 '공공서비스 지출'(교육, 보건의료, 사회보장), '누진적 과세'(개인소득세, 법인세, 부가가치세), 그리고 '노동권과 임금'(노동권 일반, 여성노동권, 최저임금) 영역에서 급진적이고 획기적인 조치가 필요합니다.[25]

전환의 정치적 차원―정체, 정치, 정책

다음으로 사회생태 전환의 '정치적 차원'을 알아봅시다.[26] 정치적 차원에는 정체, 정치, 정책이 모두 포함되지요. 우선, 정체(政體, Polity)를 봅시다. 정체란 '민주제 대 독재제' 등 국가의 조직 형태나 주권의 행사 형태를 말합니다. 전세계 국가들 다수가 자본주의적 자유민주주의 '정체'를 취하고 있습니다. 자본주의체제에서 기업과 같은 민간행위자가 성장과 축적을 위해 화석연료와 자연자원을 계속 추출하므로 기후-생태-사회 위기가 악화됩니다.

하지만 국가는 세수를 통해 운영되기 때문에 자원추출 기업과 화석연료 기업을 계속 지원합니다. 그것을 위해 국가는 법제도, 보조금, 규제장벽 완화, 위기관리정책 등 모든 수단을 동원해서 기업을 돕습니다. 이렇게 해서 '자본주의+자유민주주의+사회생태위기'의 단단한 연결고리가 만들어지는 것이지요.

자유민주주의 국가는 자본을 옹호하는 이념을 강화합니다. '민주적 원리로서의 자유'를 '소비자 선택으로서의 자유'로 바꿔치기하여 자원의 추출, 환경문제와 노동문제의 외부화를 정당화합니다. 싼값으로 최신 유행 의류를 대량으로 생산하고 소비하는 패스트패션이 좋은 예입니다. 사회생태위기가 악화될 수밖에 없는 구조인 것이지요. 그렇다면 전환을 위해 '자본주의적 자유민주주의' 정체를 어떻게 바꿀 것인가 하는 질문이 나와야 합니다.

다음으로 '정치'Politics를 살펴봅시다. 정치의 기본 동력은 갈등입니다. 갈등은 사회에 존재하는 모순적 이익들과 그 기반이 되는 권력을 드러냄으로써 변화의 계기를 마련합니다. 사회생태 전환을 둘러싼 갈등은 가장 깊은 의미에서 현존 질서에 도전하는 갈등이며, 정체, 정치, 정책을 아우르는 전범위적full-range 갈등이기도 합니다. 신공항 건설을 둘러싼 논란을 생각해보십시오. 개발이냐 생태냐, 지역경제냐 환경보전이냐, 인간 편의냐 철새 보호냐 등의 논쟁은 큰 틀에서 생물권의 정치로 확장되어 갈등의 규모와 강도가 기하급수적으로 늘어난 상태입니다.

마지막 단계인 '정책'Policy을 살펴봅시다. 정책의 주요 행위자인 국가는 사회생태 전환에서 상반된 역할을 합니다. 한편으로, 기존

정책의 경로의존성을 유지시킵니다. 길게 봐서 지속불가능한 시스템에게 국가가 연명치료를 해주고 있는 셈이지요. 다른 한편으로, 국가는 규제·과세·재분배·조달을 통해 사회생태 전환을 촉진하는 녹색국가의 역할을 수행할 수도 있습니다.[27] 이런 선택이 바람직하겠지만, 정말 쉽지 않은 길입니다. 국가가 강력한 방향성을 제시하면서 지속불가능한 체제를 뒤흔드는 정치적 결정을 내려야 하기 때문입니다.

이 점은 국가의 산업정책 관여도가 높아진 최근의 추세로 인해 더욱 중요해졌습니다. 2025년 전환 연구자 제이슨 히켈Jason Hickel 등이 이 문제를 정면으로 다룬 논문을 발표했습니다. 현재의 정치경제 체제 내에서 실현가능한 사회생태 전환의 '차선책'을 모색하자는 것이 그의 주장입니다. 그것을 위해, 산업정책에다 '포스트성장 프레임' ─ 생활가능한 토대, 평화로운 행성적 공존, 민주적으로 조율된 지속가능성 ─ 을 통합하자고 제안합니다.[28]

사회생태 전환이 성공하려면

노동과 환경 사이의 역사적 긴장을 상징하는 이른바 '일자리 대 환경 딜레마'를 해소하지 않으면 사회생태 전환을 기약하기 어렵습니다.[29] 정책 차원에서 경제·사회정책과 환경정책의 통합, 정치 차원에서 진보정치와 녹색정치의 '적녹 동맹', 담론 차원에서 양 진영의 대화가 꼭 필요합니다. 노동운동과 환경운동의 관계는 사회-지구시스템 패러다임의 상호 전환이라는 측면에서 중요한 의미가 있습니다.

최근 생태전문가 유정길과 노동전문가 박태주가 전개했던 일련의 논쟁은 사회생태 전환의 당위성, 양자의 기본 전제, 양자의 가치관, 양자의 해결책과 교집합 영역 등이 표출된 유의미한 '전환 대화'였습니다.[30] 한국의 맥락에 뿌리내린 이런 '거대한 대화'가 많아져야 한다고 생각합니다.

민주사회에서 시민의 지지를 구하는 문제는 정책의 정당성 확보에 결정적인 요인이 됩니다. 미국 시민들의 탈성장정책 지지 여부를 조사한 2025년의 연구를 소개합니다. 탈성장과 관련된 네 가지 정책, 즉 노동시간 단축, 화석연료 감축/퇴출, 보편기본서비스(특히 보편의료), 그리고 상업광고 제한에 대한 의견을 물었습니다. 전반적으로 이들 정책에 대한 지지가 높게 나왔는데, 특히 화석연료 감축과 보편의료에 대한 지지가 높았다고 합니다. 흥미롭게도 기본욕구를 넉넉히 채울 수 있을 정도로만 살면 충분하다고 보는 '충족의 원리'를 개인적으로 실천하는 사람일수록 화석연료에 상한선을 두는 정책에 대한 지지가 높았습니다. 집필자들은 이 연구가 "'충족' 원리의 실천과 탈성장 관련 정책 사이의 연관성에 관한 최초의 경험적 증거이며, 전환으로 나아가는 경로 설정에 관한 고무적인 정당화 결과"라고 반깁니다.[31] 이는 포스트자본주의를 실천함으로써 자본주의를 벗어난 세계관을 형성할 수 있다고 했던 **질문 5** 왜 어떤 이에게 기후위기는 음모론인가와 연결되는 지점이며, 자신의 가치관을 드러내 보이는 '표출적 차원'의 행동이 사회변화를 위한 정책 지지로 이어질 수 있다는 뜻이기도 하겠지요.

이 점은 정치에도 중요한 메시지를 던집니다. 흔히 기후정치를 '통해' 적절한 정책을 '시행'하면 그것의 '결과'로서 기후문제 극복이 가능해지리라고 가정합니다. 그래서 국회에 기후정치인을 진출시키려 하는 것이지요. 그런데 정치의 결과로서 어떤 상태가 오기만을 기다리지 않고, '원하는 미래'를 미리 살아보면 어떻게 될까요?

지속가능한 '미래'의 모습을 '지금 여기'에서 실천해보는 것도 정치가 될 수 있습니다. 우리가 원하는 미래사회의 모습을 동시대인에게 미리 보여줌으로써, 이런 미래가 가능함을 입증해 보이는 것도 중요한 정치적 행위이기 때문입니다.[32] 미래를 미리〔豫〕보여주는〔示〕 '예시적 정치'Prefigurative politics는 '정의로운 미래'를 '정의로운 현재'로 앞당겨와 '이런 미래의 모습이 얼마든지 가능하다'라는 것을 세상에 알려주는 솔선수범의 정치입니다. 예시적 정치는 비제도적 정치이자 삶으로 실천하는 정치이고, 비선형적 시간의 정치입니다. 순환경제, 충족의 삶, 탈성장 실천,[33] 포스트자본주의 실험 등 다양한 형태의 예시적 정치가 가능합니다.

하며 살고 있습니다

생태 연구자 신승철이 2023년에 타계한 후 졸지에 '선장'을 잃은 동료와 후학들은 그의 유지를 받들어 생태문명으로의 '항해'

를 계속하기로 다짐합니다. 그런 모색의 결과가 『탈성장들 — 하며 살고 있습니다』라는 글모음입니다.[34] 「탈성장을 향해, 탈성장의 항해」라는 서문의 저자들은 기후생태위기라는 근대의 폭압에 맞서려면 우리의 삶이 "멈춰 있는 명사가 아닌 살아 있는 동사"가 되어야 한다고 주장합니다.[35]

그러한 삶은 시민들이 수행하는 작은 실천에서부터 새로운 관계망을 구성하기 위한 노력들, 사회를 전체적으로 변형시킬 실험들 모두를 뜻하므로 현재진행형 삶의 정치라 할 수 있습니다. 그러므로 지금 여기에서 "이윤보다는 생명의 가치를, 속도보다는 느림을, 위생과 멸균보다는 공생과 전염을 우위에 두는 삶을 추구하며, 불안정한 미래를 기다리기보다 적극적으로 이야기를 발견하고 전달"하는 노력 자체가 중요한 정치적 함의를 지닌다고 볼 수 있지요.[36] 21세기 탈성장을 위한 예시적 정치의 선언문이라 해도 과언이 아닌 글입니다. 미래의 모습을 당장 실천하는 예시적 정치가 많아질수록 '선취된 미래'가 우리 곁에 성큼 다가올 가능성이 커질 것입니다.[37]

다중의 세계, 플루리버스

셋째 중간목표인 '다중의 세계 — 대안적 세계관의 상상과 실험'을 살펴봅시다. '다중의 세계'Pluri-verse는 '하나의 세계'Uni-verse와 대비되는 개념입니다. '유니버스'가 하나의 존재론, 선형적 인식론, 성장의 실행론으로 대변되는 패권적 세계에 관한 것이라면, '플루리버스'는 다양한 존재론, 전일적 인식론, 공존의 실천론으로 대변되는 평화적 세계를 지향합니다.

예를 들어 신자유주의적 경제관을 '유일사상'Pensée unique으로 떠받드는 것은 '하나의 세계'의 전형적인 태도입니다. '하나의 세계'를 전제하는 마스터플랜을 거부하는 플루리버스는 "일상의 작은 행동을 포함한 이행전환이 더 큰 전환으로 확장되기를 촉구하는 전략이자, 수많은 대안이 모일 수 있는 세계를 꿈꾸는" 전환의 담론이라 할 수 있습니다.[38] **질문 5**왜 어떤 이에게 기후위기는 음모론인가에서 본 대로 다양한 패러다임이 존재할 수 있다는 깨달음을 실천하는 것이지요.

플루리버스에서 왜 '다양한 존재론'이 특별히 중요할까요? 생물다양성, 사회다양성, 문화다양성, 젠더다양성, 발전다양성 등은 모든 존재의 좋은 삶을 위한 바탕이 되기 때문입니다. 다양성과 중복성이 — 비효율적으로 보일지라도 — 있어야만 사회생태위기로 시스템이 흔들리더라도 충격을 흡수할 수 있습니다. 예를 들어, 에너지 이행전환에서 태양광, 풍력, 수력, 조력 등 다양한 발전양식이 병존한다면 시스템의 적응력, 유연성, 회복력이 커질 수 있습니다. 복잡계인 인간사회-자연환경의 다양한 비선형적 틈새들을 보전하고, 그것의 가치를 유기적으로 연결할 때 민주적 자기조직화가 가능해진다는 장점도 있지요.

플루리버스 개념은 글로벌 남북관계의 재정립에도 영감을 줄 수 있습니다. 역사사회학자 이매뉴얼 월러스틴Immanuel Wallerstein이

설파한 것처럼, 근대의 이른바 '보편적' 세계관은 서구에 기울어진 '유럽적 보편주의'였습니다.[39] 그리고 그것이 직간접적으로 오늘의 사회생태위기에 연루되었음은 부정할 수 없는 사실이지요. 위기극복에 탈식민적 관점이 왜 필요한지를 보여주는 역사적 배경이기도 합니다.

물론 그렇다고 '보편주의'를 무조건 폐기하는 것이 능사는 아니겠지요. 인간은 역사의 구성물이므로 근현대를 거쳐오면서 축적된 인간사회의 궤적, 즉 문제와 그 대응의 역사적 경험들로부터 완전히 자유로울 수 없습니다. 예컨대 국가권력의 정당성 기준, 민주주의, 성평등, 인권과 노동권, 정의, 법 앞의 평등과 같은 근대 보편주의의 이상까지 포기하는 것은 건설적이지 않습니다. 월러스틴의 말처럼 진정한 '보편적 보편주의'의 방략을 찾으면서, 모든 것을 하나로 수렴시키려는 동일화의 압력을 거부하는 길이 필요할 것입니다. 근대를 감당하면서 근대를 극복하는 이중과제가 여기에서도 시사점을 줍니다.[40]

바로 이 지점에 플루리버스의 역할이 있다고 할 수 있습니다. 보편적 보편주의는 자유·평등·연대라는 근대의 이상을 감당하면서, 이질성과 다원성의 가치를 회복하자는 대안적 플루리버스의 형태로 실현될 수 있기 때문입니다. 패권적 구심력이 작동하는 일원적 보편성이 아니라, 해방적 원심력을 추구하는 다중의 세계관이 오늘의 위기를 극복하기 위한 전략이 되어야 할 것입니다.

기후위기 시대에 돌봄에 대해서 지역공동체가 할 수 있는 역할을 새롭게 발견하는 것도 플루리버스의 한가지 실천 형태라 할 수 있습니다. 생태전환 연구자 한윤정에 따르면, 지역공동체에 초점을 맞춰 돌봄을 새롭게 구상하면 국가의 복지체계와 시장의 분배체계 사이에서 사라졌던 커먼즈를 회복하는 길이 될 수 있습니다.[41] 기후 돌봄을 위해 다음과 같은 역량을 갖춘 지역공동체를 상상해보십시오.

우선 재난에 대처하기 위한 기술과 지식이 필요합니다. 인프라 정비, 탄소감축과 에너지 전환, 도시농업, 공동체조직 운영 등이 그것이지요. 또한 재난피해 당사자를 포함한 전체 주민에게 감정적 지원을 할 수 있습니다. 기후우울을 위로하고 상실감을 공유하며 재난을 인지하는 감각을 키우는 일, 그리고 재난을 증언하는 일도 돌봄의 지식에 포함됩니다. 마지막으로 문화적 변화도 꼽을 수 있습니다. 지역만의 토착성에 대한 이해, 새로운 공동체의 화합이나 의례, 공동체의 미래에 관한 집단적 상상 등이 좋은 예입니다. 즉 플루리버스는 글로벌 남부에만 있는 게 아닙니다. 우리 주변에서 수많은 '다중의 세계'들이 발견되기를 기다리는 중입니다.

플루리버스로 해석한 글로벌 남북부

경제학자 케이트 레이워스Kate Raworth가 제시한 '도넛 경제학' 모델이 있습니다. 도넛 안쪽 고리는 인간이라면 누려야 할 사회적 기초를, 도넛 바깥쪽 고리는 지구의 한계, 즉 행성적 위험경계를 의미합니다. 이 바깥쪽 고리를 넘지 말고, 인간 존엄이 걸린 안쪽 고리(사회적 기초)를 단단히 지키자는 것이지요. 그것과 제이슨 히켈이 주장하는 '탈성장론'의 차이를 플루리버스에 비추어 설명해보겠습니다. 레이워스의 '도넛 경제학'은 이미 발전한 글로벌 북부에서는 더이상 성장에 매달리지 말고 현상유지 차원에서 만족하자고 주장합니다(포스트성장).[42] 선진국만 놓고 보면 상당히 일리있는 주장입니다. 그러나 선진국이 성장을 멈추더라도 현재의 경제수준을 유지하는 한, 전지구적 차원에서는 자원의 과잉사용이 계속될 수밖에 없습니다.

히켈은 바로 이 점을 파고들어, 도대체 어느 정도의 GDP가 "모든 인류의 좋은 삶에 적합한 수준인가 하는 질문"에 대해서 도넛 경제학이 침묵한다고 비판합니다.[43] 지구의 한계 내에서 '좋은 삶'의 이상을 모든 인류에게 적용하려면 빈곤국·저개발국의 생활수준은 지금보다 높아지도록 지원하되, 이미 잘사는 나라의 생태발자국 수준은 지금보다 약 절반가량 줄여야 한다고 합니다. 그렇게 해도 선진국의 사회적 기초를 유지(또는 심지어 '향상')할 수 있다는 겁니다.

결국 전체 행성 차원의 진정한 탈성장은, 북부의 성장 멈춤과 경제규모 축소, 남부의 인간다운 삶을 위한 적정한 발전, 그리고 남북부 사이 및 각각 자체 내에서 불평등 감소, 이렇게 3중의 과제로 귀결됩니다. 히켈의 관점은 글로벌 남부와 북부 간의 수평적이고 비非패권적인 관계를 지향하는 플루리버스 사상과 상당히 조응한다고 볼 수 있지요.

「들어가며」에서 보았듯이 식민지배 때부터 자리잡은, 글로벌 남부 경제의 '역사적' 의존성을 고려하여 남부의 피해를 줄이면서 남북부가 '윈윈'하는 포스트성장 방안을 찾아야 합니다. 국제 무역질서 및 금융거버넌스의 개혁, 건설적인 탈연계Delinking, 글로벌 남부 국가간의 협력, 북부를 답습하지 않는 경제정책 등 다양한 접근이 동시에 필요할 것입니다.[44]

탈성장을 세계체제와 연관하여 이해하는 것도 중요합니다. 자본주의-제국주의의 팽창, 그리그 위계적으로 배열되어 있는 전지구적 정치경제구조를 감안하여, 세계 체제의 변혁이라는 거시역사적 맥락에서 탈성장, 포스트성장을 다루는 안목이 필요한 것이지요.[45]

전환 연구자 아르투로 에스코바르Arturo Escobar는 플루리버스 담론이 북부에서는 탈성장과 커먼즈로, 남부에서는 포스트발전론과 포스트채굴론(자연자원의 끊임없는 추출이라는 문제를 넘어서려는 경제)으로 나타나며, 양자의 공통분모는 '포스트자본주의'라고 말합니다.[46] 이 점에 히켈도 동의합니다. "[탈성장으로] 장기간에 걸친 계획적인 경제활동의 총량 감소는 궁극적으로 자본주의와 부합되지 않는다. 자본주의는 근본적으로 생산과 소비의 영구적인 성장에 의존하기 때문이다. 그러므로 탈성장 전략은 자본주의의 속박을 벗어나 성장 이후의 시스템으로 진화해야 할 것이다."[47]

사회생태 전환 역시 자본주의의 문제를 비껴갈 수 없습니다. "자본주의의 성장, 지배, 착취의 논리, 그것에 부수된 사회적 과정

과 전사회적 물질대사를 낮춰서, 축적을 큰 폭으로 축소·교란시
킴으로써 자본주의 체제에 지속적인 위기상태가 오게끔" 해야지
만 전환이 유의미하게 이루어질 수 있기 때문입니다.[48]

　자본주의 회로와 사회생태 전환 회로가 전혀 다른 차원에서 돌
아가는 평행우주 같다는 느낌이 들 때가 있습니다. 산불로 LA가
불지옥으로 변했던 재난의 와중에 나왔던 한 경제기사의 제목을
보십시오. "화석연료 부활 선언한 美, 韓 LNG기업 절호의 찬스".
후쿠시마 원전이 폭발했던 재난 와중에 '지금이야말로 원전을 수
출할 수 있는 절호의 기회'라 했던 정치인의 발언이 떠오르지 않
습니까?

　이런 류의 세계관에 걱정이 들지 않을 수 없습니다. 하지만 바
로 그런 이유 때문에 기후위기 대응의 새로운 서사 마련, 사회생
태 전환의 담대한 추진, 그리고 플루리버스로의 인식전환이 시급
하다는 결의가 단단해지기도 합니다. 독자 여러분은 어떻게 생각
하십니까?

인간사회와 생태환경은
어떻게 함께 무너지는가

이 거대위기의 시대는 생태적 파국, 평화의 붕괴, 사회적 파국,
인간성의 파탄이 우려되는 형국에 있다.

—김누리

유기체와 환경을 합해서 생존 단위가 형성된다. 자신의 환경을 파괴하는
유기체는 제 스스로를 파괴한다는 사실을 우리는 뼈저리게 배우는 중이다.

—그레고리 베이트슨 Gregory Bateson

지구환경은 오랜 착취를 견디지 못해 나날이 악화되고 있고, 총체적 몰락을
알리는 침묵의 카운트다운은 이미 시작된 것으로 보인다.

—김명인

여섯 개의 태풍은 필리핀인 가사관리사를 낳고

2024년 서울시는 '외국인 가사관리사 시범사업'을 시작했습니
다. 필리핀 여성을 가사와 육아 업무에 투입하여 한국 가정의 출
생률을 높이겠다는 정책이었지요. 서울시는 사업성과를 높게 평
가했지만, 근무지 이탈, 저임금, 높은 업무강도, 좁은 숙소와 비싼
주거비, 긴 이동시간, 고용의 불안정, 계약 가구의 절반 가까이가

부유층이라는 점, 최저임금보다 낮은 급여를 지급하자는 제안, 휴게공간의 부족 등 여러 문제가 드러났습니다. 참고로 했다는 홍콩과 싱가포르에서의 인권침해에 대한 논의는 없었고, 저렴한 노동력의 이점만 부각되었습니다.

사회학자 이주희는 이 사업의 배경을 전세계적인 맥락에서 설명합니다. "경력개발을 원하는 적극적인 선진국 여성과 유급 일자리를 찾던 저개발국의 진취적인 여성이 (…) 사용자와 노동자, 주인과 하녀로 글로벌 돌봄 체인에서 만나게 된 것이다."[1]

한국에서 이런 논쟁이 벌어졌을 때 필리핀에서는 참혹한 기후재난이 닥치고 있었습니다. 2024년 11월 한달 동안 필리핀은 무려 6개의 태풍 — 짜미, 콩레이, 인싱, 도라지, 우사기, 만이 — 과 맞닥뜨렸습니다. 수백명이 숨지고 수십만명의 이재민이 나왔다고 합니다.

필리핀에서 1865년 기상관측이 시작된 이래 가장 피해가 컸던 태풍 10개 중 7개가 1990년 이후에 발생했습니다. 1991년 셀마(사망자 5101~8000명), 2004년 위니(사망자 1593명), 2006년 레밍(사망자 1399명), 2008년 프랭크(사망자 1371명), 2011년 센동(사망자 1257명), 2012년 파블로(사망자 1901명), 2013년 하이얀(사망자 6300명) 등 공식 사망자만 2만 2000명 가까이 됩니다. 2012년부터 2023년까지의 피해액이 필리핀화로 5197억페소(2024년 기준 한화 12조 4052억원)에 달합니다. 2023년 현재 1인당 GDP가 3668달러인 나라로서 감당하기 어려운 피해규모입니다. 2022년 필리핀 국가인권위원회는 인권을 극심하게 침해하는 기후위기를

초래한 화석연료 기업에 일정한 책임을 물어야 한다는 역사적 결정을 내리기도 했습니다.[2]

필리핀의 정치적·사회적·경제적 상황도 순탄치 않습니다. '마약과의 전쟁'을 내걸었던 로드리고 두테르테Rodrigo Duterte 대통령 (재임기간 2016~22년) 치하에서 마약 소탕 명분으로 최대 3만명이 초법적으로 살해되었고(추정치), 그중 대다수가 빈곤층이었습니다. 2025년 상반기 현재, 매일 6000명 이상이 일자리를 찾아 외국으로 나가고 있습니다. 해외 노동자들이 본국으로 보내는 송금액은 연간 400억달러 수준이며, 이는 국가 GDP의 8.5퍼센트를 차지합니다. 기후위기와 해외이주가 필리핀 노동계급의 불안정성을 급격히 늘리고 있는 실정이지요.[3]

우리는 생애 후반에 이주민의 돌봄을 받을 가능성이 높다

독일 보훔 루르대학의 평화및무력갈등국제법연구소IFHV가 펴낸『2024년 세계리스크보고서』WorldRiskReport 2024를 봅시다.[4] 자연재난과 관련된 두 범주 — 생태환경 차원에서 '재난에의 노출', 그리고 인간사회 차원에서 '취약성' — 를 교차하여 한 나라가 직면한 총체적 재난 리스크를 국제적으로 비교한 연구입니다. 유엔 가입 193개국의 리스크를 심각한 순서대로 매겼을 때 필리핀이 1위로 나왔습니다. 세계 최악의 재난 리스크 국가의 여성 가사관리사가 세계 최저 출생률 국가인 한국에 와서 일한 것입니다.

재난 리스크 상위에 자리한 나라들, 예를 들어 필리핀(1위), 인도네시아(2위), 미얀마(6위), 방글라데시(9위), 파키스탄(10위), 베트남(16위), 태국(21위), 중국(22위) 등에서 노동자들이 한국으로 많이 옵니다. 이런 나라 사람들은 재난으로 인한 트라우마를 겪었을 가능성이 높습니다. 예를 들어, 사회학자 박상희의 연구에 따르면 인도네시아에서 이상기후로 생명의 위협을 경험한 사람일수록 기후불안을 느낄 확률이 높게 나왔다고 합니다.[5] 기후재난의 피해가 세계에서 가장 심한 나라의 노동자들이, 전세계 탄소 배출량 10위권, 온실가스 감축속도 최하위권, 비산유국 중 기후변화대응지수 꼴찌인 한국으로 찾아오는 역설적 현실이 펼쳐지고 있습니다.

전세계 불평등 심화에다 극심한 기후위기가 더해져 시간이 갈수록 노동이주, 결혼이주, 난민 등의 인구이동이 늘어날 것이 확실시됩니다.[6] 이를 먼저 경험한 유럽에서는 자국 사회가 이주민을 어떻게 대할 것인가 하는 문제가 결정적인 정치문제로 떠올랐습니다. 정치경제학자 정승일에 따르면 "복지혜택을 유지 또는 강화하되 그것을 자국민에게만 제한하려는 정치적 입장"을 내세우는 극우정치가 이런 배경에서 세력을 키우고 있다고 합니다.

이러한 '복지 민족주의' 또는 '복지 쇼비니즘'은 가난한 자국민, 상대적으로 낙후된 지역의 주민들, 그리고 청년층으로부터 큰 지지를 받습니다. 독일을위한대안[AfD], (프랑스의) 국민연합[RN], 스웨덴민주당[SD], 네덜란드자유당[PVV]과 같은 극우정당들이 대표적입니다.[7] 지구시스템 교란과 이주민의 증가로 극우세력이 커지는 문제는 **질문 15** 왜 지구가 뜨거워질수록 극우가 득세하는가에서 다룹니다.

그런 점에서 이주노동자에게 최저임금보다 낮은 급여를 주자는 식의 주장은 극우세력의 영트를 넓힐 수 있는 위험한 발상이지요. 한국은 인구감소 추세를 배경으로, 한류 열풍과 유학생까지 합해져 이미 OECD에서 이민자 증가율 2위의 나라입니다. '동료 인간'에 대한 논쟁이 일어나고 있는 상황이기도 합니다. 헌법의 기본권 대상인 '국민 사람'만 존중할 것인가, 보편적 인권의 대상인 '인간 사람'도 존중할 것인가의 문제가 중요한 사안으로 떠올랐습니다. '이민'정책이나 '인구'정책을 넘어, 이 땅에 사는 모든 '인간 사람'에게 사회통합정책을 펼 수 있을지가 한국사회의 '인간화'를 평가하는 기준이 될 것입니다.[8]

기억하십시오, 독자들과 저를 포함한 '토착' 한국인들은, 나이가 많이 들었을 때 이주배경 요양보호사의 돌봄을 받으며 생의 끝자락을 보낼 가능성이 낮지 않다는 사실을.[9]

사회생태 복합위기를 직시하자

한국으로 오는 이주노동자의 상황은 전지구적 차원에서 폭발적으로 심화·폭증하는 사회생태 복합우기의 윤곽을 보여줍니다. 사회시스템과 지구시스템을 분리하여 다루던 구패러다임과 결별하고, 지구행성을 "하나의, 복잡하면서도 통합된 사회생태계"로 파악해야 하는 것이지요.[10]

정치경제학자 홍기빈은 이 점을 문명사적으로 해석합니다. 자본주의와 산업문명은 인류의 진화에서 '특이점'이라 할 만한 사건이었습니다. 자본주의의 토대 위에서 산업문명이 자본주의와 함께 진화를 거듭했고, 그 결과 지구적 질서라는 새로운 시스템이 탄생했습니다. 인간과 인간이 관계를 맺는 방식, 인간과 자연이 관계를 맺는 방식이 이전과는 판이해졌습니다. 이러한 지구적 질서는 단순히 자원과 상품이 하나의 시장에서 유통되는 세계시스템 차원을 넘어섭니다. 그 질서는 "사람들이 개인적으로 또 집단적으로 생각을 서로 맞추고 일상적인 행동까지 모두 통일하여 일관된 리듬으로 움직이는" 특징이 있으며, 인간과 자연을 가로질러 열역학법칙이 동기화되는 하나의 '계'라고 할 수 있습니다. 즉, 현재의 지구적 질서는 "전지구의 인간과 사회와 자연을 하나의 리듬으로 꽁꽁 묶어버리는 질서"인 것입니다.[11]

인간사회와 생태환경이 함께 무너지다

사회시스템과 지구시스템이 이렇게까지 밀착하여 '사회-지구시스템'으로 통합되었다는 사실은 의미심장합니다. 양자가 함께 망할 수도 있다는 뜻이기 때문이지요. **질문 1** '추코헐솔'은 인류세에 어떤 교훈을 주는가에서 보았듯 1950년대에 시작된 '거대한 가속'으로 "사회시스템 추세와 지구시스템 추세가 동조화"하는 경향이 생겼습니다. 전환 연구자 리처드 하인버그Richard Heinberg는 '거대한 가속'이 극단적으로 진행된 끝에 이제 '거대한 와해'Great Unraveling가 시작되었다고 진단합니다.[12] 사회생태계를 유지하던 촘촘한 그물코가 풀어지고 있다는 것입니다.

하인버그는 서로 긴밀하게 유착된 사회시스템과 지구시스템을 '메타시스템'이라고 부릅니다. 메타시스템이 끝나가는 시대에는 무너지는 구시스템과 아직 확실한 모습을 갖추지 못한 신시스템이 '경계 공간'Liminal space에서 불안정하게 동거합니다. 이럴 때일수록 막다른 골목에 다다른 자본주의체제의 문명전환을 고민해야 할 것입니다.

우선, 사회시스템 와해는 다음과 같이 나타납니다. 빈곤과 격차의 심화, 글로벌 북부가 글로벌 남부에 가한 역사적 불의의 미해결, 성차별과 인종차별, 자원과 소득을 둘러싼 갈등, 인공지능AI 문제, 극우세력의 발흥이 대표적입니다. 경제 불평등과 권력 불평등이 사회적 와해의 바탕이 됩니다. 과세, 재분배, 복지 등을 통해 사회적 격차를 줄이는 장치, 즉 불평등에 대한 '음'의 되먹임이 힘을 발휘해야 하는데, 현실은 자본, 권력, 기술이 특정 계층에 집중되는 '양'의 되먹임이 일어나면서 불평등을 부추기는 방향으로 작동하고 있습니다.

국제개발NGO 옥스팜Oxfam의 2024년 연구를 봅시다. "지난 25년 사이에 처음으로 극단적 빈곤과 극단적 부유가 동시에 급증했다. 그전에 글로벌 남부와 북부의 격차가 점진적으로 축소되었다가 2차 세계대전 이래 가장 빠른 속도로 갑자기 벌어지기 시작했다. 수십억 명이 고물가와 굶주림으로 끔찍한 고통을 겪는 반면,

억만장자들은 지난 10년 사이 두배나 늘었다."[13] 유엔경제사회국 UNDESA이 발간한 『세계사회보고서 2025』*World Social Report 2025*에 따르면 전세계의 28억명 이상이 극빈 상태에 놓여있고, 세계인구의 60퍼센트 이상이 실직을 염려하며, 65퍼센트가 소득격차가 확대되는 나라에 살고 있습니다.[14] 상황이 이 정도라면 전세계 초부유층에게 글로벌 부유세를 매겨 불평등과 기후위기에 대응하자는 주장의 설득력이 크다고 봅니다.

다음으로 지구시스템의 와해를 살펴봅시다. 기후변화, 생물다양성 상실과 서식지 파괴, 토양 유실과 토질 훼손, 물 부족, 화학물질 공해, 자원 결핍 등이 대표적입니다. 특히 에너지 이행전환을 위한 자원 사용은 큰 딜레마가 되었습니다. 재생에너지를 생산하려면 니켈, 코발트, 리튬, 희토류와 같은 비재생 자원 ── 무한정하지 않은 ── 을 대량 추출해야 합니다. **질문 13** 신속하되 정의로운 사회변혁이 왜 중요한가에서 다루겠지만, 이런 추세는 개도국의 환경 및 노동자 인권에 큰 타격을 가합니다. 행성적 위험경계와 생태발자국 초과가 불가역적으로 악화되고 있습니다. 전세계가 미국처럼 산다면 지구가 5개, 한국처럼 산다면 3.85개가 필요하다고 합니다. 그런데도 경제성장과 자원소비를 부추기는 자본주의체제가 계속 진행되고 있습니다.

사회시스템과 지구시스템에서 발생하는 와해는 서로 '양의 되먹임' 관계를 이루면서 전체의 거대한 와해로 이어집니다. 사회-지구시스템을 유지하는 촘촘한 결합조직이 더이상 풀리지 않으려면 사회적 응집력과 회복력을 시급하게 복구해야 합니다.[15]

불평등이 연결고리로 작용한다

사회시스템과 지구시스템을 함께 무너뜨리는 핵심 고리는 불평등입니다. 사회역학자 리처드 윌킨슨Richard G. Wilkinson과 공공보건역학자 케이트 피킷Kate Pickett에 따르면 불평등이 늘어날수록 지위과시용 소비가 늘어난다고 하지요. 물질적 격차가 벌어지면 지위의 격차도 벌어지는데, 지위가 떨어지는 사람은 타인에게 어떤 인상을 줄지를 걱정하고, 불안과 자기회의를 떨치기 위해 소유와 소비에서 위안을 찾으려 하는 경향이 있습니다. 이렇게 소비가 늘면 환경이 더 나빠지고, 기후위기가 더 심해지며, 취약계층의 삶은 더 악화되는 것이지요.[16]

사회정책학자 최유석은 한국형 '불평등 중첩사회'의 특징을 다음과 같이 설명합니다. 사회생활 초기에 형성된 조건이 생애 전반에 걸쳐 격차를 확대시킵니다. 그런 격차들이 중첩되고, 심화되고, 누적되는 것이지요. 대기업-정규직-고학력-수도권에 속한 사람과 중소기업-비정규직-저학력-비수도권에 속한 사람의 차이는 시간이 갈수록 벌어지고, 이들 간의 행복감에도 큰 차이가 납니다. 기성세대에게 작동하던, 안정된 직장에서 받은 월급을 저축하고 아파트를 분양받아 중산층의 지위를 유지하는 식의 구시스템이 청년층에게 더이상 작동하지 않고, 정부 정책에 대한 신뢰 부족으로 각자도생의 생존주의가 더욱 강화되었습니다.[17]

한꺼번에 터져나오는 글로벌 다중위기

경제사학자 애덤 투즈Adam Tooze에 따르면, 세계를 구성하는 여러 시스템의 위기가 한꺼번에 터져나오는 '글로벌 다중위기'Global polycrisis가 '거대한 와해'의 주요 특징입니다.[18] 글로벌 시스템은 여러 하위시스템 — 경제, 보건의료, 사회질서와 거버넌스, 식량, 국제안보, 에너지, 환경, 운송과 커뮤니케이션 등 — 으로 구성되어 있습니다. 글로벌 다중위기는 하위시스템의 개별 위기들을 합한 것보다 더 큰 피해를 발생시킵니다. 불평등이나 기후생태위기 등, 천천히 누적된 '압박요인'Stressor이 밑바닥에 꽉 찬 상태에서, 정치적 급변, 물가 폭등, 주요 기업 파산, 생태계 핵심종 상실 등 '촉발요인'Trigger이 터져나오면 개별 시스템들을 다중적으로 가로지르는 지구적 위기가 닥칠 수 있습니다. 2008년 금융위기나, 코로나19 팬데믹이 전형적인 글로벌 다중위기였지요.

위기를 전파하는 매개(벡터)로는 운동역학 에너지(태풍 등), 물질(공해 등), 정보(디지털, 뉴스 등), 생물군(바이러스나 동식물 등), 그리고 인간을 꼽을 수 있습니다.

어떤 하위시스템의 위기가 다른 하위시스템으로 번지는 인과적 메커니즘에는 세 종류가 있습니다.[19] 우선, 여러 시스템에 '공통적 압박요인'이 존재하는 경우가 있습니다. 화석연료의 질과 양저하, 그리고 화석연료를 퇴출해야 하는 시급한 당위로 인해 에너지, 환경, 식량, 국제안보, 운송 등 대다수 하위시스템에 공통적으로 위험요소가 늘어나면서 위기들이 동기화되는 것이지요. 다음으로, 한 시스템의 위기가 다른 시스템의 장기적 압박요인에 대해 일종의 촉발요인이 되어 '도미노효과'를 발생시킬 수 있습니다. 마지막으로, 각 시스템의 압박요인, 촉발요인, 그리고 위기가 양의 되먹임 관계를 형성하여 서로를 가중시키는 메커니즘이 있습니다.

세가지 메커니즘의 공통적 양상은 '폭포효과'입니다. 한줄기 폭포가 여러갈래로 쏟아져 내리듯, 하나의 위험이 여러 위험으로 걷잡을 수 없이 번지는 현상을 말합니다.[20] 다중위기는 본질적으로 진퇴양난의 위기라 할 수 있지요. 앞선 위기는 뒤따른 위기를 완화하지 않으면 해결될 수 없고, 뒤따른 위기는 앞선 위기를 완화하지 않으면 해결될 수 없기 때문입니다.[21]

중남미 유랑민의 사연

중남미 지역의 이주를 예로 들어봅시다. 미국 의회의 입법조사처에 따르면 과테말라, 온두라스 엘살바·도르에서 연평균 40만명 이상의 경제적 이주자와 난민이 방랑길에 오른다고 합니다.[22] 방글라데시, 아프가니스탄, 인도 등 먼 지역에서 온 사람들도 섞여 있습니다. 사회경제적 조건 악화, 기후변화로 인한 장기적 가뭄, 커피 작황의 부진으로 인한 생활고와 식량위기가 장기적 압박요인입니다. 또한 이 지역이 마약의 운송통로가 되면서 범죄율이

치솟고 치안이 악화되었습니다. 그것에 더해 정치적 불안정으로 이주를 선택할 유인도 커졌고요. 고향을 떠난 사람들은 이산가족, 노숙, 강도, 마약카르텔에 의한 인신매매와 아동 납치, 인질 갈취, 브로커 사기, 성폭력, 강제노동을 당할 가능성이 큽니다.

남미에서 중미로 올라오는 이주자들은 콜롬비아 북쪽 국경 너머 파나마 내의 다리엔 지협^{Darién Gap}을 통과해야 하지요. 원래 이 지협은 길이 97킬로미터의 좁고 길쭉한 생태 청정지역이었습니다. 그러나 수십만명이 이곳에 몰리면서 지협의 전구간이 페트병과 생활 쓰레기, 분뇨로 뒤덮이고 멸종위기종들의 서식지가 파괴되었습니다. 2024년 한해 동안 60명 가까운 이주자가 목숨을 잃었고, 약 8천명에 달하는 토착민들의 생활근거지가 쑥대밭으로 변했습니다. 천신만고 끝에 미국-멕시코 국경지대에 도착해도 미국 쪽에서 검문과 통제를 강화하여 입국이 대단히 어려워졌다고 합니다.

이민자 통제와 불법체류자 강제송환을 주요 공약으로 내걸고 미국 대통령에 재선된 도널드 트럼프^{Donald Trump}는 남부 국경지대에 군병력을 배치하고 '불법' 이민자들에 대해 본국으로의 강제송환을 실시했습니다. 이 일로 콜롬비아 측이 불만을 표하자 트럼프는 콜롬비아산 수입품에 25퍼센트의 관세를 물리겠다는 위협을 가하기도 했지요. 자국 내 커피 소비량의 27퍼센트, 그리고 바나나, 아보카도, 화훼 등을 콜롬비아로부터 수입하는 미국에서 콜롬비아산 식품의 가격이 오르면 소비자들이 어떻게 반응할까요? 이주노동자들이 많이 일하는 미국 농촌지역에 ― 캘리포니아에만 250만명이 넘는다고 합니다─노동력 공백이 발생해 농작물 생산과 식품 공급사슬이 불안정해지는 현상이 벌써 일어나기 시작했습니다. 미국산 농산물을 수입하는 한국에는 어떤 영향이 올까요?

자본주의와 사회생태 복합위기

다중적 사회생태위기의 근본원인을 파악하려면 자본주의의 작동방식을 간략하게 이해할 필요가 있습니다.

우선, 사회시스템의 위기를 봅시다.[23] 냉전 종식 이후 전지구적 경제활동의 유일한 표준이 된 자본주의는 지속적으로 자본을 축적하는 체제입니다. 그것을 가능하게 하려면 안정된 사회적 재생산이 필요하지요. 사회적 재생산이란 자본주의가 돌아가게끔 해주는 노동자의 삶의 조건을 말합니다. 노동자는 노동력을 제공하는 대가로 임금을 받아 생활합니다. 그러나 자본은 잉여 노동시간을 쥐어짜면서도, 필요 노동시간만큼만 임금을 지불합니다.

신자유주의는 더욱 철저하게 취약한 노동을 양산하고 돌봄을 상품화합니다. 여성과 유색인종 등 '잉여 인구'는 사회의 주변부나 외국으로 밀려나게 되지요. 자본주의는 축적을 가능하게 하는 사회적 재생산의 토대 자체를 불안정하게 만드는 경향이 있습니다. 철학자 낸시 프레이저Nancy Fraser는 이를 '식인 자본주의'라 부릅니다. "자본은 자신이 의존하는 바로 그 기둥들을 쉴 새 없이 먹어 치운다. 자기 꼬리를 먹는 뱀처럼 자본주의는 자신을 존립할 수 있게 하는 그 조건을 놓고 제 살 깎아 먹는 짓을 벌인다."[24]

다음, 지구시스템의 위기를 봅시다.[25] 자본축적은 자연과의 관계 속에서 이루어집니다. 상품의 생산을 위해 자본은 자연자원을 추출하여 상품의 용도에 맞게 전환시키지요. 이때 자원은 자본이 필요한 방식으로 전환되기도 하지만, 자본이 의도하지 않았던 방식으로도 전환됩니다. 화석연료를 태울 때 자본이 원했던 에너지만 나온 게 아니라 예상치 못했던 온실가스까지 나왔다는 사실을 떠올려보십시오. 그렇게 된 이유는 물질의 생화학적–생물물리적 전환은 사회적 현실과는 다르기 때문입니다. 이를 '물질은 물질의 논리를 따른다'라고 표현합니다.

지금까지는 자본축적과 성장에 따른 부작용을 지구 생태계가 흡수해주었습니다. 하지만 이제는 지구의 생태한계가 막다른 골목에 도달했습니다. 자본주의 생산양식이 기대고 있던 글로벌 생태계의 '공짜' 토대가 무너지기 시작한 것이지요. 자본이 이러한 '생태적 균열'을 영원히 막을 수는 없는 노릇입니다.

'설국열차'를 멈출 수 있을까?

봉준호 감독의 영화 「설국열차」는 기후위기로 거주불가능 공간이 된 지구, 그리고 '머리 칸'과 '꼬리 칸'이라는 극단적인 격차로 상징되는 인간사회를 그렸습니다. 이 불평등한 소우주에 탑승

174

한 계급들은 서로 이질적이지만 크게 브면 환경난민이라는 동질성이 있지요.[26] 어떻게 하면 폭주하는 '거대한 와해'의 열차를 멈추거나 늦출 수 있을까요? 온실가스만 줄이면 모든 문제가 '가지런히' 해결될까요? 이것이 다음 장의 질문입니다.

A면 B라는 식의 직선적 사고로는
왜 안되는가

우리 세계는 예측할 수 없는 혼돈과 우연의 바다 위에서 태어났다.
— 유상균

불확실성은 불편한 입장이다. 그러나 확실성은 우둔한 입장이다.
— 볼테르 Voltaire

악마는 디테일한 개별 영역에 숨어 있는 게 아니다.
악마는 부분들이 맞물려 돌아가는 전체 그림에서 찾아야 한다.
— 마야 괴펠 Maja Göpel

기후를 둘러싼 두 가지 스토리텔링

2024년 『네이처 지구과학』*Nature Geoscience*에 실린 「기온과 대기권 이산화탄소 간의 선형적 관계로부터 추정되는 인위적 지구온난화」라는 논문에 포함된 그래프를 봅시다.[1] x축에 표시된 대기권의 이산화탄소 농도가 늘수록 y축에 표시된 기온이 올라가는, 정확히 우상향의 그래프입니다. 아마도 기후문제를 통틀어 가장 뚜렷하게 직선적 인과관계가 나타나는 모양일 것입니다. 온실가스와 기온상승은 기후변화와 관련하여 제일 많이 듣는 스토리텔링에 속합니다.

방향을 바꿔, 다음 사례들을 접하면 어떤 느낌이 드시는지요? 해수면이 상승하면 작은 섬들이 물에 잠길 것이라고 했으나 최근 인도양 몰디브제도의 환초들이 높아지는 경우가 생겼습니다. 바닷물이 오르면서 파도가 퇴적물을 해안에 더 높이 쌓았기 때문입니다. 밸런타인데이에 편의점에서 초콜릿 대신 캐릭터 상품의 마케팅을 시작했다고 합니다. 서아프리카의 이상고온 탓에 카카오 가격이 급등했기 때문이지요. 지구온난화로 북극항로가 열린다고 예상했지만 현실은 꼭 그렇지만도 않습니다. 북극의 빙하가 녹으면서 해빙이 남쪽으로 떠내려와 선박의 통행을 방해할 때가 늘었기 때문입니다. 스페인 전국의 마트에서 절도 대상 품목으로 갑자기 올리브유가 1위에 올랐습니다. 폭염과 가뭄으로 올리브 가격이 뛰었기 때문이지요.

하와이 관광지의 호텔 숙박료가 올랐습니다. 기후재난에 대응하기 위해 세금을 올렸기 때문이랍니다. 커피뿐만 아니라 플라스틱도 불면증을 유발한다고 밝혀졌는데요, 일상생활에서 사용하는 플라스틱이 생체리듬을 방해하기 때문입니다. 휴전선 전방에서 근무했던 제대군인 중 말라리아 확진을 받은 경기도민은 기후보험을 청구할 수 있게 되었습니다. 보험 지급 대상에 모기에 의한 특정 감염병이 포함되었기 때문이지요. 항공사에서 기내 컵라면 제공 서비스를 중단했다는 소식 들으셨나요? 기후변화로 인한 난기류가 심해진 탓입니다. 플로리다 해안에서 알츠하이머 치매로 죽은 돌고래들이 발견되었습니다. 수온이 올라 남세균이 늘면서 독성물질이 바닷물을 오염시킨 게 원인입니다.

선형적/비선형적 서사를 잘 배합해야 한다

이처럼 우리는 결이 다른 두가지 기후서사를 마주하고 있습니다. 첫째는 변수들 간의 관계가 명확한 선형적 서사입니다. 둘째는 변수들 간의 불명확한 관계, 복잡성과 놀라움에 관한 비선형적 서사이지요. 빙붕 붕괴, 해류 순환 패턴 변화, 극한기상이변, 산호초 표백, 영구동토대 메탄가스 배출, 산림 황폐화, 해양 산성화 등은 그 발생원인이 너무나 복합적이어서 인과관계를 일직선으로 나타내기 어려운 현상들입니다.

사회·경제·정치·문화적으로도 마찬가지입니다. 생활조건, 질병과 보건, 농업, 식량, 노동, 물가, 주거, 인프라, 보험, 관광, 심지어 패션 산업에서도 놀라운 일들이 나타납니다. 인도에서는 석탄을 주로 철도로 수송합니다. 전체 철도 수입의 44퍼센트가 석탄 수송에서 나오는데, 그 돈으로 서민층 여객의 운임을 보조하지요. 기후위기 때문에 석탄 사용을 줄이는 정책을 폈더니 수송량이 줄면서 철도 수입이 떨어졌습니다. 그래서 여객 운임을 올렸더니 가난한 노동자들이 다른 지역으로 일자리를 찾아 이동하기가 어려워졌습니다. 그러자 전국적으로 고용, 경제, 인구, 도시계획의 예측치가 큰 폭으로 어긋나기 시작했습니다.

한편으로, 선형적 기후서사는 탄소와 기온 사이의 인과적 증폭을 막기 위해 탄소중립을 달성하려고 합니다. 기후와 관련된 정책이나 시민운동은 선형적 서사의 영향을 크게 받고 있습니다.

다른 한편으로, 비선형적 기후서사는 기후변화의 광범위한 영향에 대처하기 위해 사회와 자연을 전일적으로 파악하는 간학문적·다학문적·초학문적 담론입니다. 기후생태위기가 일어나는 사회–지구시스템의 복잡성이 기하급수적으로 늘어나 비선형적 시각 없이는 현실을 파악하기 어려운 지경이 되었다고 하지요. 그런데도 아직껏 비선형적 시각에 대한 관심은 크지 않습니다. 두 종류의 서사가 사회생태위기를 대하는 인식론의 양대 축을 이루는데도 말입니다. 각각의 장점을 어떻게 배합하고, 단점을 어떻게 피할 수 있을지가 우리 시대의 핵심 과제가 되었습니다.

어떤 사고가 우리를 지배하는가

선형적 사고에서는 '작은 원인은 작은 결과를, 큰 원인은 큰 결과를' 발생시킨다고 설명합니다. 이런 사고방식은 인간과 세계의 예측가능성, 재현가능성, 통제가능성을 높이려 했던 근대과학에서 비롯되었지요. 전체를 부분으로 쪼개어 부분의 특성을 분석해 내면 그 결과를 다시 전체에 적용할 수 있다고 믿었습니다. 이런 식으로 개별 인간을 대상화하고 수량화하여 통제·조작하면 사회를 원하는 방향으로 끌고 갈 수 있다고 보았습니다. 이러한 기계적 인식론은 개별 요소 중심의 환원론이며, 우연성의 여지가 배

제된 필연성의 존재론과 세계관을 낳았습니다.[2]

선형적 사고는 근현대를 거치면서 세계 대다수 지역, 대다수 정치이념, 대다수 경제체제에서 지배적인 패러다임이 되었습니다. 우리가 당연시하는 '과학적' 현대문명의 거의 모든 성취가 선형적 사고에서 비롯되었다 해도 과언이 아닙니다. 인지심리학에 따르면 인간은 선형적으로 인과관계가 맞아떨어지는 논리를 선호하며, 복잡미묘한 비선형적 논리를 골치 아프게 여기는 경향이 있다고 합니다.

그러나 현실에서는 비선형적 현상이 흔히 나타납니다. 예를 들어, 사람들이 환경에 관심이 있는 정도를 5점 척도로 조사하여 친환경 제품을 구매하는 비율과 비교해보았습니다. '매우 관심 없음'인 1점부터 점점 올라가 4점까지는 친환경 제품을 구매하는 비율이 완만하게 늘다가, '매우 관심 있음'인 5점이 되자 그 비율이 가파르게 치솟았습니다. 어획량과 수산자원에서도 비슷한 모습을 관찰할 수 있습니다. 고기를 잡을수록 수산자원량이 완만하게 줄다가, 어느 시점에 이르자 조금만 더 잡아도 자원량이 갑자기 폭락했습니다. 이런 특성을 조직운영에 적용하여, 중간단계의 목표치를 계속 점검하기보다 최종결과에 주목하자는 주장도 나옵니다.[3]

위기는 세상을 선형적으로 인식한 결과다

전환 연구자인 파비안 샤이들러Fabian Scheidler는 오늘날 인류가 직면한 위기를 확대재생산해온 시스템을 '메가머신'Megamachine이라고 부릅니다.⁴ 메가머신은 네 종류의 '폭정'을 통해 세계를 지배해왔지요. 우선, 군사화된 국가가 '물리적 권력'의 폭정을 행사합니다. 또한 사회경제적 체제가 '구조적 폭력'의 폭정을 행사하며, 신화, 종교, 도덕, 과학, 법률 등 '이념적 권력'이 물리적·구조적 폭력을 정당화합니다. 마지막으로 '선형적 사고'가 일상적 지배양식이 되었다고 합니다. 선형적 사고가 제일 엄격하게 적용되는 경우는 명령-복종 관계입니다. 이런 관계에서 인간은 마치 외부의 자극에 단순 반응하는 물질처럼 간주되지요. 그러나 현실은 전혀 다르게 돌아갑니다. 인간은 자신의 의지와 전략에 따라 복잡하게 반응하는 존재이기 때문이지요.

"인간의 삶은 비선형적이고 비확정적인 인과관계로 조직되므로 선형적 권력만으로 통제할 수 없다. 아이에게 폭력을 가하는 아버지는 아이가 예측가능한 행동을 하게끔 만들 수 있다고 믿을지도 모른다. 더 때릴수록 훈육 효과가 커질 거라고 생각할 것이다. 처음에는 아이가 복종하는 것 같아서 아버지의 판단이 옳았던 것처럼 보인다. 하지만 시간이 갈수록 아이는 완전히 '빗나간' 짓 ── 아버지의 차에 불을 지르거나 자기 손목을 칼로 긋는 등 ── 을 저지를 수도 있다. 이러한 '부작용'은 선형적 권력을 통해 살아 있는 시스템을 통제하려는 시도에서 빚어지는 전형적인 결과다."[5]

근대의 선형적 사고는 그 자체의 눈부신 성취에도 불구하고, 오늘날 '거대한 와해'를 불러온 주요 원인 중 하나가 되었습니다. 화석연료를 태워 고밀도의 에너지를 뽑아내면서 산업발전과 물질적 진보를 이룬 것까지는 좋았지요. 그러나 그 과정에서 배출된 온실가스에 대해서 처음에는 잘 알지 못했고, 나중에 알고 난 후에도 그것을 선형적으로 해결하려 했습니다. 기후대책의 초점이 탄소를 감축하여 온도상승을 저지하려는 목표에 맞춰져 있는 것을 보면 잘 알 수 있습니다.

데카르트의 긴 그림자와 사회생태위기

서두에 소개한 이산화탄소와 기온 간의 선형적 그래프를 다시 생각해봅시다. 데카르트는 x, y 두 축이 직각으로 교차하는 공간의 어떤 지점을 특정하는 좌표계를 고안하여 근대과학의 패러다임을 주도했습니다. 좌표계의 구성은 단순히 객관적인 과학활동 이상의 것이지요. '좌표 찍기'라는 말이 있듯이, 어떤 대상의 위치를 정확하게 지목할 수 있으면 그것 자체가 (폭력적) 권력이 되곤 합니다.

데카르트식 선형적 관념으로 인해 인간은 과학적 합리성의 이름으로 자연을 욕구충족의 대상인 자원으로만 보게 되었습니다.

자연에 좌표를 찍어 원하는 자원을 집중적으로 뽑아냈습니다. 철학자 조쉬트롬 쿠리타담Joshtrom I. Kureethacam은 데카르트에서 비롯된 현대의 인간중심주의 사상이 직접적이고 명백하게 생태적 재앙을 초래했다고 비판합니다.[6]

그런데 바로 이 부분에 아이러니가 있는 것 같습니다. 근대과학과 산업문명의 결과인 사회생태위기를 해결하기 위해서 우리는 다시 근대과학의 도구인 선형적 좌표계에 의존하려 합니다. 선형적 사고방식이 일으킨 문제를 다시 선형적 수단으로 풀려고 하는 셈이지요. 강을 건너야 하는데 배는 보이지 않고 강가에 자동차들만 나와 있는 형국입니다.

예를 들어, 우리가 흔히 사용하는 스프레드시트는 전형적인 선형적 도구입니다. 직원들의 급여명세서를 작성할 때는 스프레드시트가 대단히 효율적입니다. 그러나 그런 방식을 위기대응에까지 적용하면 문제가 생깁니다. 전체 사회-지구시스템을 구하기 위해서는 급여명세서 작성과는 전혀 다른 접근방식이 필요하기 때문이지요.

원근법이 일으킨 나비효과

정치학자이자 전환 연구자 필립 레페니스Philipp H. Lepenies에 따르면, 선형적 사고는 근대과학만이 아니라 근대예술에서도 비롯되었습니다.[7] 2차원의 평면에 3차원의 깊이와 현실감을 표현하는

'선 원근법'Linear perspective은 15세기 르네상스시대 이탈리아에서 본격적으로 발전했습니다. 사회학자 김종엽이 '회화의 과학화'라 부른, 기하학과 광학 지식을 활용한 새로운 미술 표현양식이 탄생한 것이지요.[8] 특히 갈릴레이는 우주의 기하학적 탐구와 미술의 기하학적 묘사를 결합해 인간이 자연에 '좌표'를 찍을 수 있는 지적 발판을 마련했다고 합니다.

원근법은 시각예술에서의 혁신적 표현기법으로 시작되었지만, 시간이 흐르면서 세계를 단순히 묘사하는 기법을 넘어 세계를 이해하는 시각으로 전환되었습니다. 예술적 방법론이 문화적 의미론으로 확장되어 근대를 대변하는 세계관이 된 것입니다. 소실점과 수선垂線을 결합하여 무한대의 공간을 은유하면 '형이상학적 영원함'이라는 상징적 효과가 발생합니다. 이렇게 되면 관찰자의 현실인식이 달라지게 되지요. 중세의 신神중심 세계관이 근대의 인간중심 세계관으로 바뀌면서 '인간중심적 시각'The Anthroposeen이 등장한 것입니다.

원근법의 효과는 사진 기술의 효과와는 다릅니다. 원근법의 목적은 현실의 정확한 재현이 아니라, 현실의 새로운 창조였습니다. 미켈란젤로의 「천지창조」Creatio Adami라는 작품명에 나오듯, 라틴어로 '창조'라는 말은 원래 신학적으로 사용되었지만, 원근법이 나온 뒤로는 예술적, 사회적 맥락에서도 쓰이기 시작했습니다. 이는 막스 베버Max Webber가 세계의 수학화를 통해 인간이 모든 것을 이해하고 지배하고 통제하는 일이 가능하게 되었다고 지적한 것과 같은 맥락입니다. 수학, 데이터, 측정, 과학의 발달로 인해 마술과 신비와 신적 권능이 사라지면서 근대의 '탈주술화'가 이루어진 것이지요.

서구가 식민지배를 할 때도 원근법이 중요한 교육수단으로 활용되었습니다. 17세기 예수회 선교사들은 일본과 중국에 원근법을 전수했고, 영국은 19세기에 인도에서 '문명화 사명'의 일부로 원근법을 가르쳤습니다. 이처럼 실용적 함의가 있는 근대과학 방법론과, 철학적 함의가 있는 근대회화 방법론의 이중적 선형논리가 인간의 세계 지배, 서구의 비서구 지배, 인간의 자연 지배로 이어진 사실을 기억해야 합니다.

레페니스는 원근법만이 인간의 지구 지배에 책임이 있는 것은 아니지만, 그러한 문화적·인지적 방식으로 말미암아 인간 행동의 재앙적 효과가 정당화되었다고 지적합니다. 그러므로 인류세로 대변되는 사회생태위기라는 도전을 극복하기 위해서는 사회과학과 인문학이 큰 도움이 될 것이라고 일깨워줍니다.[9] 그런 면에서 "왜 인류세에 대한 인문학적 성찰이 필요한가"라는 독문학자 조향의 질문, 또는 기후소설(인류세 소설)을 자본주의근대의 서사적 산물로 파악하는 영문학자 유희석의 문제의식은 중요한 화두라 할 수 있습니다.[10]

사실은 복잡계로 이루어진 세상

비선형적 서사와 복잡계Complex system 퍼러다임을 간단히 알아봄시다. 통계학자 데이비드 스피겔홀터David John Spiegelhalter에 따르면 기후시스템은 전형적인 복잡계라고 합니다. 일정한 패턴을 따르는 것 같다가 간헐적으로 불안정성이 폭발적으로 높아지는 비선형성을 보이는 예측불가능한 시스템이라는 것이지요.[11] "브라질에서 나비가 날갯짓을 하면 텍사스에 토네이도가 불어닥친다"라고 한 기상학자 에드워드 로렌츠Edward N. Lorenz의 명언도 있지 않습니까? 두뇌, 면역계, 생태계, 주식시장, 컴퓨터연결망도 복잡계에 속합니다. 인류문명 자체도 산업혁명 이후 복잡성이 대폭 증가하면서 비선형적 복잡계의 특징을 보입니다.[12]

인간사회와 생태환경은 시간과 공간을 가로질러 새로운 패턴과 과정이 끊임없이 복잡하게 공진화하는 사회생태계를 구성합니다.[13] 사회생태계는 전체 시스템 내의 피드백에 반응하면서 회복력을 발휘하여 변화와 충격에 적응하므로 '복잡적응형 사회생태계'라고도 불리지요.

복잡적응형 사회생태계의 특징

복잡적응형 사회생태계의 특징이 무엇인지 알아봅시다.[14] 우선, 인간사회와 생태환경이 긴밀하게 '연결되는 특징'이 있습니다. 전지구적 차원에서 원격연결성이 나타나고 원격동조화 현상이 일어납니다. 원인의 크기와 결과의 크기가 비례하지 않는 '비선형적 특징'이 있습니다. 작은 변화가 어떤 문턱을 넘으면 급전환점을 지나 큰 결과를 촉발시키고, 그것으로부터 다시 양의 되먹임을 통해 시스템 전체가 통상적 회로를 벗어나는 경우가 생기기도 합니다. 반복적으로 나타나는 지속성과 새롭게 등장하는 변화가 함께 얽히면서 진화·적응의 경로가 시스템에 기억으로 보존되는 '역사성의 특징'도 있습니다.

일단 변화가 일어나면 이전 상태로 돌아가지 않고 전혀 다른 상태로 전이해가는 '방향성의 특징'도 기억해야 합니다. 1930년대의 대공황이나 현재 진행 중인 기후위기가 바로 그런 경우에 속하지요. 개별 구성요소의 성격이 아니라 그것들이 상호작용하는 관계 속에서 놀라운 결과가 발현되는 '창발성Emergence의 특징'도 꼽을 수 있습니다. 또한 전체를 통제하는 메커니즘이 없어도 어떤 패턴이나 질서가 스스로 생성되는 '자기조직화의 특징'을 빼놓을 수 없지요. 자기조직화 덕분에 시스템이 변화에 적응하면서도 원래의 기능을 효과적으로 수행하는 회복력을 유지할 수 있다고 합니다.

세상이 선형적 논리로만 돌아가지 않는다면

복잡적응형 사회생태계의 이런 특징들은 정치와 거버넌스에 까다로운 도전을 야기합니다.[15] 제일 큰 문제는 집합적 행동이 방해받는다는 점입니다. 사회생태위기의 비선형적 특징 때문에 예기치 못했던 사태와 급격한 변화가 잦아지면, 사람들이 자기 삶의 경험에 비추어 이해가 안 되는 상황에서 집단 전체에 이익이 되도록 행동하기가 어려워집니다.

인간의 착한 본성이나 협력을 강조하거나 개인의 죄책감을 자극하는 것만으로 이런 상황을 헤쳐 나갈 수는 없습니다. 급격하게 발생하는 위기 앞에서는 시행착오를 통해 점진적으로 지식을 축적할 여유도 없지요. 쉽게 이해가 안 되고, 뭐가 뭔지도 모르는 이상한 일이 발생할 때 사람들이 차분하고 합리적으로 대응하기는 어렵지 않겠습니까?

복잡적응계의 이러한 난점들은 우리가 사회생태위기를 대하는 방식에 심각한 함의를 부여합니다. 일반적 함의와 정책적 함의로 나눠서 살펴봅시다.

복잡적응형 사회생태계에 대한 일반적 함의는 다음과 같습니다. 우선, 우리가 시스템에 어떻게 개입하든, 의도한 결과와 의도하지 않은 결과가 함께 나타납니다. 이것은 복잡적응계의 자연스럽고 당연한 특징이지요. 선형적으로 깔끔한 해법은 존재하지 않으며, 불확실한 조건에서 결정을 내릴 수밖에 없습니다. 문제를 '해결'하려고 하기보다, 문제에 '대처하고 적응'하는 접근방식이 더 현실적일 수 있습니다. 의도하지 않은 결과가 나오더라도 그것을 실패로 평가할 게 아니라, 시스템이 유연하고 창의적으로 회복력을 유지할 수 있도록 노력하는 편이 낫습니다.

선형적으로 수치화된 결과를 금과옥조처럼 여기는 정책결정자나 프로젝트 발주처일수록 기존의 사고방식을 내려놓고^{unlearn}, 시스템 전체의 작동방식을 새롭게 배워야^{relearn} 합니다. 스프레드시트를 분석하는 전문가의 치밀한 시선보다, 변화의 판 전체를 읽어내는 경세가의 거시적 시선이 필요합니다. 또한 선형적 인과관계로 측정할 수 없는 관계성을 이해해야 하고요. 개별 요소들의 문제와 모순을 미시적으로 해결하려는 노력을 넘어 시스템 전체의 특성을 파악하는 훈련도 필수적입니다. 시스템 변화에 적합한 개입지점을 찾는 노력도 물론 필요합니다.

기후정책에서도 비선형적 접근이 필수적이다

지금부터는 복잡적응형 사회생태계에 대한 정책적 함의를 알아보겠습니다. 복잡계를 다루는 거버넌스에도 대중의 합의와 지지가 중요합니다. 단순히 기상재난만이 아니라 사회복지, 돌봄, 보건의료, 생계와 관련된 복잡계적 문제를 다룬다고 전제하고, 종합적 정책 패키지로 접근해야 효과가 있고 갈등이 줄어듭니다. 탄소에 가격을 매기거나 산업전환, 에너지 이행전환으로만 접근해서는 대중의 호응을 얻는 데 한계가 있다는 말이지요.[16]

특히 취약성이 심한 사회집단의 교차적 특성에 주목해야 합니다.[17] 소득, 성별, 연령, 재산, 지리적으로 주변화된 지역사회 등 교차적 취약성 범주에 대한 대책을 우선적으로 마련할 필요가 있습니다. 기후 적응정책은 물리적 인프라, 재산 손실과 피해, 보험 등에 집중되는 경향이 있습니다. 하지만 이것은 주로 재산 보유자에게 해당되는 조치일 뿐이지요. 건강 불평등, 주거비, 반지하와 같은 주거형태를 더욱 고려한 기후대책이 나와야 합니다. 만일 기후대처에 소극적인 정당이 지방정부를 차지했을 때, 정치적·이념적 편향으로 인해 소외될 위험이 큰 집단이 생길 수 있습니다.

복잡계 사회에는 원래 구조적 불평등의 패턴이 존재합니다. 게다가 의사결정과정에서 인공지능과 알고리즘의 활용으로 인해 불평등이 비선형적으로 더욱 강화되는 경향도 있으므로 특히 주의를 기울여야 합니다.[18]

비선형적 세상에는 '민첩한 정부'가 필요하다

비선형적 사회생태 거버넌스를 제대로 운용하려면, 예측하기 어려운 사태에 대한 '불확실성의 정치'가 요구됩니다. 예를 들어, 폭염이 오기 전에 조기경보 시스템을 마련해두고, 폭염이 왔을 때는 특히 취약계층을 위해 신속하게 조처해야 합니다.[19] 폭우도 마찬가지입니다. 비선형적 위기에 재빨리 대응하는 '민첩한 정부'Agile government의 역할이 세계적으로 주목받고 있습니다. 급격한 환경 변화로 인한 불확실한 상황에 발 빠르게 대응할 역량이 있는 정부를 뜻하지요.

한국에서 코로나19 사태가 발생했을 때 '민첩한 정부'의 모습이 다음과 같이 나타났습니다.[20] 우선 감염병 확산 방지를 위한 대응으로 사회적 거리두기, 자가격리, 입국제한, 집합금지, 영업금지 등을 실시했지요. 사회적·경제적 영향에 대한 대응으로 긴급

재난지원금 등 정부 재정지출을 늘렸습니다. 그러나 민첩한 정부의 대응은 시간이 흐르면서 '역U자' 형태의 비선형적 관계를 보였습니다.

어느 수준까지는 민첩, 신속, 유연한 대응이 효과적이었지만, 어느 한계를 넘어서니 기존에 중요하게 여겨지던 정부의 투명성, 안정성, 책무성, 전문성, 일관성, 예측가능성 등의 기능이 약화되었던 것입니다. 이런 역전 현상은 지방정부 단위에서 더 빨리 나타났다고 합니다. 어디까지 민첩하게 대응하고 어디서부터 태세 전환을 해야 하는지를 잘 파악하는 것도 '민첩한 정부'의 능력이라 할 수 있습니다.

녹색국가를 만들 수 있을까

환경정치학자 정규호에 따르면 녹색 전환을 위해서는 정부의 전반적 활동과 헌법이 녹색화되어야 합니다('국가의 녹색화'). 그렇다면 '녹색국가'와 '녹색국가가 아닌 국가' 사이에 어떤 차이가 있을까요? 녹색국가는 성격이 서로 다르고 심지어 상호모순적인 요소들이 새롭게 관계를 맺으며 창조적 진화, 질적 전환, 차원 변화를 만들어내는 특징이 있습니다. "이것[녹색국가의 특성]은 생명의 원리로 강조되는 관계성, 순환성, 다양성을 바탕으로 한 창발성 원리와도 일맥상통한다"라고 정규호는 짚습니다.[21]

이 지적은 의미심장합니다. 우리가 흔히 '목표-시행-결과'의 선형적 과정으로 이해해온 정치와 정책을 넘어 비선형적 복잡계로서 정치와 정책을 이해해야 한다는 뜻이기 때문이지요. 즉, 녹색국가는 위기시대에 국가시스템을 '전반적으로' 유지하는 과업에 유능하다는 특징이 있습니다. 이렇게 되면 특정한 정책의 성공/실패라는 기준으로만 국가를 평가할 게 아니라, 전사회적 시스템의 지속가능성과 회복력 유지라는 차원으로도 볼 수 있어야한다는 말입니다. 이런 점이 문명전환의 연착륙 과정에서 핵심적 평가기준이 되어야 할 것입니다.

새로운 패러다임의 경제학

마지막으로, 복잡계 경제학Complexity economics을 더욱 발전시켜야합니다.[22] 주류경제학에서는 탄소의 사회적 비용을 계산하여 적절한 탄소 가격을 책정한 후 사람들이 공정하게 부담할 수 있는 방안을 제시합니다. 경제의 매개변수를 조절하여 사회적으로 최적화된 평형상태에 수렴하도록 하는 접근이지요.

그러나 복잡계 경제학에서는 경제가 언제나 유동적인 상태에 있으며, 경제행위자들이 각자 의도를 품고 상호작용, 상호학습을 한다고 가정합니다.[23] 의외성, 불확정성, 가변성이 특징인 기후문제를 탄소 가격으로 해결할 수 있다고는 보지 않습니다. 기후를 중심에 놓고 직접 개입하기보다 시장 안팎의 협력을 촉진할 수 있는 제도를 구축하는 편이 장기적으로 더 필요하다고 봅니다.

기후적응의 회복력을 평가할 때 경제적 회복 여부가 아니라, 기후충격을 받은 시스템이 재조직화할 수 있는 속도와 능력을 중시하는 특징도 있고요.[24]

녹색전환 연구자 김병권은 포괄적인 기후경제를 위해 "지구 생태계의 복잡성으로 인한 비선형적 변화과정에 주목하는 복잡계 경제학과 생태경제학은 소통해야 한다"라고 강조합니다.[25] 경제학자 미하엘 루스Michael Roos는 복잡계 경제학이 친사회적 행동과 상호성에 방점을 두는 '시장 휴머니즘'이므로, 행성적 위험경계 내에서 인간과 비인간의 번성을 목표로 하는 '좋은 삶의 경제'Eudaimonic economy를 지향한다고 말합니다.[26] **질문 6** 모든 존재의 좋은 삶, 가능한가에서 다룬 내용과 일치하는 시선이 아닐까 합니다.

여기서 경제학이라는 학문에 대해 잠시 생각해보면 좋겠습니다. 사회과학에서, 그리고 어쩌면 모든 학문을 통틀어 현실적 영향력이 제일 큰 학문 중 하나가 경제학인 것 같습니다. 그러나 현재 대학에서 기후생태위기 시대에 필요한 경제학을 가르치고 있는지요? 2025년 7월, '경제학 다시 생각하기'라는 국제 학술운동 네트워크에서 영국 20개 주요 대학 경제학과의 커리큘럼을 분석한 보고서를 발표했습니다.[27] 결과는 충격적이었습니다.

기후위기 시대에 75퍼센트의 대학에서 생태와 관련된 경제학을 전혀 가르치지 않았습니다. 55퍼센트의 대학에서 노예제, 식민지배, 신식민주의와 관련된 경제사 또는 현대 권력 불평등의 문제를 전혀 가르치지 않았습니다. 경제학이론과 관련된 과목 480개 중에서 88.3퍼센트가 주류 신고전학파 경제학이론을 가르쳤습니다. 대다수 대학에서 경제학을 정치학, 사회학, 지리학, 역사학 등 사회과학의 넓은 지평에서 함께 가르치지 않고, 경제학만을 독립 전공으로 가르쳤습니다. 한국 대학들을 조사해보면 어떤 결과가 나올까요? 2025년 2학기부터 서울대학교에서 35년 만에 맑스경제학 과목이 폐강되었다는 소식 들으셨지요? 이런 식으로 편향된 경제학 교육이, 사회-지구시스템이 와해되고 있는 21세기 현실에 어떤 영향을 끼칠까요?

거듭 강조하지만, 현재의 사회생태위기는 나무뿐만 아니라 숲 전체를 봐야 하는 문제이므로 복잡계의 비선형적 특징을 포함한 인식론적 전환이 절대적으로 요구됩니다. (경제학 교육을 포함하여) 선형적이고 논리적인 접근으로 근대에 '적응'하되, 그것을 '극복'하는 비선형적 접근이 동시에 필요하다는 말입니다.

우리의 미래를 안내하는 통찰들

복잡계적인 통찰은 근대적 '과학' 지식의 한계를 정직하게 인식하도록 해줍니다. 애당초 이런 점을 간과했기 때문에 "무자비한 개발과 석탄과 석유 매장량을 고갈하는 착취경제 시스템"이 만들어졌던 것을 기억해야 합니다.[28] 사회학자 장덕진은 복잡적응계 이론이 사회와 사회구조를 새롭게 바라보는 관점이므로, 근대 사회과학의 패러다임을 뛰어넘는 대안적 세계관의 가능성을 열어준다고 의미를 부여합니다.[29]

결론적으로, 인간과 자연, 세계와 지구를 복잡적응형 사회생태계로 보는 관점은 인간과 지구를 위해 더욱 정의롭고 지속가능한 미래로 나아가야 하는 과업에 적합한 전일적 사고방식입니다.[30] 개별 행위자들이 상호작용을 통해 '카오스의 가장자리'에서 시스템의 패턴과 질서를 스스로 만들어가는 복잡계의 '자기조직화' 특성은, 급진적 민주주의자들이 오랫동안 소망해온 수평적·자조적·자율적 정치공동체의 꿈과 많이 닮아 있습니다.

종말이 가까워져 희망이 없다,
하지만 사실인가

지금은 살아가기에 좋은 때가 아니라는 생각이
일반적으로 퍼져 있는 시대다.
——알렉산더 허스트 Alexander Hurst

희망이란 본래 있다고도 할 수 없고 없다고도 할 수 없다.
그것은 땅 위의 길과 같다. 원래 땅 위에는 길이 없었다.
걷는 사람이 많아지면 그것이 곧 길이 되는 것이다.
——루쉰魯迅 『고향』 중

나는 유배당한 사람들이 어떻게 희망의 꿈을 먹고 사는지 잘 안다.
——아이스퀼로스 『결박된 프로메테우스』 중

아무리 걱정을 하여도 애당초부터 아무 효과도 없을 걱정은 하지 말라.
——이희승

희망은 순진한 낙관이 아니라 정치적 선택이다.
——클레-미카엘 스탈 Claes-Mikael Ståhl

학계에서 '기후 엔드게임'을 연구하는 이유

최근 케임브리지대학 실존적위험연구센터CSER의 루크 켐프Luke

Kemp와 동료들이 최악의 기후 시나리오, 즉 '기후 엔드게임'Climate Endgame을 더 많이 연구해야 한다는 주장을 내놓았습니다.[1] 이번 세기말까지 기온이 2.5~4도 이상 상승할 개연성이 66~100퍼센트, 4.5도 이상은 18퍼센트이고, 설령 목표치 2도를 달성하더라도 그것은 지난 260만년 동안의 최고기록이라서 상상을 초월하는 상황이 오리라는 것이지요. 사회-지구시스템에 재앙적 타격을 줄 '기후 엔드게임'에 대비할 필요가 있다는 경고입니다.

왜 하필 '최악'의 시나리오를 연구해야 한다는 걸까요? 우선, 역사 속 사례들을 복기해보면 한 문명이 붕괴하는 데는 기후의 역할이 컸기 때문입니다. 그리고 기후문제가 국제분쟁, 감염병 등 기존의 여러 재앙적 위험요소를 증폭시키는 '위협 승수요인'Threat multiplier인 점도 중요합니다. 또한 기후위기가 경제난이나 식량난 등 글로벌 다중위기를 몰고 올 것이고, 극심한 기후위기 와중에 만에 하나 핵전쟁 같은 참사라도 벌어진다면 세상의 회복력이 극도로 약해진 상태이므로 인류가 재기하기 어려울 것이기 때문입니다.

'기후 엔드게임'에 대한 연구는 실제 현실화될 가능성이 낮더라도 대비 수준을 한껏 높이자는 취지에서 비롯되었습니다. 2018~22년 사이 전세계에서 항공기 사고로 여객이 사망할 확률은 1370만분의 1에 불과했지만 최근 한국에서도 대형 항공 참사가 벌어지지 않았습니까? 확률이 극히 낮아도 일단 발생하면 대재앙이 될 '기후 엔드게임'을 연구해야 하는 이유가 여기에 있습니다.

최악의 상황에 대한 논의가 활발해졌다

그렇다면 왜 지금까지 이런 연구가 적었을까요? 학계에서는 온실가스 감축 목표치에 가까운 1.5~2도 시나리오를 집중적으로 연구하는 경향이 있었다고 하지요. 대중에게 지나친 불안을 끼치지 않으려는 과학계의 신중한 문화, 그리고 IPCC 보고서를 작성할 때 국제적 합의과정을 거치면서 경고의 어조가 무뎌지는 경향도 한몫했다고 합니다. 또한 최악의 시나리오를 입에 올리는 순간, 자기실현적 예언의 방향으로 현실이 움직일 위험을 고려한 측면도 있었습니다.

일반대중 역시 이런 이야기를 듣기 싫어하거나, 상상조차 하지 않는(하기 싫어하는, 또는 할 수 없는) 경우가 허다하지요. 하지만 이런 문제를 거론해온 전문가들이 적지 않습니다.[2] 종말이라는 말을 쓰지 않더라도 기후위기가 사회에 미칠 장기적이고 암울한 영향을 과학적으로 분석한 연구가 많습니다.[3]

경제적인 전망도 어두운 상황입니다. 한국은행에 따르면 만일 기후위기에 아무런 대응도 하지 않는 경우 2100년에 GDP가 21퍼센트나 줄어들 것으로 예상됩니다.[4] 자본시장연구원에 따르면 기후변화는 실물자산을 손상시키는 물리적 리스크, 탄소집약 산업의 자산가치를 떨어뜨리는 이행 리스크를 유발할 것이 확실하다고 합니다.[5] AXA그룹의 '2024 미래위험 보고서'는 기후변화로 2050년까지 전세계 경제에 매년 최대 59조달러(약 8경 5000조원)

의 피해가 발생할 수 있다고 경고했습니다. 2025년 영국 보험계리사협회IFoA는 지구 기온이 세기말 3도 상승하는 경로를 밟으면 2070~90년 사이 전세계 경제규모가 50퍼센트 감소하는 '행성적 파산'이 발생할 것이며, 만일 2050년까지 3도가 오르면 40억명이 사망하는 인류멸종 사태가 올 것이라고 경고하기도 했습니다.

전세계 36개국 국민을 대상으로 한 푸리서치의 2025년 여론조사에 따르면 응답자의 57퍼센트가 부모 세대보다 자녀 세대가 가난해질 것이라고 예상했는데, 미래에 대한 비관론은 프랑스(81퍼센트), 일본(77퍼센트), 미국(74퍼센트), 한국(66퍼센트) 등 선진국일수록 심했습니다. 최근 우리가 목도하고 있는 기후재난의 현실도 암울하기는 마찬가지입니다. 지구 기온이 1.5도 이상 상승하여 역사상 가장 더웠던 2024년, 전세계 10대 기후재난에서 2000명 이상의 사망자가 나왔고, 2290억달러(약 337조원 이상)의 피해가 발생했습니다.[6]

문명붕괴를 가리키는 증후들

과학기술사회학자 김환석은 "인간들이 파괴한 생태계가 반작용을 하면서 출현하는 복합적인 사회생태적 재난들이 증가"했기 때문에 "근대문명의 종말"을 함축하는 사태가 왔다고 지적합니다.[7]

오랫동안 기후위기의 심각성을 경고해온 신학자 김준우는

2023년의 IPCC 제6차 보고서가 인류멸종의 문턱(6도 상승) 가능성을 시사한 것에 주목합니다. 이것은 인류에게 주는 마지막 경고라는 것이지요. 만일 2100년까지 기온이 4도 이상 오르면 최소한 수백년간 '기후지옥'에서 빠져나오기 어렵게 됩니다. 지금이야말로 "신속한 녹색전환과 '기후지옥' 사이에 양자택일할 때"라고 호소합니다.[8]

지구물리학자 빌 맥과이어Bill J. Mcguire는 기후위기의 미래를 다음과 같이 전망합니다. "우리가 확신할 수 있는 것은 기후붕괴가 전면화될 것이라는 점입니다. 생명과 생계에 구석구석 침투해 그 누구도, 그 어느 곳에서도, 심지어 자기만의 요새에 칩거하는 기술업 억만장자들도 피해갈 수 없을 겁니다. (…) 인류문명을 파괴하고 지구에 극소수의 인구만 남길 것입니다."[9]

문명붕괴의 위험을 연구하는 토비 오드Toby Ord는 한세기 내에 인류가 기후위기를 포함한 실존적 참사를 겪을 확률을 6분의 1로 잡습니다.[10] 6발을 장탄하는 권총에 1발을 넣고 자기 머리를 쏘는 러시안룰렛과 같은 수준의 위험이지요.

현시대의 비관적 증후를 분석한 사회학자 이진경은 '근거 없는 희망'에 매달리지 말고 '근거 있는 절망'을 받아들여 우리 삶의 전망과 행동을 바꾸자고 역설하기도 합니다.[11]

언론에서 기후생태위기를 종말적 사건으로 보도하는 경우도 많습니다. "지구종말 온 듯 참혹", "세상의 종말인 줄", "종말론의 홍수", "말세라고 주장하는 종말론자들"과 같은 기사를 쉽게 접할 수 있지요. 2024년 연말, 초대형 사이클론 치도가 아프리카 인도양의 마요트섬을 강타했을 때, 수천명이 사망한 것으로 추산되는 이 사건을 두고 언론은 "지구종말 같았다"라는 제목을 달았습니다. "LA 산불, 폼페이의 종말 보는 듯"이라는 기사도 나왔고요. 극한기상이변을 예고한 한 보도는 "'전쟁보다 더 끔찍' 뭐기에 이 정도까지…이러다 정말 다 죽겠네"라고 했습니다.

대한민국의 '기후위기 대응을 위한 탄소중립·녹색성장 기본법'(약칭 '탄소중립기본법') 2조를 봅시다. "'기후위기'란 기후변화가 극단적인 날씨뿐만 아니라 물 부족, 식량 부족, 해양 산성화, 해수면 상승, 생태계 붕괴 등 인류문명어 회복할 수 없는 위험을 초래하여 획기적인 온실가스 감축이 필요한 상태를 말한다."(강조는 필자) 이처럼 문명이 붕괴할 수 있다는 우려가 국가의 공식담론에 포함된 상태인 것입니다.

이 점은 우리에게 시사하는 바가 크지요. 인류역사를 통해 수많은 문명이 흥망성쇠를 거듭했지만, 현재의 산업문명이 붕괴하는 것은 과거와 비교해 인류에 미치는 악영향이 질적으로 다를 것이기 때문입니다.[12] 글로벌 공급망으로 완벽하게 서로 연결된 세상이 입을 경제적 타격이 얼마나 클까요? 또한 세계적으로 1만 2000개 이상의 핵탄두와 6억정 이상의 소형화기가 있는 상태에서 질서가 붕괴하면 그 후과를 어떻게 감당할 수 있을까요?

파국의 가능성에 대해 말하는 법

사회생태위기를 다룰 때 파국과 관련된 주제가 제일 까다롭습니다. 반드시 대처해야 마땅하지만 모두가 다루기 싫어하고 입밖에 내기를 꺼리는 문제이기 때문이지요. 몰락, 붕괴, 종말, 멸종, 파국, 절망, 체념, 불안, 실존적 위기 등 암울한 예측이 있는가 하면, 무관심, 무시, 냉소, 조롱의 반응도 있고, 기술 낙관, 기대, 희망의 서사도 병존합니다. 또한 과학과 철학, 이성과 감성, 팩트와 인식, 명확성과 잠재성, 개인과 집단, 구분과 경계, 현실과 이상, 신앙과 신념, 낙관과 비관, 소망과 허무가 교차하는 주제이기도 합니다. 세계관과 생사관이 서로 다른 사람들의 자기고백이 충돌하는 지점이기도 하고요.

이 문제를 잘 다루려면 모순적으로 보이는 두 명제, 즉 '앞으로 상황이 나빠지고 파국에 가까워질 것이다'와 '상황이 나빠지는 것이 반드시 파국으로 귀결되는 것은 아니다'를 융합하여 새로운 방향을 잡을 필요가 있습니다.[13]

한편으로는 **질문 8** 인간사회와 생태환경은 어떻게 함께 무너지는가의 '거대한 와해'에서 다룬 것처럼 현상황이 추세적으로 보아 계속 나빠질 개연성이 대단히 크다는 점을 기억해야 합니다.[14] 디지털화를 통해 해법을 찾을 수 있을 것이라는 기대가 크긴 합니다. 디지털 전환과 인공지능은 에너지 소비 효율성, 지구시스템 모니터링, 홍수 예보, 생물다양성 보전, 동물언어 해독, 순환경제 흐름 지원, 온실가스 감축에 도움이 될 수 있습니다. 하지만 동시에 디지털화가 에너지 사용량 폭증, 가짜뉴스 양산, 민주정치 개입, 시장 조작, 일자리 감소, 편견과 차별 조장 등 여러 문제를 야기하는 것도 사실입니다. 어쩌면 디지털과 인공지능은 빅테크 기업의 교묘한 마케팅으로 '과대포장된 기술'의 전형적인 사례일 수도 있습니다. 녹색전환 연구자 김병권의 경고처럼 디지털화를 신중하게 연구하되, 기술만능주의에 빠지지 않고 민주적으로 통제한다는 원칙이 논의의 출발점이 되어야 할 것입니다.[15]

다른 한편으로 보자면 위기가 추세적으로 악화된다고 해서 그것이 단기간에 전면적인 파국, 붕괴, 종말로 이어질 것이라 속단할 수는 없습니다. 추세적 하락을 곧장 추락적 파국으로 받아들이는 태도는 '영구적 진보' 관념에서 비롯된 두려움 때문일 수도 있습니다. 1972년 로마클럽의 『성장의 한계』가 나왔을 때도 종말론을 퍼뜨린다는 비판을 많이 받았었지요.[16] 그러나 현대문명의 '종말'이 반드시 인류 자체의 '종말'을 의미하는 것은 아닐 수도 있습니다. 계속 더 좋아지고 성장하지 않으면 세상이 멸망한다고 은연중 우리가 생각하는 것은, **질문 9** A면 3라는 식의 직선적 사고로는 왜 안되는가에서 다뤘던 근대의 선형적 사고방식이 우리에게 심어졌기 때문입니다.

사회생태위기를 염려하는 많은 사람이 이른바 생태전환을 원합니다. 생태전환의 출발점은 서구-식민지배형 발전담론에서 비롯된 '제국적 생활양식'을 청산하는 것이 되어야 합니다.[17] 그렇다면 탄소중독 사회와 제국적 생활양식의 쇠퇴기에 나타날 수 있는 하락을 비관적으로만 볼 필요는 없지 않을까요? 그 과정을 민

주적으로 잘 관리하여 연착륙할 수 있다면, 탄소자본주의 문명의
종말은 생태문명으로 가는 과정이라고 볼 수 있는 것이지요.

세포에서 우주까지, '행성 단계 전환' 이론

「들어가며」에서 말한 것처럼 현재의 탄소문명에서 생태문명으
로의 전환과정은 인간의 행위주체성이 개입할 수 있는 절호의 기
회일 수도 있습니다.

국제정치학자로서 문명전환을 연구하는 나피즈 아메드^{Nafeez M. Ahmed}는 2024년 '행성 단계 전환'^{PPS} 이론을 발표하여 큰 주목을
받았습니다.[18] 세포부터 우주에 이르기까지, 모든 '시스템'은 열
역학법칙에 따라 일종의 생애주기를 거칩니다. 지금까지 지구에
서 출현했던 모든 문명은 네 단계 — 성장, 보전, 이완, 재조직 —
로 이루어진 생애주기를 거쳐왔다고 합니다. 현재의 자본주의 기
술·산업문명의 생애주기를 살펴봅시다.

자본주의 문명은 15~16세기에 싹이 터서 18세기의 산업혁명으
로 '성장단계'^{Growth}에 들어섰습니다. 2차 세계대전 이후에는 자본
주의가 황금기를 거치면서 문명의 완결성이 높아진 '보전단계'
^{Conservation}가 확고하게 자리를 잡았습니다. 그러나 21세기 들어 경
제·금융, 환경, 에너지, 식량 등 다중위기가 터져나오면서 시스템
이 전반적으로 약화되는 '이완단계'^{Release}에 접어들었다고 합니
다. 그와 동시에 에너지 이행전환, 녹색전환, 사회생태 전환 등 다

음 문명으로의 전환을 모색하는 '재조직단계'Reorganization에 관한 실천담론이 많이 나오고 있습니다.

지금은 이완단계와 재조직단계가 혼재되어 시스템 교란, 불안정, 혁신을 위한 노력 등이 뒤섞여 나타나는 중입니다. **질문 15**왜 지구가 뜨거워질수록 극우가 득세하는가에서 다룰 문제도 문명 이완단계의 혼란상이라 할 수 있습니다. 이완단계를 '정의로운 연착륙의 정치'로 적절하게 통어한다면 '인간/비인간의 최대한 돌봄'이 가능하고, 문명의 재조직화를 통해 신문명의 출현을 기대할 수 있게 됩니다. 그러나 이완단계의 관리에 실패할 경우 경착륙 즉 붕괴에 직면할 가능성이 커지는 것이지요.

문명의 생애주기에서 앞선 단계로의 역진은 불가능합니다. 이완단계에 접어든 문명이 보전단계로 되돌아갈 수는 없습니다. 서두에서 말한 것처럼 기후위기를 자본주의 문명의 '고장과 수리' 문제로 볼 수 없는 이유가 바로 이 때문입니다. 열역학제2법칙, 이른바 엔트로피법칙과 싸울 수는 없는 것입니다. 힘들어도 현단계를 거쳐 다음 단계로 나아갈 수밖에 없습니다.

마음 한구석의 불안감, 그리고 기후우울증

하지만 여전히 많은 사람들, 특히 젊은 층은 기후위기와 그것이 함축하는 어떤 상상된 파국을 두려운 것으로 인식하는 경향이 있습니다. 이런 현상은 문명전환의 과정에서 전형적으로 나타나는 혼란과 갈등의 특징 중 하나입니다. 19~65세의 한국 성인 2000명을 대상으로 기후불안을 느끼는 정도를 측정한 2024년의 연구를 봅시다. 한국 성인의 기후불안 평균 점수는 5점 만점에 1.90점으로 최근 국내외 연구결과와 비슷한 수준이었습니다. 특히 연령이 낮을수록 기후불안 점수가 높았습니다.[19]

19~34세의 한국 청년 500명을 대상으로 기후변화에 관한 감정과 인식을 조사한 2024년의 연구도 봅시다. 심각, 걱정, 체감, 불안, 두려움 등이 관찰되었고, 기후변화에 관해 다른 사람과 대화하지 않는다는 비율도 높게 나왔지요.[20] 국제아동권리 NGO인 세이브더칠드런의 '2024 기후위기 인식조사'에 따르면 한국 아동·청소년과 성인 두 그룹의 평균 92.8퍼센트가 기후위기를 걱정하고 있었습니다. 배우 박진희는 기후우울증으로 무력감, 심장이 떨리는 불안 증세, 불면증을 앓았다고 증언합니다.

2021년, 전세계 10개국 아동·청소년 1만명을 대상으로 한 조사에서 75퍼센트가 기후에 대한 걱정으로 일상생활에 지장을 받고 미래에 불안을 느끼며, 83퍼센트가 환경을 망가뜨린 어른들을 원망한다는 결과가 나왔습니다.[21]

2025년 『네이처 정신건강』*Nature Mental Health* 학술지에 22개국의 20만명을 대상으로 실시한 '전세계번성연구'GFS 결과가 발표되었습니다.[22] 번성flourishing이란 "인간이 살아가는 맥락을 포함하여, 인생의 모든 측면에서 상대적으로 좋은 상태를 달성한 것"을 일컫지요.[23] '살아가는 맥락'에는 자기가 속한 공동체와 환경의 웰빙이 포함됩니다. '인생의 좋은 상태'에는 물리적(건강), 정서적(행복), 인지적(의미), 자기의지적(성격), 사회적(관계), 물질적(재정), 영성적 측면이 포함됩니다. 연구자들은 특히 18~29세 사이 젊은이들의 '번성' 상태가 크게 나빠진 점에 놀랐다고 하더군요. 행복감, 심신의 건강, 삶의 의미, 인간관계, 돈 문제 등 모든 측면에서 좋은 삶을 누리지 못하고 있었기 때문입니다. 공동체와 환경의 웰빙이 나빠진 점이 영향을 끼쳤을 것으로 보입니다.

'종말'에도 여러 단계와 종류가 있다

여기서 비관, 불안, 우울, 허무 심리와 관련된 개념을 정리하고 넘어갈 필요가 있습니다. 이 분야의 용어와 개념은 학자에 따라 추정적이고 자의적인 해석이 많다고 하지요.[24]

'멸종'은 어떤 생물종에 속한 마지막 개체가 사라지는 것입니다. '인간 멸종 리스크'는 주어진 시간범위 내에서 인류가 멸종될 위험 확률을 뜻합니다. '전사회적 붕괴'는 심각한 사회정치적 분절화, 국가의 작동불능, 사망률과 이환율의 상승 등 상대적으로 급격하고 지속적인 사회시스템의 정체성 상실을 뜻하지요. '글로벌 대량멸절 리스크'는 수년 내지 수십년 내에 세계 인구의 10퍼센트 또는 그 이상이 감소할 수 있는 위험 확률입니다. '글로벌 참사 리스크'는 수년 내지 수십년 내에 세계인구의 25퍼센트 이상이 감소하고 글로벌 하위시스템(예: 식량)에 심각한 문제가 발생할 수 있는 위험 확률을 일컫습니다. '실존적 리스크'는 인류의 장기적 잠재력을 파괴할 수 있는 위험 확률을 말하고요. '기후 종말' '기후 붕괴' 또는 '기후 디스토피아'는 기후변화로 (세속적 의미에서) 인류가 대파국을, 즉 종말을 맞을 수 있다는 시나리오입니다.[25] '엔드게임 영역'Endgame territory은 인간종 멸절 수준의 위협이라고 간주할 수 있을 정도로 기온이 상승하고 국가가 약화된 상태를 가리킵니다. 학계에서는 이 모든 용어를 '붕괴'라는 개념 틀로 이론화하는 경향이 있지요. 붕괴를 뜻하는 'collapse'는 '추락한 물체'라는 라틴어 'collapsus'에서 나왔는데, 최근 '붕괴학' Collapsology이라는 연구 분야도 등장했습니다.[26]

이미 늦었다는 말을 어떻게 해석할 것인가

저는 이 문제와 관련해, "파국을 돌이키기엔 어차피 늦었지 않은가?", "우리는 망할 것인가?", "이제 생존이냐 종말이냐를 택해야 하지 않겠는가?"라는 질문을 여러번 받았습니다.

'이미 늦은 것 같다'라는 탄식은 과학계와 기후운동이 경고해 왔던 '종말적 시간성'에 대한 사람들의 자연스러운 반응일 수 있습니다.[27] 언제까지 몇도 상승을 억제하지 못하면 심각한 사태가 온다고 했는데 만일 그 선을 넘어버리면, '그럼 이제 어차피 끝났구나'라고 자포자기하는 사람이 나오기 마련입니다. 좋은 의도에서 경고한 것이 뜻하지 않게 사람들——특히 생태감수성이 예민한——을 낙담하게 만든 셈이지요.

예상된 파국의 시점을 이미 지나버린 현실, 또는 종말이 온 것이나 다름없다고 생각되는 현실을 '포스트종말'Post-apocalypse이라고 합니다. 이런 상황에 대비하는 움직임도 생겼지요.[28] 미국에서는 이른바 '패닉 산업'이 인기를 끌면서, 터널과 벙커를 파고, 무기고를 마련하고, 뉴질랜드에 땅을 사거나 화성 이주를 꿈꾸는 억만장자들이 생겼습니다. 전세계 초부유층에게 이런 '종말 보험'이 큰 유행이라는 보도가 나왔습니다. 인공지능에 대한 우려가 커지면서 이런 경향이 더 심해졌습니다. 2만달러짜리 '서민용' 벙커도 나왔다고 하지요. 일반인들로 구성된 '준비된 시민들'이라는 단체에서는 재난이나 사회붕괴에 대비한 훈련 프로그램을 실시합니다. 한국에서도 비상식량과 응급약품 배낭을 챙겨 놓는 사람들의 소문이 들리고, "지진, 화산, 태풍, 화재, 이상기후 등 긴급재난 상황에서 생명줄 역할"을 한다는 특수 라디오도 시판되고 있습니다.

'포스트종말 환경운동'은 이런 배경에서 나타난 것이지요. 더이상 재난을 막는데 힘을 기울이기보다, 조만간 닥칠 전사회적 붕괴에 대비하자는 젬 벤델Jem Bendell의 책 『심층 적응』이 이런 범주에 속합니다.[29] 벤델은 최근작에서 2045년경에 문명의 붕괴가 시작되리라고 예측하면서 그것에 대비한 포스트종말 심층 적응 운동을 제안합니다.[30] 그것은 나 스스로를 경험하여 존재를 확장하고, 타인을 경험하여 그들의 고통에 공감하며, 자연을 경험하여 비인간과 교감하는 '생태자유'Ecofreedom, 즉 내면의 초월적·관조적 경지를 지향하는 운동이라고 합니다.

종말론을 회의적으로 보는 견해

이와 대조적으로 기후학자 마이크 흄Mike Hulme은 포스트종말 담론을 신랄하게 비판하는 편입니다. 기후 목표치의 시점을 못 박아 시한폭탄과 같은 은유를 활용하는 기후운동을 '기후 마감기한주의'Climate deadline-ism라고 혹평하면서, 그런 운동은 '이미 늦었다'라는 자포자기로 이어지기 쉽다고 경고합니다. 그런 것은 사람들에게 심리적으로 위축되는 효과를 주고, 정치가 수행할 수 있는 다양한 역할을 마감기한 준수라는 좁은 목표에 한정시키는 우를 범한다고 지적합니다.[31]

'우리는 망할 것인가'라는 질문도 따져봐야 합니다.[32] 컬럼비아대학의 애덤 소벨Adam Sobel은 2024년 『네이처』기고문에서, 기후과학자인 자신도 이런 질문을 자주 받는다고 했습니다. 앞으로 기후재난이 훨씬 자주 일어날 것은 확실하지요, 갑작스러운 빙하의 붕괴, 영구동토대 온난화로 인한 메탄가스 배출 등 불가역적인 급전환도 큰 걱정거리라고 합니다.

그러나 소벨은 기후위기가 전쟁(특히 핵전쟁), 생물다양성 상실, 인공지능 통제불능, 민주주의 약화와 같은 사태와 맞물려 '위협 승수요인'으로 작용할 가능성이 더 걱정이라고 고백합니다. "과학자인 내가 개인적으로 제일 염려하는 바는 미국을 포함한 세계 각국의 민주주의가 후퇴하는 현상이다. 민주주의가 흔들리면 위기를 책임있게 다룰 수 있는 사회적 역량이 위협받는다. 권

210

위주의 정권이 권력을 잡아 그것을 악용하면 새로운 위기가 또 터져나올 수 있기 때문이다."[33] 기후위기는 비교적 명확한 방식으로 대응할 수 있는 과학적 문제이지만, 사회정치적 위기는 훨씬 더 예측불가능하고 위험한 문제라고 봐야 한다는 말이지요.

논리의 선형성과 현실의 복잡성

앞에서 제가 말한 바를 기억하실 것입니다. 추세적으로 보아 상황이 나빠질 개연성이 높지만 그렇다고 해서 그것이 곧바로 전면적 파국으로 이어진다고 볼 수는 없다고 말했지요. 이 점을 '논리의 선형성' 대 '현실의 복잡성'으로 설명해봅시다.

논리의 선형성에 따르면 기후위기가 이미 우리 손을 떠난 문제처럼 느껴집니다. 누적된 온실가스가 아주 오랫동안 기후를 악화시킬 것이다, 전세계 상황을 보면 더 좋아질 가능성이 희박하다(파리협정 미준수, 개도국 지원 미비, 플라스틱협약 무산, 생물다양성협약 부진, 트럼프 재등장 등), 지금 당장 탄소중립이 된다 해도 적어도 수십년 내에 기온이 떨어질 가능성이 없으므로 아무리 애써본들 소용없다, 등등 선형적 논리로만 따지면 파국적 결말이 확실한 것처럼 보입니다.

그러나 실제 세상에서는 현실의 복잡성이 작동합니다. 특히 기후생태위기는 급격한 기상재난과 급전환점의 위험을 감안하더라도, 본질적으로 장기지속적 현상입니다. 기후학자 김백민은 오늘 당장 탄소 배출을 멈춘다 해도 이미 대기에 누적된 온실가스로 인해 적어도 20~30년간은 극한 날씨 속에서 살아야 한다고 경고합니다. 당장 탄소제로가 되어도 이러한데, 지금처럼 계속 탄소를 내뿜는다면 위기가 얼마나 오랫동안 이어지겠습니까? 그러니 완전히 달라질 세상에 긴 호흡으로 적응하면서 살아야 한다는 말입니다.[34]

브뤼노 라투르는 위기가 계속되면 일종의 (장기적) 생활양식이 된다고 했고, 포스트종말론자 중에도 장기지속성을 인정하는 이들이 있습니다. 오랫동안 이어지면서 삶의 일부가 된 위기상황에서는 인간의 행위주체성 —능동적으로 선택하고 대응할 수 있는— 을 발휘할 여지가 얼마든지 있습니다. 인간은 현실이 어려워도 시간의 흐름 속에서 '적응적 대처'를 할 수 있는 존재이기 때문입니다.

기후생태위기가 인간의 인식 범위를 넘어서는 거대 현상인 점도 기억해야 합니다. 티머시 모턴Timothy Morton이 '하이퍼객체' (Hyperobject, 초객체)라고 부른 문제는 그 규모, 시간성, 공간성이 너무나 광활하고 분절되어 있어서 인간의 통상적인 인식으로 이해하기 어렵고 예측도 불가능합니다. 하이퍼객체는 인간 '주체'와 사물 '객체' 사이의 전통적인 구분을 무효화시키는 압도적인 현상을 말합니다.[35] 예컨대, 폭염이나 해수면 상승, 빙하 감소 같은 현상은 서로 연결되어 있지만 동시적으로 퍼지고 간헐적으로 드러나기 때문에 인간은 이를 단순한 원인-결과 관계로 파악하기 어렵고, 어떤 상태가 '엔드게임'인지 콕 집어 말할 수도 없다는 것입니다.

기후생태위기가 심각하지 않다는 말은 아닙니다. 우리의 일반적 인식의 회로로 간단하게 정리 — 파국이 온다, 종말이 닥친다 등 — 할 수 없는 차원의 문제라는 뜻입니다. 기후생태위기는 불확실성을 특징으로 하지요. 온실가스 배출, 기후의 피드백 효과, 그리고 완화정책의 효과가 합해져 결과가 결정되므로 그것을 정확히 예측하기란 불가능에 가깝습니다.[36] 나빠질 것은 분명하지만 지역, 시기, 강도, 빈도, 양상에 너무나 변수가 많으므로 단일하고 명확한 시나리오를 제시할 수는 없습니다.[37]

질문 9 A면 B라는 식의 직선적 사고로는 왜 안되는가에서 보았듯 지구시스템과 같은 복잡계에서는 "그 누구도 급전환점이 언제 찾아올지, 언제 변화가 발생할지 알지 못한다"라고 합니다.[38] 기후위기로 최근 동아시아 여름 장마 패턴의 비선형적 불확실성이 극심해졌다는 연구가 나왔는데요,[39] 이 연구가 발표되고 몇 달 뒤 2025년 7월 한국에서 극한호우가 내려 역대급 재난피해가 발생했습니다.

종말도 사회적 현실을 반영한다

전세계의 역사에서 기후생태 문제와 관련하여 사회가 붕괴된 사례 169건을 조사한 연구가 있습니다. 세 종류의 구조적 압박요인이 기후변화로 인해 발생할 피해를 예측할 수 있는 선행조건으로 확인되었습니다. 인구집단의 삶의 질 악화, 권력과 지위를 둘러싼 엘리트들의 경쟁, 국가의 재정 압박과 기능 상실이 그것입니다. 그러므로 "[환경 재난과 같은] 외생적 촉발요인이 있다 하더라도, 그것의 영향은 재난이 기존의 사회구조와 상호작용하는 방식, 그리고 사회구조에 의해 조절되는 방식으로 이해해야만 제대로 파악할 수 있다"고 합니다.[40]

2024년 10월 스페인 발렌시아주에서 하루 8시간 동안 1년치 비가 쏟아져 229명이 사망했습니다. 주지사의 안이한 대처로 '사회적 대참사'가 되었던 사건이었습니다. 한국 뉴스에 "시신 떠다녀 종말 그 자체"라는 제목이 달렸던 초대형 재난이었지요. 겉으로는 모든 사람이 똑같이 피해를 입은 것처럼 보였지만, 거주지역과 거주양식, 동원할 수 있었던 자산과 자원, 보험 가입 여부 등에 따라 재난 이후의 복구 정도와 회복력에서 큰 차이가 났습니다. 재난 와중에도 근무해야 했던 노동자들의 안전과 건강 문제가 특히 심각했다고 합니다. 그후 노동자 안전 예방수칙과 기후 유급휴가 제도가 도입되었습니다. '종말' 비슷한 재난조차 사회구조와 권력의 필터를 거쳐 불평등하게 다가오는 법입니다.

비관과 낙관 너머의 사회학적 희망

'우리에게 희망이 있는가?'라는 질문을 던져봅시다. 희망은 긍정하기에도 부정하기에도 조심스러운 말이지요. 희망이 주는 좋은 점이 있지만, '자꾸 희망을 강조하는 걸 보니 도리어 이상하다'라는 의심을 받을 수도 있습니다. 객관적인 상황을 도외시하는 공허한 입발림이라는 비판도 나오고, 안심시키기 위한 수사적 허언으로 치부되기도 합니다. 기후붕괴의 시대에 희망을 운운하는 것은 '희망 아편'hopium에 불과하다는 냉소도 있습니다.

희망에 대해 많은 연구가 나왔지만 여기서는 정신적 낙관, 소망적 기대 또는 종교적 신념과 구분되는, 사회(심리)학적 희망을 알아봅시다. 이에 따르면 희망은 현재와 미래, 현실과 이상의 경계선상에 있는, 변혁적 잠재력을 지닌 어떤 심적 상태를 가리킵니다. 한편으로, 희망이 있을 때 능동적 시민성이나 집단적 사회 변화를 위한 정치적 실천이 나올 수 있습니다.[41] 그러나 역으로 희망은 행동에 의해 만들어지는 결과물이기도 합니다. 행동과 희망이 양의 되먹임 관계를 이룰 때 희망의 사회적 의미가 드러난다고 생각합니다. 행동이 희망을 낳고, 희망은 행동할 동기를 강화시켜주지요.

사회이론가 김홍중은 독특하게 해석한 '파국' 개념으로부터 희망의 가능성을 길어 올립니다.[42] 그에 따르면 생태적·존재론적 위급함 때문에 촉발된 급진적 사유와 감성의 결합물인 '파국주의' — 비관주의나 허무주의와 구분되는 — 가 우리 시대의 길잡이가 될 수 있다고 합니다. 파국주의의 특징은 이렇습니다.

우선, 파국이 '시간의 끝'이 아니라 끝 이후에 펼쳐질 시간이라는 점에서 '파국의 지속성'이 있습니다. 파국은 종말론이나 묵시론과 구분됩니다. 또한, 예외상태가 더이상 예외가 아닌 상태를 오래 견뎌야 한다는 점에서 '파국의 일상성'이 있습니다. 그러한 일상 속에서 평범한 사람들이 새로운 실천을 창조할 가능성이 생긴다는 것이지요. 그리고, 파국은 합리적 판단과 예측이 가능한 현실적인 집합체험이라는 점에서 '파국의 합리성'이 있습니다. 반면, 기술낙관주의는 파국을 부정하고, 성장과 발전의 신화로 파국의 감각을 차단하려 하기 때문에 '잔혹한 낙관주의'에 불과합니다. 마지막으로, 파국은 기존의 주체성과 사고방식을 파상(破像, 형상을 깨뜨림)하고, 다른 인식과 다른 주체의 변형적 생성을 가능하게 한다는 점에서 '파국의 생산성'이 있습니다.

파국 속에서는 '파상력'이라는 특이한 심적 역량이 피어오른다고 합니다. 두려움과 절망감으로 인간이 단련되면서 한층 더 강하고 집요하게 희망을 찾도록 하는 힘이 곧 파상력입니다. 이렇게 보면 파국주의는 '사회학적 파상력'을 통해 전혀 새로운 형태의 희망, 전혀 새로운 형태의 정신적 힘을 지닌 신인간의 출현 가능성을 열어준다고 할 수 있습니다.

기후위기와 희망을 사회학적으로 연구한 오사 베테리그렌Åsa Wettergren에 따르면 희망은 자신감이나 믿음이 아니라, 미래 가능성에 대한 우리의 감정을 의미합니다.[43] 희망을 '전경의 감정'과 '배경의 정보'로 이루어진 그림에 비유해봅시다. '배경의 정보'에는 과거의 성공 및 실패 경험, 시스템의 상태, 이해관계에 대한 지식이 포함되어 있습니다. '전경의 감정'은 실망스러운 과거 때문에 현재 상태가 좋지 않지만, 그럼에도 여전히 미래에 대해 우리가 품는 어떤 심적 상태를 지칭합니다.

전경의 감정은 두려움과 기대감이 균형을 이룬 '동반 감정'이라 할 수 있습니다. 두려움이 너무 크면 비관에 빠지고, 기대감이 너무 크면 낙관에 물듭니다. 동반 감정의 균형을 잃지 않으면서, 기대감에 초점을 맞춰 두려움을 잘 조절할 때 희망이 '반짝' 출현한다는 것이지요. 균형 잡힌 동반 감정에서 우러나오는 기대감 —비관도 낙관도 아닌— 으로서의 희망이 있을 때, 우리는 어려운 현실에 적절하게 대응할 수 있습니다.

앞에서 보았듯, 생태현대화론이나 녹색성장론에서는 기술혁신만 잘 되면 기후문제가 해결될 것으로 낙관하곤 합니다. 이런 것은 '수동적 희망'입니다. 그러나 기후-환경운동, 인권운동, 여성운동, 노동운동에서는 기후대응, 사회변혁, 집단적 미래 창조를 위해 행동할 때 희망이 솟구쳐 나온다고 봅니다. 이렇게 행동에 기반한 희망을 '능동적 희망'이라 하지요. 수동적 희망은 막연한 '소망적 사고'wishful thinking에 기대는 경향이 있지만, 능동적 희망은 확고한 '의지적 사고'wilful thinking에 기반을 둡니다.

연대와 행동 속에서 우러나오는 희망

한나 아렌트Hannah Arendt는 (수동적) 희망을 단호히 거부하면서 어두운 시대일수록 행동만이 우리를 이끌 수 있다고 강조합니다. 아렌트는 나치 정권을 탈출하여 망명생활을 하던 중에도 희망에 매달리기보다 행동할 기회를 찾았다고 합니다. 행동할 수 있는 능력은 인간의 존재론적 특성, 즉 '탄생성'natality에 뿌리를 두고 있습니다. 탄생성이란 어떤 생명이 태어날 때마다 피어오르는 새로운 시작이고, 인간존재가 지속될 수 있도록 해주는 조건이며, 행동을 가능하게 만드는 시초 자극입니다.[44] 행동은 살아 있는 인간으로서의 존재증명이라 할 수 있으므로, 행동과 인간존재가 합쳐질 때 역설적으로 '익명의' 능동적 희망이 도출되리라 해석할 수 있을 것입니다.

능동적 희망에서는 집단적 감정과 집단적 행동이 특히 중요합니다. 집단적 감정은 '우리라는 양식'We-mode 속에서 드러나며, 개개인이 집합체의 일원임을 서로 알아가는 상호작용적 의례를 통해 창조됩니다.[45] 즉, '함께하는 행동'이 능동적 희망의 원천인 것입니다. 스웨덴의 포스트종말 환경운동가들이 인간들 간의, 그리고 비인간과의 상호작용을 통해 능동적 희망을 찾았다는 연구도 있습니다.[46]

앞서 소개한 과학자 애덤 소벨은 '우리는 망할 것인가'라는 질문을 '우리는 무엇을 해야 할 것인가'라는 질문으로 바꾸자고 하면서, 우리의 가치관과 세계관을 동원하여 사회변혁을 모색하는 정치적 질문이 중요하다고 강조합니다. 수동적이고 체념적인 질문과 작별하고, 행동에 초점을 맞춰야 한다는 것이지요.

"파국 운운하는 것은 일종의 마음 상태이다. 지구의 미래가 불확실하다는 것은 이제 인간 존재조건의 일부가 되었다. 따라서 기후위기에 대한 관심, 그리고 인간과 행성의 안녕을 둘러싼 여타 수많은 차원에 대한 관심을 최선을 다해 동시에 유지하도록 노력해야 한다."[47]

팔레스타인 사람들이 가르쳐주는 수무드 정신

함께 연대하고 최선을 다해 행동하는 것이 희망의 원천이라면, 그러한 행동을 여일하게 밀고 나갈 수 있게 해주는 뒷심이 무엇일까요? 저는 팔레스타인 사람들이 그토록 악독한 박해와 탄압을 받으면서도 어떻게 인간의 존엄과 집단적 정체성을 지킬 수 있었는지 오랫동안 궁금했습니다. 그러한 불굴의 정신이 어디에서 비롯되었을까요?

알고 보니 그 바탕에 '수무드'Sumud가 있었습니다. 역경에 굴하지 않고 의지를 굳게 지킨다는 뜻의 표현입니다. '존재는 저항이다'라는 구호로 상징되는 수무드는 하루하루 삶 속의 고난을 영웅적인 인내심으로 견뎌내는 태도를 가리킵니다.[48] 사회생태론에서 중시하는 '회복력'(resilience, 회복탄력성)에 가까운 개념이라고 하지요.[49] 이 '수무드'는 영어로 'steadfastness'(견고함, 충실함)라고 옮겨지곤 하는데, 저는 이 말을 '의연함'이라고 번역하고 싶습니다.

1967년 '6일 전쟁' 이후 등장한 수무드는 다양한 강조점을 지닌 폭넓은 개념이지만 굳건한 끈기와 시민적 불복종이라는 공통분모가 있습니다. 이스라엘군이 뽑아버려도 계속 나무를 심는다, 자녀 교육을 위해서라면 부모가 희생을 마다하지 않는다, 정착촌과 관련된 기업을 보이콧한다, 어떤 상황에서도 포기하지 않는다 등등, 팔레스타인 사람들은 꿋꿋한 수무드 정신을 통해 자신들의 삶과 공동체를 돌본다고 합니다.

수무드는 흔히 올리브나무와 임신한 여성농민의 이미지로 그려집니다. 공간적으로는 대지에 뿌리내린 올리브나무처럼 땅을 지키겠다는 의지, 시간적으로는 앞으로 태어날 미래세대를 위해 오늘의 간난신고를 견딘다는 의미가 있는 것 같습니다.

수무드는 기후생태위기에 있어서도 큰 영감을 줄 수 있습니다. 박해 속에서도 땅과 나무를 지키는 팔레스타인 사람들의 '생태적 수무드'Eco-sumud 정신을 상기해보십시오. 이스라엘군에 석유와 천연가스를 공급하지 말라는 기후운동의 요구와 연결되는 지점이기도 하고요.

'꿋꿋한 의연함'에다 '유쾌한 의연함'의 차원을 덧붙여 이 개념을 이해하자고 제안하고 싶습니다. 이 글을 쓰던 중, 모 생협에서 주문했던 사과가 도착했습니다. 사과 상자 안에 농부의 편지가 들어 있었습니다. "유난히 힘든 나날을 견뎌내고, 온전히 결실을 맺은 사과들을 여러분께 보내드립니다. 기후위기를 이겨낸 사과를 드시면서, 사과 속에 담긴 강인한 생명력과 에너지가 여러분께도 전달되기를 진심으로 기원합니다." 이 사과 농부야말로 '꿋꿋한 의연함'의 산증인이라는 생각이 들었지요.

'유쾌한 의연함'을 발견한 적도 있습니다. 여성환경연대에서 설립한 연구자 네트워크인 '에코페미니즘 연구센터 달과나무'에서 『우리는 지구를 떠나지 않는다』라는 책을 냈습니다. 여기서 문화인류학자 김현미는 에코페미니즘을 '바로 여기에서의 정치'라고 규정하면서 다음과 같이 외칩니다. "지구를 다시 살 만한, 그리고 살 수 있는 시공간으로 만들기 위해 도피 욕구와 기술환상주의에서 벗어나 즉각적인 행동주의를 채택할 것을 촉구한다."[50]

사과 농부와 에코페미니스트의 의연한 행동 의지는 우리에게 용기와 영감을 줍니다. 김수영 시인은 시를 쓰는 일이 "'머리'로 하는 것이 아니고, '심장'으로 하는 것도 아니고, '몸'으로 하는 것", "온몸으로 동시에 밀고 나가는 것"이라 했지요.[51] 사회생태위기 시대에 희망을 찾는 일도 이와 비슷하다고 봅니다. 우리에겐 파국이니 종말이니 하는 감상에 빠져 있을 이유도, 여유도 없습니다.

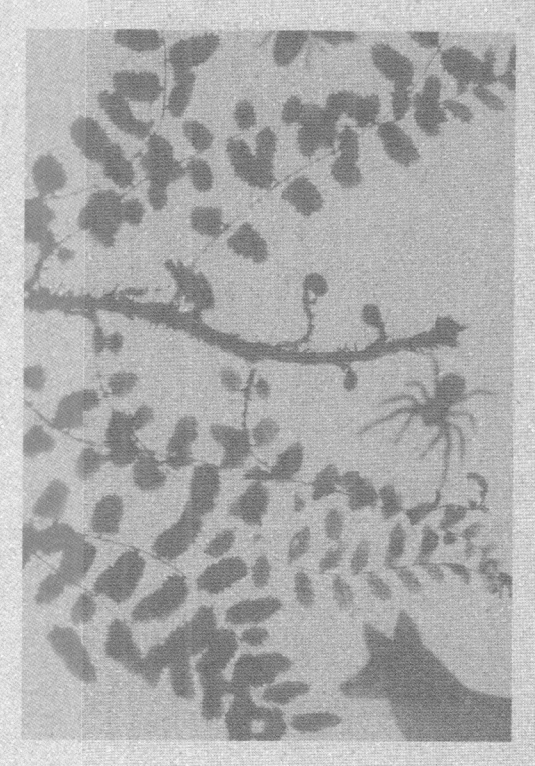

3부
문명전환과 그 도전들

당신에게 엘리베이터가 없는 미래를
상상할 수 있는가

무위자연은 사라지고 인위자연이 가득하다.
—조건준

온몸을 더럽히며 일해야 하는 장소인 인류서의 기계실이 곧 기술권이다.
—크리스토프 로솔 Christoph Rosol·새라 넬슨 Sara Nelson·위르겐 렌 Jürgen Renn

우리는 모든 시대를 통틀어 최고의 시절과 최악의 시절을 동시에 살고 있다.
—파르타 다스굽타 Partha Dasgupta

민영환이 만난 과학기술문명

　1896년 4월 1일, 민영환을 비롯한 특사 일행이 러시아 황제 니콜라이 2세의 대관식에 참석하기 위해 서울을 떠났습니다. 중국, 일본, 북미와 유럽을 거쳐 러시아에 도착, 대관식 후 시베리아를 지나 서울로 돌아오기까지의 일지를 기록한 『해천추범海天秋帆』의 전반부에는 제물포, 상하이, 요코하마, 태평양을 거쳐 캐나다 밴쿠버에 도착한 후 북미대륙을 횡단하여 뉴욕에 이르는 여정이 나옵니다.[1] 화석연료에 기반한 서구 기술자본주의 문명에 압도당한 조선인의 경탄을 오늘 사회생태 격변의 시대에 다시 읽으면 복잡한 감회가 듭니다.

　일행은 캐나다 밴쿠버의 호텔에서 엘리베이터를 처음 접했습니다. "5층 높이에 넓게 트인 집이었는데 오르고 내리기가 쉽지 않을 것을 헤아려 아래층에 한칸의 집을 마련하여 전기로 마음대로 오르내리니 기막힌 생각이다."(4월 29일) 밴쿠버에서 뉴욕으로 가는 화륜차(기차)는 1시간에 90리를 주파했습니다. "지나는 곳은 강 옆으로 길이 험한데 산에는 교량을, 물에는 다리를 놓고 쇠로 궤도를 설치하여 바람이 달리고 번개가 치는 듯하니 보던 것이 금방 지나가 거의 꿈속을 헤매는 것 같고 확실치 아니하여 능히 기억할 수 없다."(4월 30일) 뉴욕의 야경은 가히 충격적이었습니다. "비단 통신이나 등불뿐 아니라 천가지 만가지 물건이 전기로 이루어지지 않는 것이 없으니 (…) 배와 차 역시 전기를 써서 스스로 움직이게 하니 바야흐로 이치를 연구하는 사람이 있다고 한다 (…) 좌우의 시가와 4~5층에서 10여 층에 이르기까지 금색의 벽이 눈부시고 밤에는 전기와 가스 불빛이 밝아 볕과 달의 빛을 빼앗는다."(5월 8일)

　이들이 여정에 나섰던 해는 미국 웨스팅하우스사가 교류AC로 전기를 생산하기로 결정하여 전력산업 인프라가 본격적으로 늘어나던 시기였습니다.[2] 민영환 일행은 발전소, 송전탑, 전기통제 시스템 등 이른바 '기술권'을 구성하는 중요한 현장을 체험한 것이지요. 문화연구자이자 시인인 스가 게이지로菅啓次郎는 생물권을 '지구의 피부점막'이라 했지만, 기술권은 인간이 만든 '지구의 인공각질'이라 부를 수 있지 않을까요?

기술권은 지구의 인공각질

기술권 개념을 이론화시킨 피터 해프Peter K. Haff에 따르면, 기술권이란 지구역사에서 새로운 패러다임에 속하는 현상입니다. 기술권은 인간을 포함한 초대형 기술체이며 "현대문명과 사회의 기능이 그것에 의존하고 있는 동력과 전력, 통신, 산업, 정부, 군대 등과 관련하여 광범위하게 분포되고 상호연결된 기술 시스템"이라고 정의됩니다.[3] 기술권의 특징은 다음과 같이 정리할 수 있습니다.[4]

개별 인간은 대규모 기술권을 지적으로 파악하기 어렵고, 그것 전체에 물리적으로 접근하기가 불가능합니다. 인간은 초대형 기술권의 작동에 거의 영향을 끼치지 못합니다. 기술권은 복잡계로 진화해왔으므로 인간이 만들었지만 일사불란하게 통제할 수도 없습니다('기술권은 군함의 단순 확장 버전이 아니다'). 개별 인간은 자신의 눈높이에서만 기술권과 만납니다. 예를 들어, 우리는 스마트폰이나 자동차를 많이 사용하지만 그런 것들을 만드는 생산과정과는 별 관계 없이 살아갑니다. 저는 중년이 되어서야 자동차공장을 처음으로 견학해봤는데 그 규모에 입을 다물 수 없을 정도였습니다.

인간은 자동차를 몰고, 상하수도와 전기를 이용하고, 플라스틱 용기를 쓰고 버리는 등 기술권의 물질대사를 '수행'합니다. 그런 의미에서 인간은 기술권을 돌아가도록 하는 중요한 기능적 요소라 할 수 있지요. 깊은 산속에서 세상과 등지고 사는 사람이 있다고 칩시다. 기술권은 그를 '고장난 부품'으로 간주할 것입니다. 또한 기술권은 인간의 생존과 기능에 필요한 모든 조건과 환경을 제공합니다. 뒤에서 다시 보겠지만 이 때문에 인간은 '기술권적 인간'이라는 특이한 존재로 진화한 상태입니다.

지구에서 수십억년 동안 존재해온 모든 생물의 총량보다 지난 1만년 사이에 인간이 생산한 인공물의 총량이 훨씬 더 많습니다. 그중 대부분이 지난 한세기 사이에 만들어졌습니다. 인공물의 주요 성분은 콘크리트, 건설용 골재, 벽돌, 아스팔트, 금속, 플라스틱 등입니다. 기술권은 전력망, 상하수도, 공장, 광구, 건축물, 댐, 도로, 교량, 기계, 자동차, 선박, 플라스틱, 심지어 지구 밖 인공위성과 우주정거장 등으로 이루어집니다.

그뿐만이 아닙니다. 기술권에서 생산되고 폐기된 모든 것들도 기술권의 구성요소입니다. 먼 훗날 고고학자들은 21세기 지질층에서 플라스틱, 음료수 캔, 합성섬유로 만든 패스트패션 옷가지, 폐가전제품 등 각종 기술화석technofossils을 대량으로 발굴할 것입니다.

기술권은 이데올로기 선전의 가시적인 기념비처럼 팽창된 측면도 있습니다. 특히 대형댐 건설은 미국의 해외 원조기관이나 세계은행이 개도국에서 자유주의적 개발의 상징처럼 밀어붙였던 프로젝트였습니다. 기술권은 우주로 확장된 개념이기도 하고요. 세계문화유산기금WMF이 발표한 『2025 세계문화유산 경보』2025 World Monuments Watch에 사상 최초로 달이 포함되었습니다. 우주개발과 우주관광으로 달 표면이 오염되고, 아폴로 11호 착륙지점과 같은 '인류 문화유산'이 훼손될 우려가 있다는 이유였습니다.

민영환이 예상하지 못한 것

민영환은 화석연료에 기반한 기술권이 얼마나 오래갈 것인지 생각해보았을까요? 어쩌면 영원히 지속될 것이라고 믿지 않았을까 싶습니다. 그러나 그로부터 한세기도 채 안 된 1992년에 화석연료의 후유증에 대응하기 위해 유엔기후변화협약이 체결되었지요. 그 후 불과 한 세대 만에 우리는 사회생태 시스템의 와해까지 걱정해야 하는 처지가 되었습니다. 세상은 철옹성처럼 변하지 않을 것 같아도 길게 보면 순식간에 반전이 일어나곤 하지요. 화석연료에 의존했던 지난 두세기의 폭발적 성장과 개발은 아무리 '정상적' 발전 시기처럼 생각되더라도 인류역사에서 예외적인 시기로 기억될 가능성이 높습니다.

역사사회학적으로 개발을 연구한 필립 맥마이클Philip McMichael의 말을 들어봅시다. "장기적인 관점에서 보면 개발이 하나의 혜성과 같았다는 생각이 든다. 전세계를 비추는 찬란한 북극성, 하지만 개발의 에너지 자원 집약적인 토대가 한계에 봉착하면서 결국에는 한 줄기 불꽃처럼 사그라질 운명에 처한 별똥별 말이다."[5] 제이슨 히켈은 미래의 학자들이 '발전'을 "기후가 충분히 안정적이어서 인류가 더 나은 미래를 상상하는 것이 말이 되던 마지막

시기인 홀로세의 진기한 몽상"으로 치부할 것이 분명하다고 단언하기도 합니다.[6]

기술권 오작동은 임사체험이나 마찬가지

2025년 추석을 앞두고 국가정보자원관리원에서 화재가 발생해 정보통신망이 셧다운되었던 일이 기억에 생생하실 겁니다. 709개 행정정보시스템이 마비되어 국정에 혼란이 초래되었고, 시민들도 큰 불편을 겪었지요. 모바일 신분증이 무용지물이 되었고, 돌아가신 분의 화장시설 예약도 불가능했습니다. 주민등록등본도 못 떼고, 우체국 예금·택배 서비스도 중단되었습니다. 디지털 기술권이 고도화할수록 앞으로 이런 사태가 언제든 또 터질 수 있다는 사실을 뼈저리게 상기시켜준 사건이었습니다.

이 시대는 '데이터 손실 불안'anxieties of data loss이라는 독특한 위험 심리를 낳았습니다. 데이터가 세상의 모든 것이자 '새로운 황금'이 되었기 때문이지요. 이로 인해 데이터 보안 산업이 폭발적으로 성장했습니다. 하지만 보안 시스템 자체가 고장 나는 경우가 발생하므로 '데이터 손실 불안'이 더욱 커지는 악순환이 일어나고 있습니다.

2011년 9월 15일, 이상 폭염으로 전기수요가 급증하여 대정전이 왔던 사건을 기억하십니까? 전국에서 신호등 이상으로 인한 교통사고, 엘리베이터 내 고립, 학교 수업 지장, 야구경기 지연,

공장 가동 중단, 병원 수술 차질, 양식장 물고기 폐사 등이 잇따랐습니다. 몇시간 내에 사태가 진정되었지만, 만에 하나 이런 일이 며칠씩 계속된다면 어떻게 될까요? 이처럼 기술권은 현대인에게 너무나 당연한 현실처럼 되어 있어서 그것이 오작동할 때에만 그 존재가 부각되곤 합니다.

미국 전역의 3226개 카운티 중 94퍼센트에 해당하는 지자체들에서 2014~22년 사이에 발생한 정전을 전수조사한 데이터베이스가 2024년에 공개되었습니다.[7] 2003년 미 동북부 블랙아웃 즉 대정전으로 5000만명 이상의 인구가 최장 나흘까지 전기 없이 살았던 사태를 겪고 나서 마련된 조치였습니다.

2025년 4월 스페인과 포르투갈에서 유럽 역사상 최악의 대정전이 발생하여 전국이 마비되고 국가비상사태가 선포되었습니다. 그곳으로 여행을 떠났던 한국인의 이야기가 보도되었지요. 숙소로 갈 수가 없어서 공항에서 밤을 새우고 새벽에 버스기사에게 직접 현금을 내고 버스를 타야 했고, 선불 구매한 유심과 공용 와이파이가 무용지물이 되었으며, 카드 결제도 불가능했다고 합니다. 포르투갈 시민들을 대상으로 한 여론조사에 따르면 통신수단 접근 장애와 정보 부족이 가장 큰 어려움으로 꼽혔습니다.[8] 이 사고 후 네덜란드 중앙은행은 전산망 장애에 대비하여 모든 시민이 사흘치의 식수, 음식, 의약품, 교통비를 충당할 수 있도록 현금으로 70유로를 항상 챙겨두라는 권고를 발표했습니다.

전기 없는 삶은 현대인에게 마치 '임사체험'처럼 느껴질 것입니다. 서울 마포구의 월드컵공원 내에 있는 서울에너지드림센터에는 블랙아웃 체험관이 마련되어 있습니다. 어느날 갑자기 서울에 대정전이 발생한다면 "지역 전체는 암흑에 빠지고 가스와 수도 공급이 중단되며, 교통과 통신 시스템이 멈추는 등 도시를 움직이는 모든 기능이 마비"될 것이라는 섬뜩한 경고가 나옵니다.

산불도 크게 우려되는 문제이지요. '국가적 재앙'이라고 했던 2025년 봄 경상도의 초대형 산불, 2024년 캐나다 산불, 2019~20년 오스트레일리아 산불이 대표적입니다. 2023년 강릉 산불, 2024년 그리스 아테네, 이탈리아 로마, 남아공 케이프타운, 일본 난요시 산불, 그리고 2025년의 역사적인 로스앤젤레스 산불은 도시 가까이에서 일어난 '도심 산불'이었습니다. 고온·건조한 날씨와 초강풍 탓에 2001~20년 사이에 전세계적으로 '자연-도시 경계지역'Wild-Urban Interface에서 산불이 24퍼센트 이상 늘어났습니다. 런던에서는 산불이 주택가를 덮쳐 소방서가 불에 탄 사건도 발생했지요. 전세계적으로 2024년은 산불로 인해 숲이 가장 많이 사라진 사상 최악의 해였습니다.

산불은 앞으로 빈번해질 것으로 예상되는 대가뭄Megadrought과 동전의 양면을 이루며 실존적 재난으로 다가올 가능성이 높습니다. 2025년 재난사태가 선포되었던 강릉의 대가뭄을 기억해보십시오. 2017~18년 남아공의 케이프타운이 겪었던 물부족 비상사태Day Zero 당시 취수원의 저수율이 최저 14퍼센트였는데, 강릉 오봉댐의 저수율은 11.5퍼센트까지 떨어졌던 것입니다.

국토의 70퍼센트 이상이 산악지대이고, 2024년 기준 도시가스 보급률이 전국 평균 84.5퍼센트에 달하는 한국에서는 기후위기가 심해질수록 도심 산불에 대한 특별한 대비책이 필요합니다. 기후학자 김형준은 산불의 핵심이 인명 피해와 함께 "집과 도로, 전력망, 상하수도 시설, 심지어 통신 인프라에 이르기까지 피해 범위가 무차별적으로 확산"되는 기술권적 재난이라고 강조한 바 있습니다.[9] 실제로 경북 산불 사태 때 단전, 단수, 휴대전화 장애, 도로 통제 등이 일어나 이 예측이 현실이 되었지요.

현대인은 호모 사피엔스가 아니라 '기술권적 인간'이다

이런 점들이 무엇을 뜻하는 것일까요? 기술권의 붕괴가 곧 인간사회의 붕괴나 다름없다는 사실입니다. 전세계적으로 8일마다 뉴욕만 한 도시가 하나씩 생기고 있으며, 21세기 중반이 되면 전 인류의 70퍼센트가 도시에 거주할 것으로 예상됩니다. 이것은 자연순환에 기반한 생물권이 자본주의에 기반한 기술권에 의해 대체되고 있음을 의미합니다.

우리는 더이상 '자연환경' 속에 사는 존재가 아니라, '건조建造환경'Built environment에 의존하는 존재가 되었습니다. 기술적인 인공각질 도시를 보호막처럼 당연시하면서 살고 있습니다. 최근 여러 도시에서 발생한 싱크홀 사고의 근본원인이 건조환경 아래에 있는 지하수를 과도하게 뽑아 쓴 탓이라고 하지요. 기술권에 이상이 생기면 전자적으로는 디지털이 꺼지고, 물리적으로는 땅이 꺼집니다. 대형 땅꺼짐은 이제 '사회재난'으로 공식 규정되었습니다. 기술권의 사회적(인위적) 성격을 보여주는 조치입니다.

근대성, 인위성을 지고의 가치로 추구했던 모더니즘 사조는 이러한 인공적 건조환경을 이상화하는 경향마저 있었습니다. 대표적인 사례로 뉴욕을 꼽을 수 있습니다. 1930년대 초부터 60년대 말까지 뉴욕의 도시계획을 관장했던 로버트 모지스Robert Moses는 도시의 창조적 무질서를 없애는 방향으로 도로망, 터널, 교량, 공원, 연안시설, 고층빌딩을 건설했습니다. 보행자보다 자동차, 서민층보다 부유층, 지역사회 연결망보다 대단지 아파트 건설을 우선시하는 도시가 탄생했지만, 그 결과는 '근대주의의 악몽'이 실현된 기술권적 인공각질이었습니다.

기술권 논의보다 앞선 단계인 '기술' 자체의 철학적 의미를 탐구한 베르나르 스티글레르Bernard Stiegler는 '기술'technology을 만들고 창조하는 과정을 '기예'technics라고 부릅니다. 인간과 기예는 돌도끼부터 컴퓨터 신경망에 이르기까지 역사적으로 함께 진화해왔습니다. "무기물질로 매개되는 기예는 인간두뇌의 유기물질을 유기적으로 재조직하고, 그렇게 해서 재조직화된 두뇌는 다시 신체기관의 작동을 유기적으로 조절함으로써 인간이 새로운 생명 형태로 진화해 왔다"라는 것입니다.[10]

호모사피엔스는 초기부터 기예와 함께 공진화해왔지만, 이제는 그 경향이 극단화되어 기술권적 인간이 되었고, 기술권에 의존하지 않고는 생존 자체가 불가능한 존재가 되었습니다. 현대인간을 기술권과 완전히 단절된 상태로 야생에 '풀어놓으면' 보름 이상 생존할 가능성이 낮다고 합니다.[11] 이 점은 문명전환에 있어 근본적인 딜레마가 됩니다. 기술이 곧 인간의 생물학적·사회적 존재 정체성이 되어버린 것입니다. DNA로 보면 현대인과 구석기인이 같을지 몰라도 사실은 전혀 다른 사회적 속성을 지닌 이종異種적 존재로 보아야 합니다.

경제사학자 로버트 스키델스키Robert Skidelsky에 따르면 '기계문명'의 시대에는 인간이 인간 외부에 있는 기계를 사용하는 것이 아니라, 인간이 기계로 이루어진 '기술시스템' 속에 들어가 살고 있는 것입니다. 인간이 기계들 '안에서' 산다면 어떤 문제가 생길까요? 기술시스템은 인간사회의 특징인 역사적 맥락이나 가치와는 무관하게 작동합니다. 인간이 일상적으로 생각하고, 일하고, 기억하고, 관계를 맺는 방식을 그러한 시스템이 규정해버리는 것이지요. 인간 삶의 의미, 목적, 인간 자유의 조건이 기계에 의해 좌우된다면 도대체 '인간'이란 어떤 존재인가, 인간이 과연 진정으로 독립적이고 자율적 존재인가 하는 근본적 질문을 던져야 합니다.[12]

이런 문제의식은 기술권적 도시화 경향을 비판적으로 보면서 대안을 찾는 노력으로 이어지고 있습니다. 전북, 제주, 순천, 춘천 등에서 '생태문명도시' 운동이 시작된 것은 가뭄 끝의 단비와 같은 소식입니다.

당신에게 냉장고가 없다면?

기술권에 의존하는 현실은 사회적 차원에서도 잘 드러납니다. 가전제품의 도움을 받지 못해 고통받는 이웃을 돕자는 캠페인의 호소문을 봅시다. "○○○ 어르신은 기초생활수급자로 빛이 들지 않는 지하방에서 하루 종일 홀로 생활하며 무덥고 곰팡이 피는 습한 환경에도 선풍기 한대로 여름을 이겨내고 계십니다. 예전에 주워온 초소형 냉장고에 겨우 김치 한봉지 보관할 수 있습니다. 세탁기가 없어 언제 세탁하였는지 알 수 없는 이불을 덮으며, 더럽고 냄새나는 옷을 입고 생활할 수밖에 없습니다…"

냉장고의 예를 들어보겠습니다. 빙하와 영구동토대 등 얼음으로 덮인 지구 영역을 '빙권'Cryosphere이라 하지요. 그런데 우리는 냉장고라는 '인공 빙권'을 집집마다 들여놓고 삽니다.[13] 2019년 전력거래소의 조사에 따르면 한국의 가구당 냉장고 보급률은 1.01대, 김치냉장고 보급률은 0.71대였습니다. 1인 가구가 늘면서 이 비율이 더 높아졌을 겁니다. 우리가 원하는 먹거리를 냉장고에 보관한다고 가정하면 인간이 주체이고 냉장고는 도구이지요. 하지만 그런 가정은 오래전에 역전되어, 이젠 냉장고가 주체이고 인간은 객체가 되었습니다.

예를 들어, 요즘엔 토마토를 맛이나 향을 기준으로 재배하지 않고, 장거리 운송을 견딜 수 있을 만큼 견고한지, 그리고 냉장사슬cold chain에 적합한지를 기준으로 재배합니다. '냉장친화적' 품종을 기르는 것이지요. 이 책을 읽는 독자 여러분 가운데 오렌지를 사서 직접 착즙해 드시는 분이 얼마나 있으실까요? 많은 분이 마트에 진열된 주스를 구입해 와서 냉장고에 넣어두고 마시다 오래된 것은 버리지 않으십니까? 1946년 냉장용 주스가 개발된 이래 전세계적으로 반복되고 있는 패턴입니다.

인공 빙권은 기술권을 팽창시키는 요인 중 하나입니다. 냉장고 크기가 커질수록 대형 슈퍼마켓이나 온라인 쇼핑몰 이용 비율이 늘어납니다. 냉장고 보급률이 늘수록 거대한 냉동보관 창고, 냉동 트럭, 냉동·냉장 시설과 같은 기술 빙권이 증가합니다. 인공 빙권 (기술 빙권)이 확대될수록 자연 빙권은 축소될 수밖에 없지요. 전세계 온실가스의 2퍼센트 이상이 냉장산업용 에너지와 화공물질 생산에서 비롯되기 때문입니다. 한국에서 배출되는 온실가스 전체가 전세계 온실가스 배출량의 1.5퍼센트 정도입니다.

기술권을 계속 작동시키려면 고에너지와 자연자원 추출이 필수입니다. 환경학자 바츨라프 스밀Vaclav Smil에 따르면 기술권 인프라를 떠받치는 네가지 기본물질, 즉 암모니아(화학비료), 콘크리트, 철강, 플라스틱을 생산하려면 엄청난 자원과 에너지가 필요합니다.[14] 게다가 인공지능의 발전으로 에너지 수요가 폭발적으로 늘고 있습니다. 비트코인 채굴에 필요한 에너지의 3분의 2 이상이 화석연료에서 나온다고 하지요. 이렇게 되면 기후위기 대처가 더욱 어려워질 게 분명합니다.[15]

프레드릭 제임슨Fredric Jameson의 명언을 기억하실 겁니다. "누군가가 이렇게 말한 적이 있다, 자본주의의 종말을 상상하기보다 세상의 종말을 상상하기가 더 쉽다고."[16] 여기서 자본주의를 '기술문명'이라고 바꿔 읽으면 이 문장이 얼마나 정확하게 현실을 묘사했는지 알 수 있습니다. 우리는 자본주의 기술문명에서 벗어난 삶 ― 전기, 상하수도, 인터넷, 스마트폰, 자동차, 동네 마트가 없는 ― 이 어떨지 잘 상상하기 어렵습니다. 그것만이 우리가 아는 '세상'의 전부이기 때문이지요.

기술권에 의존하는 인간의 존재론적 불안

이처럼 현대인의 삶이 철저하게 기술권 및 그것의 기능에 의존하는 상황은 인간에게 무의식적인 불안을 안겨줍니다. 기술권이 얼마나 허망하게 무너질 수 있는지 잘 알기 때문이지요. 예를 들어, 동일본 대지진 후 후쿠시마 원전 셧다운, 그리고 쓰나미로 인한 원자로 폭발, 지금까지 이어지는 오염수 방류 논쟁은 기술권에 의존해 살아가는 인간의 존재기반이 얼마나 취약한지를 상기시켜줍니다.[17]

산업재해는 '기술권 재해'라 해도 과언이 아닙니다. OECD에서 산업재해 사망자가 가장 많은 한국은 기술권 리스크에 있어서 최악의 국가입니다. 건설공사장, 굴착장, 맨홀, 밀폐공간, 철로, 화력발전소, 지하철 승강장, 제빵공장에서 노동자들이 죽거나 다치고 있습니다. 김훈 작가는 이런 현실이 "노동자들의 희생 위에 건축 구조물을 쌓아 올리는 방식의 경영"으로 인해 노동자에게 죽음과 고통이 전가된, "한국 사회에 유습된 인공재난"이라고 개탄합니다.[18]

이러한 '인공재난'의 위험은 현대인의 삶에 상수로 존재합니다. 철학자 시노하라 마사타케篠原雅武는 이를 '인공세계의 폭력성'이라 하며 다음과 같이 짚습니다. "우리가 설령 인공적으로 구축된 세계에서 안주할 수 있다고 해도, 그 인공세계보다 더 큰 근원적 세계[생물권과 자연]와의 연관성을 상실한 채 살아간다면 어떻게 될까? 우리 자신이 속한 인공세계가 붕괴되었을 때 우리는 완전히 무용無用한 상태가 되어 살아남지 못하게 될 것이다. (…) 인공세계의 고도화와 거기에 자발적으로 통합되고자 하는 자세의 배후에는 이러한 두려움과 기분이 자리하고 있다. (…) 그래서 **인공세계의 구축은 폭력적인 것**이 된다."[19]

이런 두려움 때문인지 시인 W. H. 오든Wystan Hugh Auden은 교통수단으로 "말과 마차, 운하의 거룻배, 열기구" 정도만을 이용하고, 자동차나 비행기가 없는 에덴동산을 꿈꿉니다.[20] 기술권이 삶의 편리함과 안락함을 주면서도 인간을 자발적인 인질처럼 만들기 때문에 깊은 차원에서 인지적 폭력이 작동한다고 지적하는 목소리도 있습니다. 현대인은 기술의 인질이 된 상태가 제일 좋은 선택이라는 식으로 세뇌당한, 일종의 '기술 스톡홀름증후군'을 겪는 상태에 있다는 것이지요.

여기에도 세계관의 문제가 있습니다. 생태현대화론이나 녹색성장론의 세계관에서는 기술혁신을 잘 하기만 하면 기후문제를 해결하고, 인간과 자연이 상생할 수 있을 것으로 믿어 의심치 않습니다. 이런 세계관에서는 그 길만이 유일한 해결책이며, 기후생태 문제가 심각하다고 해서 탈성장과 같은 정책을 취하면 그것이

곧 망하는 길이라고 확신합니다.[21]

그러나 소위 '궁극적인 기술'이라 불리는 인공지능의 열풍을 보면 그런 소망이 얼마나 허황된 것인지 알 수 있습니다.[22] 2024년 노벨 물리학상 수상자이자 'AI의 아버지'라 불리는 제프리 힌턴 Geoffrey Hinton은 인공지능을 공적 규제 없이 기업에만 맡겨두면, 인간보다 더 똑똑한 인공지능이 출현하여 30년 안에 인류가 멸종될 확률이 10~20퍼센트라고 경고합니다.

과학기술학자 실라 재서노프Sheila Jasanoff는 기술만능주의의 문제를 거듭 경고해왔습니다. 일단 인류에 실존적 재난을 초래할 수 있는 '위험'의 문제가 있지요. 그리고 기술의 이득이 고르지 않게 분배되고 기존의 사회격차를 악화시키는 '불평등'의 문제가 있습니다. 더 나아가 인간이 지구상에서 다른 생명들과 연속성을 이루고 살아가는 것을 방해하는 '자연과의 단절' 문제가 생깁니다.[23]

세계포식자, 자본과 기술

자본주의경제는 상품생산을 위해 자원을 추출하거나 채굴해야 합니다.[24] 인간사회가 자연으로부터 자원을 뽑아 쓰는 '사회적 물질대사'는 '추출→생산→소비→분해'의 과정을 거칩니다. 그것을 거친 모든 자원이 단기간에 분해되지는 않지요. 건축물, 인프라, 산업구조물, 기계와 같은 '물질적 재고'는 오랫동안 남아 있으면서 대량생산, 대량소비의 사이클이 계속 돌아가도록 만듭니다. 이런 물질적 재고들이 곧 기술권인데 전체 자원의 55퍼센트를 차지한다고 합니다.

20세기에 들어서기 전까지만 해도 사회적 물질대사는 주로 생물유기체(바이오매스)를 중심으로 이루어졌습니다. 그러나 '거대한 가속'이 시작된 1950년대부터는 화석연료, 금속광석, 모래, 자갈, 바위와 같은 광물이 4분의 3 정도를 차지하게 되었지요. 자본주의의 축적 방식이 '유기적' 물질대사 체제에서 '지질적' 물질대사 체제로 바뀌었습니다. 전통적 석유생산이 줄면서 '에너지 투자 대비 수익률'EROI이 떨어지자 비전통적 방식 —— 샌드오일이나 프래킹 등 —— 에 의한 '극한적 에너지' 추출이 증가했습니다. 그러니 자본주의는 말 그대로 지구 자체를 먹어 치우는 '지질적 세계포식자Worldeater'가 되었습니다.

1970년에 약 27기가톤이었던 자원 추출량은 반세기도 채 지나지 않은 2017년에 3.4배가량 늘어난 92기가톤에 이르렀습니다. 기술권이 팽창한다는 것은 자본주의 성장의 디딜방아를 굴리는 물질대사가 계속 돌아간다는 뜻입니다. 자본주의의 축적을 막으려면 기술권의 확대를 막아야 하고, 기술권의 확대를 막으려면 지구를 더이상 파헤치지 말아야 합니다. 그런 것은 발전이 아니라 자기 무덤을 파는 짓이나 다름없는 것이지요.

적정한 기술과 함께 사는 법

그런데 바로 여기에 본질적인 딜레마가 있습니다. 기술-기예와 함께 진화한 현대인이 기술권을 완전히 되돌리기란 불가능에 가깝기 때문입니다. 생태문명의 이름으로 기술발전을 거부할 수 있을까요? 아니면 생태적 가치와 기술발전이 공존하는 하이브리드형 문명이 현실적 미래상일까요? 생태적으로 용인될 수 있는 기술의 한계가 있을까요? 자동차까지만? 컴퓨터까지만? 인터넷까지만? 스마트폰까지만? 인공지능까지만? 아직 나타나지 않은 미래의 기술발전은?

잊어선 안 될 점이 있습니다. 클라우드 컴퓨팅, 디지털 네트워크, AI 등 깨끗하고 깔끔해 보이는 첨단기술이라면 생태문명과 공존할 수 있을 것 같습니다만 그런 생각은 착각에 불과합니다. 인공지능 같은 기술조차 그것을 작동하기 위해서는 알고리즘을 훈련시키는 저임금 노동의 손길, 물리적 설비, 에너지집약적 데이터센터가 필요합니다. '콘크리트 클라우드'라는 표현까지 생겼을 정도입니다. 데이터센터는 전기도 많이 쓰지만 엄청난 양의 냉각수가 필요해서 지역주민들이 물부족을 겪을 가능성이 큽니다. 게다가 화석연료 기업들은 인공지능을 이용하여 지하의 석유와 가스를 정밀하게 찾아내고 있습니다. 석유를 마지막 한 방울까지 뽑아내겠다는 겁니다. 그럴수록 기후위기 극복은 멀어질 수밖에 없습니다. 미디어전문가 빙춘 멩Bingchun Meng은 인공지능을 인간 노동과 기술이 공진화하고, (구식) 산업 인프라가 여전히 필요한,

기나긴 가치사슬의 산물이라고 분석합니다.[25]

그렇다면 어떻게 해야 할까요? 생태론자 황대권은 「생태문명에 관한 열한가지 테제」라는 글에서 현대의 첨단기술을 제한적으로 받아들이자고 말합니다. 편리하고 효율적이라는 이유만으로 반생태적인 첨단기술을 함부로 사용해서는 안 되고, 생태계에 위협이 되지 않는 수준으로 묶어 두자는 것이지요. 인간적 척도에 기반한 적정기술Appropriate technology의 활용이 하나의 방법이 될 수 있습니다. 또한 인공지능이나 자동화시설도 현재의 반생태적인 법, 제도, 체제, 관행을 생태적으로 전환하는 데 활용하자고 말합니다.[26] 프란치스코 교황도 신기술이 인간관계를 대체하지 않고, 인간의 존엄성을 존중하며, 우리 시대의 위기 대처에 도움이 되게끔 하자고 권고합니다.

결국 (논리적으로 완벽한 해답은 아니지만) 기술발전을 신중하게 취급하고, 기술권 확장의 위험을 인식하면서, 그것을 민주적으로 통제하고 최대한 탈상품화하여 공익적·사회적으로 선용하기 위해 애쓰는 수밖에 없습니다. 긴 시간 속에서 그런 노력을 계속하다보면 상업화된 기술 의존성의 중독에서 상당히 벗어날 수 있을지도 모릅니다. 이 역시 녹색 민주시민이 근대의 적응과 극복이라는 과업을 수행하는 문명전환 과정 속에서 끊임없이 고민하며 대처해가야 하는 문제입니다. 그래서 결국 민주주의가 우리의 길이 되어야 하는 것이지요.

유한한 행성에서
무한한 자유가 가능한가

풍요로운 '생명의 그물'을 자본 축적을 위한 '상품의 사슬'이 옥죄고 있다.
— 박지형

필요의 영역이 제한되어야만 자유의 영역이 확장될 수 있다.
— 칼 맑스 Karl Marx

모든 생명과 자연을 품을 수 있도록 사랑의 범위를 넓혀
스스로를 자유롭게 만드는 일이 우리의 과업이 되어야 한다.
— 앨버트 아인슈타인 Albert Einstein

선택지가 많아야 자유롭다는 생각은 인류역사상 최근의 생각일 뿐이다.
— 소피아 로젠펠드 Sophia Rosenfeld

내 돈으로 내가 쓰는데 뭐가 문제냐

생태발자국은 인간이 소비하는 에너지, 물, 식량 등 생태자원을 토지 면적으로 나타내는 지표입니다. 한국에서는 1960년대 초에 경제개발 5개년 계획이 시작되어 1969년부터 생태발자국이 생태수용능력을 넘어서기 시작했습니다. 2022년 현재 한국

인 1인당 생태발자국은 5.82gha이며, 이는 한국의 생태수용능력(biocapacity, 생태용량)인 0.65gha를 크게 초과한 상태입니다.

지구 생태용량 초과의 날이란, 어떤 해에 자연 생태계가 제공한 자원을 인류가 모두 소진한 날을 말하지요. 전세계적으로 조사가 시작된 1971년에는 12월 25일이었다가 거의 매년 날짜가 앞당겨져 2025년에는 7월 24일이 되었습니다. 인류는 지구 생태계가 자연자원을 재생할 수 있는 속도보다 80퍼센트나 빠르게 자원을 탕진하고 있는 셈입니다. 2025년 한국에서 생태용량이 초과된 날은 4월 9일이었습니다. 석달 남짓 사이에 1년치 생태 예산을 다 써버리고, 나머지 아홉달을 적자로 산 거나 다름없습니다.

상식적으로 이런 상태는 지속가능하지 않으며, 어떻게든 시정해야 마땅한 일입니다. 그러나 이 말에 동의하는 사람이라도 '지구의 한계 내에서 살기 위해 우리의 자유가 제한되어도 좋은가?'라는 질문에 선뜻 '그렇다'라고 답하기는 쉽지 않을 것입니다. 이점을 사회학자 정태석은 다음과 같이 꼬집습니다. "사람들은 '내 돈으로 내가 소비하는데 뭐가 문제냐?'라고 말한다. 그런데 지구의 자원이 유한하고 또 이것이 인류 공동의 자원이라고 할 때, 과연 돈이 많다고 지구의 자원을 더 많이 사용할 권리를 가진 것일까? 그리고 과연 돈이 많다고 더 많은 소비로 지구 환경을 더 많이 오염시킬 권리를 가진 것일까?"[1]

신자유주의의 극단적 자유관

이런 문제의식 때문에 이번 장에서 다룰 질문은 이론적으로도 실천적으로도 큰 뜻이 있습니다. 근대 서구에서 자유 개념은 주로 외부로부터의 개입이나 제약이 없는 상태, 즉 '소극적' 자유를 의미했습니다.[2] 그런데 신자유주의가 세계경제의 '정통' 패러다임이 되면서, '신자유주의의 패권적 자유' 개념이 기승을 부리고 있습니다. 신자유주의의 자유관은 고전적 자유주의의 자유관을 계승하여 그것을 급진화시킨 것입니다. 오늘날 사람들이 사용하는 '자유'라는 말에는 은연중에 신자유주의적 자유관이 스며들어 있는 경우가 많지요. 이런 경향은 정치, 사회, 문화, 개인적 행동에까지 깊이 침투했습니다.

신자유주의에서 말하는 자유의 특징을 간단히 살펴봅시다.[3] 우선, 개인을 세상의 중심에 두는 방법론적 개인주의의 특징이 있습니다. 개인을 외부세계와 명확히 구분되는 독립체라고 가정하지요. 외부세계 —— 타자든 국가든 —— 가 개인에게 영향을 끼치는 것을 비자유의 출발점으로 보고, 그것을 끊어내는 일이 자유라고 믿습니다. 극우집회에 참석하는 사람들 일부에서 "'각자의 능력대로 살아야지, 왜 남에게 의존하느냐'라는 식의 극단적인 개인주의 성향"을 보인다는 보도가 나온 적이 있습니다. 이런 세계관으로 보면 사회적 관계나 집단적 정책은 개인을 억압하는 조치나 다름없겠지요.

신자유주의적 자유관에 따르면, 본인의 자유의지와 자발적 선택에 의한 것이라면 그 결과가 어떻게 나오든 무조건 받아들여야 합니다. 불평등이나 시장실패를 원망해서도 안 됩니다. 자유를 원했으면 자유의 결과도 수용하라는 겁니다. 설사 개인의 선택이나 욕망이 마케팅이나 선전에 의해 은밀히 조종된다고 하더라도 그런 것은 고려 대상이 되지 못합니다.

또한 사회조직이 경쟁적 시장처럼 작동하면 만인의 자유가 보장된다고 믿습니다. 자유시장에 의한 경제적 자유가 모든 자유의 핵심이라고 보는 것이지요. 이런 자유를 보장하는 사유재산제, 계약제, 고용관계, 무한경쟁 체제는 자유의 보루나 다름없습니다. 계급이나 빈부격차 또는 젠더격차와 같은 문제에 대해서도 인위적인 시정책을 쓰면 그것 자체가 반(反)자유라고 합니다. 그러니 정부의 개입이나 노동조합의 요구를 반시장적이고 반자유적이라고 거부하는 겁니다.

늑대를 위한 자유

노벨 경제학상 수상자인 조지프 스티글리츠Joseph Stiglitz에 따르면 신자유주의적 자유의 이상적 모습은 '고삐 풀린 시장'의 완성입니다.[4] 무한한 시장 자유라는 환상은 경제권력의 독점에 따른 폐해를 시정하려 했던 역사적 경험 ─ 셔먼 반독점법(1890), 클레이튼 반독점법(1914) 등 ─ 을 철저히 부정하는 주장이지요.

역사의 교훈을 잊고 신자유주의적 자유를 실행했을 때 어떤 결과가 초래되었던가요? 금융시장 탈규제로 최악의 금융위기, 국제 무역 자유화로 탈산업화, 기업규제 철폐로 소비자·노동자의 피해와 환경 악화, 엄청난 불평등, 위험천만한 극우 포퓰리즘이 발호하지 않았던가요? 기후위기가 악화되었고, 그것에 제대로 대응하지 못하도록 신자유주의가 방해하지 않았던가요?

신자유주의는 자유의 이름으로 대다수 사람의 정치적·경제적 기회와 자유를 제한하는 정책을 취하곤 합니다. 역설적으로 그렇게 피해를 본 사람들이 포퓰리즘에 적극적으로 반응하면서 권위주의적 지도자에 열광하는 경우가 많지요. 그렇게 집권한 사례로 미국의 도널드 트럼프, 브라질의 자이르 보우소나루Jair Bolsonaro, 인도의 나렌드라 모디Narendra Modi, 헝가리의 오르반 빅토르Orbán Viktor가 대표적입니다. 스티글리츠는 현재 미국이 '짝퉁 자본주의'Ersatz capitalism와 '불량 민주주의'Flawed democracy가 결합된 기이한 국가가 돼버렸다고 개탄합니다.

신자유주의로는 기후위기, 인공지능, 지정학적 재배열과 같은 문제에 대처하기 어렵습니다. 사익만을 추구하고, 타인에 대한 신뢰가 없으며, 공동체에 대한 의무감이 희박한 사상이라 집합적 문제를 다루기에 적합하지 않기 때문이지요. 스티글리츠는 다수의 자유를 억압하고 소수의 자유만 무한히 보장하는 신자유주의적 자유를 '늑대를 위한 자유'라 부르면서, "오랫동안 우파는 '자유'를 전매특허처럼 독점하여 사용해왔다. 하지만 이제 자유를 되찾아야 할 때가 왔다"라고 선언합니다.

자유를 감당하면서 자유를 넘어서야

자유와 생태위기가 연루된 역사는 겹겹의 서사로 이루어집니다. 다른 인간의 억압으로부터 해방될 자유, 고삐 풀린 시장, 비서구권의 타자에게 자유와 문명호의 이름으로 지배를 정당화했던 역사, 인간이 자연과 생물종을 억압·순치·제거·착취한 과정 등이 누적되고 얽혀 있습니다. 외부 조건과 환경의 제약을 무시하고 경제적 자유를 누린 결과로 그런 자유를 더이상 추구할 수 없는 지구의 한계에 도달한 것이지요.

하지만 그렇다고 해서 자유사상을 완전히 버릴 수도 없습니다. 근대의 해방적 기획과 워낙 밀착되어 있기 때문이지요.[5] 적어도 지난 두세번의 세기 전환 동안 인류역사는 개인과 사회의 선택 및 자기결정에 기반하여 자유가 확대되는 방향으로 진행되어왔습니다. 전세계적으로 자유와 인권을 바탕으로 하는 윤리적 기초가 마련되었고, 법과 사유재산과 노동과 생활양식 등 삶의 여러 분야에서 경제적·사회적 진보를 이루었습니다.

그러나 이런 입장을 취하는 '전통적' 진보파에게 지구의 한계라는 현실은 크나큰 도전이 됩니다. 물질적으로 지속가능하고, 지구의 한계 내에서 종전과는 다른 방식으로 자유롭게 살 수 있는 삶을 모색해야 하기 때문입니다.

인간의 행위주체성을 타자 또는 자연으로부터 해방시키려 했던 근대의 기획이 지구의 한계라는 문턱을 넘어서려면 인간해방의 역사적 대본을 다시 써야만 합니다. 자유와 해방의 본질적 가치를 존중하고 방어하되, 지구의 한계를 인정하면서 새로운 자유를 만들어야 하는 것이지요. 그것은 자유를 감당하면서 그것을 극복하는, 전형적인 근대의 이중과제라 할 수 있습니다.

생태적 한계 내의 자유 (1)─정책적 접근

지구의 생태적 한계를 인정하면서 자유를 재구성하는 방식에는 두 종류가 있습니다. 정책적으로 합리적인 한계를 두는 방안, 그리고 이론적으로 새로운 자유 개념을 제시하는 방안이 그것이지요. 먼저 정책적 방안을 살펴보겠습니다.

우선, 행성적 위험경계를 초과하는데 책임이 큰 계층을 확인하는 방법이 있습니다.[6] 세계인구의 98퍼센트를 차지하는 168개국을 조사한 2024년의 『네이처』지 연구를 봅시다. 행성적 위험경계 9개 항목 중 기후변화, 생물다양성 감소 등 6개 지표에 가장 큰 영향을 미치는 인구집단을 추적했더니 선진국과 개도국을 통틀어 전세계 상위 10퍼센트의 고소비층이 31~67퍼센트의 책임이 있다고 나왔습니다. 상위 20퍼센트로 범위를 넓히면 51~91퍼센트의 책임이 있다고 합니다. 잘사는 사람들의 생태적 영향력은 이처럼 압도적입니다. 한국인을 포함하여 상위 20퍼센트 고소비층(약 16억 명)이 그 범위 내에서 하위 5분의 1에 해당하는 수준으로 소비를 하고 산다면 전체 온실가스의 53퍼센트를 줄일 수 있다고 합니다.

　글로벌 상위계층의 소비를 상당히 줄이기만 해도(그래도 여전히 소비를 많이 하는 셈이지만) 사회-지구시스템에 대한 압력을 대폭 낮출 수 있다는 결론은 시사하는 바가 큽니다. 해당 연구의 저자들은 다음과 같은 결론을 내립니다. "부유층 대상으로 소비 축소 정책을 시행하면 그들의 정치적 영향 때문에 저항이 클 것이다. 문화 변동과 가치관 변화에 핵심적인 역할을 수행할 수 있는 [풀뿌리의] 상향식 행동을 통해 하향식 정책 변화를 이끌어내고, 민주적 의사결정으로 소비의 최대한계를 설정하는 것이 반드시 필요하다."[7]

　행성적 위험경계 내에서 공평하게 자원을 할당하자는 쿼터제 아이디어도 나와 있습니다.[8] 자원 추출량, 채굴량, 수자원 이용량, 온실가스 배출량, 토지 이용량 등에서 더이상 초과할 수 없는 절대 최대치, 그리고 생태계를 재생·보전하는데 있어서 그 이하로 떨어져서는 안 되는 절대 최저치를 정하는 방식입니다. 이렇게 수치화한 것을 국가별, 지역별, 부문별, 산업별, 심지어는 개인별로 나눠 할당량을 정할 수 있습니다. 자원 할당제가 성공하려면 의무적이고 포괄적인 하향식 시행을 강제할 수 있는 메커니즘이 필요합니다.

생태적 한계 내의 자유 (2)—이론적 접근

　지금부터는 지구의 생태적 한계 내의 자유를 이론적으로 알아보도록 하겠습니다. 근대 서구에서 소극적 자유의 영향이 컸다는 사실은 위에서 설명했습니다. 그것에 더해, 신자유주의 버전의 경제적 자유는 소수의 자유로 이어질 가능성이 큰데다, 생태위기의 뿌리가 된 점을 간과할 수 없습니다. 이런 경험에 대한 대안으로 '적극적 자유'에 관한 구상이 많이 나왔지요.

　철학자 황경식은 국가의 개입을 권장하는 적극적 자유가 전체주의로 갈 위험이 있다고 비판했던 소극적 자유주의자 이사야 벌린Isaiah Berlin을 역비판하면서, 적극적 자유의 핵심이 자기결정이며 그러한 자기결정과 자율은 그 자체로서 가치가 있다고 옹호합니다.[9] 자기 스스로 선택한 목적에 따르는 자기결정 행위는 전체주의적 강제와는 전혀 다르기 때문입니다. "인간적 자율성으로서 자유 실현이 신자유주의 이후의 자유담론의 한가지 주요 화두"가 될 것이므로 적극적 자유론을 우리 시대의 대안적 자유로 진지하게 고려해야 한다는 주장입니다.[10]

자본주의를 넘는 자유

　임금노동과 자본주의의 생산주의로부터 벗어나 인간의 진정한 자율성을 되찾아야 한다고 강조하는 생태론자 앙드레 고르스André

Gorz는 자본주의가 노동을 착취할 뿐만 아니라, 자본 수익성에 맞춰 인위적으로 '필요'나 '욕망'을 만들어 낸다고 지적합니다. 자본주의는 가능한 한 최소의 노동, 자본, 물적 자원을 들여 최대한으로 확대된 (인위적) '필요'를 충족시킨다는 목표로 경제를 운용합니다. 그러나 자본주의가 키워놓은 인위적 '필요의 영역'이 어느 정도 선에서 제한되어야만 진정한 '자유의 영역'이 커질 수 있습니다. 필요의 영역을 무한히 확장하는 것을 소비자의 자유라고 호도해왔지만, 그것은 자유가 아니라 무한한 이윤추구에 지나지 않는 것이지요.

고르스는 필요, 그리고 외적 고려에 의해 강제된 노동이 끝나는 바로 그 지점에서부터 자유의 세계가 시작된다고 한 맑스를 인용하면서 자본주의의 반자유적 성격을 폭로합니다. 그 때문에 자본주의는 "우리의 전통에서, 생활양식에서, 일상 문명에서 '충분함'이라는 규범의 기준" 그리고 "덜 일하고, 덜 소비하는 쪽을 선택하는 것이 더 나은 삶, 더 자유로운 삶을 살게 해줄 수 있다는 전망"까지 없애버렸다고 비판합니다.[11] 질문 6 모든 존재의 좋은 삶, 가능한가의 '충족의 원리'에서 언급했던 바와 같은 맥락의 주장입니다.

탈성장-포스트성장의 자유

탈성장에 부합하는 적극적 자유 개념을 찾으려는 노력도 있습니다. 코르넬리우스 카스토리아디스Cornelius Castoriadis는 탈성장론자들이 자유 이론에서 가장 많이 참고하는 사상가 중 한 사람이지요.[12] 그는 자율성을 자유를 위한 최고의 덕목으로 간주합니다.

우선, 개인 차원의 자율성을 봅시다. 그것은 개인 주체들이 관습, 규범, 규칙을 스스로 제정하는 것입니다. 개인은 역사와 문화의 산물이므로 무한정 자유로울 수는 없지요. 하지만 자율성을 중시하는 사람이라면 이런 조건을 무조건 수용할 게 아니라, (깊은 성찰과 숙고를 통해) 내면화된 일상적 행동을 비판적으로 재구성하는 '자유의 공저자'가 되어야 합니다. 개인에게 기존 관행을 강요하는 사회적 권력에 대해 급진적 상상력을 동원하여 저항하고, 참여와 자력화를 통해 자율성을 쟁취해야만 합니다. 따라서 자유는 정태적 상태가 아니라, 끊임없는 '쟁투적 과정'으로 이해해야 한다는 것이지요.

다음, 사회 차원의 자율성을 봅시다. 개인은 사회적으로 연결되고 사회에 뿌리를 내린 존재입니다. 이런 조건에서 자율성을 획득하려면 사회 관행을 만드는 제도를 형성하는 과정에 최대한 참여하여 '사회적으로 상상된 의미'를 함께 만들어가야 합니다. 그렇게 하려면 시민이 참여하는 '공적' 의미가 있는 모든 활동을 정치적으로 이해('정치화')해야 합니다. 정치를 이런 식으로 폭넓게 규정하면, 사회 모든 제도의 형성에 참여하는 성찰적이고 각성된 사람들의 모든 행동, 그것 전체가 곧 정치인 셈입니다.

자율성을 중시하는 사람이라면, 설령 경제적 자유를 줄이는 조치 — 예를 들어, 지구의 생태적 한계 내의 삶 — 라 해도 그것을 기꺼이 받아들일 수 있습니다. '이것은 내가 직접 참여해서 만든

나 스스로의 결정'이라는 자부심이 있기 때문이지요. 그러기 위해서는 사람들이 사회의 자율적 제도화에 평등하게 참여할 수 있도록 모든 시민에게 충족된 생계를 보장하고, 부와 권력의 불평등을 최대한 줄여야 합니다.

또한 사회의 모든 개인과 집단이 자력화하기 위해서는 공동의 자원 사용을 합의해가는 커머닝Commoning이 필요합니다. 커머닝은 자본의 생산양식과 소비주의 사회에 내포된 탈자력화 경향에 저항하는 방안입니다. 이런 노력을 통해 시민들은 자본주의, 소비주의적 규범, 이윤극대화 논리로부터 멀어질 수 있습니다. 요컨대 카스토리아디스의 자유는 "자치적 사회공동체의 자기결정적 삶" 속에서 나타나는 자유이며, 탈성장 사회에서 진가를 발휘할 수 있는 해방의 비전이라 할 수 있습니다.[13]

비지배적 자유와 기후생태위기

자유 개념에 새로운 차원을 도입한 철학자 필립 페팃Philip Pettit의 주장도 살펴볼 가치가 있습니다.[14] 그는 사회적 자유를 세 종류로 나눠서 설명합니다. 우선, '비제한적 자유'는 선택의 자유를 제한받지 않을 자유를 말합니다. 타인이든 사회든 경제체제든, 나의 선택을 보장해주어야 한다는 것이지요. 페팃은 이런 자유를 '선택-자유'라 부릅니다.

다음, '비간섭적 자유'는 타자가 의도적으로 내게 간섭하여 내

자유를 침해하지 않도록 막을 수 있는 자유를 말합니다. 내 자유에 간섭하는 타자는 가해자가 됩니다.

마지막으로, '비지배적 자유'는 누구에게도 지배받지 않는 어떤 지위로서의 자유를 뜻합니다. 착한 주인에게 속한 노예를 상상해봅시다. 온정 많은 주인은 노예에게 일일이 간섭하지 않고 최대한의 자유를 보장해줍니다. 이때 노예는 '비간섭적 자유'를 누린다고 할 수 있겠지요. 하지만 그렇다고 해서 이 노예가 진정으로 자유로운가요? 노예는 자비로운 주인이 마음을 바꾸지 않도록 늘 눈치를 봐야 하고 아첨을 떨어야 할 겁니다. 아무리 간섭받지 않는다 해도 노예는 노예이기 때문입니다. 비간섭적 자유와 구분되는 비지배적 자유는 '떳떳이 고개를 들고 다닐 수 있는' 원천적 지위로서의 자유이며, 페팃은 이것을 '행위주체성-자유'라 부릅니다.

비지배적 자유는 기후생태위기라는 현상황에서 여러모로 도움이 됩니다.[15] 우선, 비지배적 자유는 '선택-자유'에 방점을 찍지 않으므로 '고삐 풀린 시장'의 자유처럼 경제성장을 극대화하려는 경향이 없습니다. 그리고 '선택-자유' 중에서도 인간 존엄에 필수적인 선택과 부차적인 선택(낭비적이고 사치적인)을 나누어 평가합니다. 따라서 생태적 한계를 감안하여 낭비적인 선택-자유를 합리적으로 제한하는 것을 자유의 박탈이라고 여기지 않게 된다는 것이지요.

비지배적 자유는 모든 구성원이 똑같은 보호를 받기 위해 평등하게 스스로 지배당하는 결정을 기꺼이, 자랑스럽게 받아들입니다. 그런 의미에서 비지배적 자유는 사회적·정치적 성격의 자유라 할 수 있습니다. 사회 전체의 제도를 안정시키고 개인의 행위 주체성을 보장하는 한, 인간은 비지배적 자유 속에서 번성할 수 있기 때문입니다.[16]

공생공락의 자유

철학자 이반 일리치Ivan Illich는 **질문 11** 당신에게 엘리베이터가 없는 미래를 상상할 수 있는가에서 다룬 기술권 팽창의 문제를 자유의 관점에서 분석합니다. 일리치는 『공생공락을 위한 도구』*Tools for Conviviality*(1973)에서 현대사회의 전문가 지배와 기술관료주의에 대해 근본적인 비판을 제기합니다.[17] 일리치는 '대우 현대적이면서도 산업의 지배를 받지 않는' 이상향과 같은 미래사회를 구상하려면, 자연의 규모와 한계를 인식해야 한다고 전제합니다.

공생공락(共生共樂, Conviviality)의 사회란 "현대기술이 관리자를 섬기지 않고 정치적으로 상호연결된 개인들을 섬기는 사회"이며, 그런 사회는 '도구'를 책임있게 제한적으로 이용합니다. 여기서 '도구'란 공생을 위한 수단이고 인간이 직접 활용하는 연장이며, 인간성 안에 본질적으로 새겨져 있는 어떤 것입니다.

현대의 산업적·기술적 제도들은 더 많은 제도적 결과를 내놓기 위해 인간의 기본적 자유를 축소하려는 경향이 있습니다. 도구가 기술에 의해 규모화되고 제도화될 때 인간은 그 안에서 선택의 자유를 잃어버리게 됩니다.

공생공락의 사회에서 자유는 전혀 새로운 의미를 지닙니다.[18] 우선, "사람들이 사회적 존재로서 상호의존하는 가운데 실현되는 자유"가 곧 공생공락입니다. 즉, 기술, 기계, 기술관료에 의존하지 않고, 사회적 관계 속에서 구성원 간의 인간적 유대와 협력을 높인 상태가 곧 자유라는 말이지요. 또한, 사람들의 상호의존으로 형성되는 공생공락이 "어느 수준 이하로 떨어지면 산업생산성이 아무리 늘어나도 산업이 사회구성원들에게 심어준 욕구를 효과적으로 만족시키지 못한다"라고 합니다. 즉, 공생공락적 자유는 산업의 물질적 풍요와 구분되는, 다른 종류의 정신적 효과를 가리키는 것입니다.

일리치는 이런 주장도 합니다. "만일 산업적·기술적 제도들을 정치적으로 통제하지 못하면 재난 이후에야 뒤늦게 기술관료적 방식으로 관리될 수밖에 없다. 그렇게 되면 자유와 존엄은 자신이 창조한 도구에 의해 유례없는 예속상태로 끊임없이 전락하게 될 것이다." 이 말을 기후생태위기에 대입해보십시오. 위기를 정치적으로 제어하지 않으면 인간이 화석연료 체제에서 벗어나지 못하면서 기술관료적 해결방식에만 사로잡혀 결국 자유를 잃을 것이라는 무서운 경고가 아닙니까?

마지막으로, "공생공락적 사회는 모든 구성원에게 공동체의 도구에 대해 넉넉하고 자유로운 접근성을 보장한다. 또한 그러한 자유는 다른 구성원의 동등한 자유를 보장하기 위한 사회적 조치로써 제한될 수 있다"라고 일리치는 주장합니다. 요컨대 공생공락적 자유는 평등, 상호성, 합리적 제약을 기반으로 하는 자유인 것입니다.

전일적 자유로서의 생태적 자유

지금까지 살펴본 대로 황경식의 적극적 자유, 고르스의 탈자본적 자유, 카스토리아디스의 탈성장-자율성 자유, 페팃의 비지배적 자유, 일리치의 공생공락적 자유 등을 논리적으로 확장해보면 비인간 존재까지 포함하는 '전일적' 자유가 필요하다는 결론에 도달할 수 있습니다.

전일적 자유를 위해 '생태적 자유' 개념이 제안되어 있지요. 인간이 사회적 존재로서 진정한 자유를 누리려면 관계, 연결, 합의, 공동체, 돌봄, 나눔을 통한 자유가 중요한데, 그런 자유는 불평등한 권력이나 부를 거부하는 맥락에서, 그리고 사회-지구시스템의 와해를 심화시키지 않는 맥락에서 가능하다는 겁니다. 특히 "자연과 연대할 수 있도록 비인간 존재에게도 구성원 자격을 부여하고, 생태적 자아의 자유로운 행위주체성"을 인정하는 맥락이 중요하다고 하지요.[19]

생태적 자아란 인간의 선익(자유와 정의), 그리고 자연의 선익(야생성, 개별 종이 진화적 역량에 따라 번성할 수 있는 기회 등)을 모두 포괄하는 큰 자아를 뜻합니다. 전통적 자유 관념이 전일적이고 생태적인 자유로까지 확장될 수 있느냐 여부는 사회생태 전환의 시금석이 되는 극히 중요한 문제라고 할 수 있습니다. 이것은 **질문 6** 모든 존재의 좋은 삶, 가능한가에서 강조한 비전, 즉 '모든 존재의 좋은 삶'을 실현하기 위해 반드시 필요한 자유이기도 합니다.

'상호 전환'의 긴장 속에서 찾아야 한다

그런데 정책적 차원이든 이론적 차원이든, 지구의 생태적 한계 내의 자유를 전문가, 정책결정자, 연구자들의 전유물로만 두어서는 안 됩니다. 사회생태위기에 부응하는 새로운 자유는 사회적·정치적 부딪침의 현실 속에서 '쟁의적으로' 구성될 수밖에 없기 때문이지요. 그런 의미에서 시민사회운동 전★분야의 역할이 무척 중요합니다. 넓은 의미에서 정치적·사상적 개혁을 추진하는 모든 주체가 참여해야 하는 문제이기 때문입니다.

앞서 말했듯이, 계급·노동·인권·젠더·인종·장애·이주·도시빈민·토착민·탈식민·소수자 등의 의제를 위해 '인간사회의 해방과 자유'에 참여해온 집단들(사회시스템 패러다임)과, 기후·생태·환경·자연보전·동물권 등 '자연환경의 해방과 자유'에 참여해온 집단들(지구시스템 패러다임) 간 상호 전환이 있어야 합니다.[20] 양 분야의 경험을 긴장감 있게 종합할 때 인간과 비인간 모두를 위한 '자유'의 실마리가 — 이론적으로 완벽한 형태가 아니라 해도 — 조금씩 드러날 것입니다.

기후변화정책 연구자인 퍼거스 그린Fergus Green은 이런 관계에 대해 "상호연결된 도전들에 대응할 수 있는 새로운 이념적·정치적 정렬의 구축"이라는 의미를 부여합니다.[21] 그것을 위해 변혁적 중도에 입각하여 양 패러다임이 교차적으로 인식을 전환하고, 두 영역을 동등한 비중으로 실천하는 녹색 민주시민의 새로운 시민성이 출현해야 합니다.

신속하되 정의로운 사회변혁이
왜 중요한가

> 급전환점이란
> 생각, 추세 또는 사회적 행동이 어떤 문턱을 넘으면서
> 갑자기 들불처럼 번져나가는 마법의 순간을 말한다.
> ──맬컴 글래드웰 Malcolm Gladwell

> 용기 있는 행동 하나가 놀라운 변화의 급전환점을 몰고 오곤 한다.
> ──앤디 스탠리 Andy Stanley

오늘 밤 잠들기 전에 하루 종일 있었던 일들을 한번 떠올려보십시오. 그런 후, 만일 스마트폰이 없었더라면 하루가 얼마나 달랐을지 상상해보세요. 아마 상상이 좀처럼 안 될 겁니다. 이렇게까지 우리 삶에 깊이 파고든 스마트폰 현상이 언제부터 시작되었을까요? 한국에서 2011년에 20퍼센트 안팎이던 스마트폰 보급률이 2년 만에 75퍼센트를 넘었고, 2024년 현재 국내 성인 전체의 98퍼센트가 스마트폰을 보유하기에 이르렀습니다. 불과 10여 년 만에 보편적 '국민기기'가 된 것이지요.

기후에 관한 인식의 확산

이번에는 기후변화를 봅시다. 탄소중립이 일반대중에 본격적으로 소개된 것은 2015년 파리기후협정을 전후한 시기였습니다. 하지만 기후에 관한 사람들의 관심이 스마트폰만큼 넓고 급속하게 확산되었다고 보긴 어렵습니다. 편리한 기기의 보급과, 지구 차원의 거대현실에 관한 인식은 전혀 다른 차원의 문제이기 때문이겠지요.

스마트폰의 급속한 보급은 사회적 급전환점(티핑포인트)의 전형적 사례라 할 수 있습니다.[1] 급전환점이란 "시스템 일부에서 일어난 변화가 어떤 문턱을 넘어 자기지속적으로 확대되면서 시스템 전체에 심대하고 광범위하며 급격하고 불가역적인 결과를 초래하는 현상"을 말합니다.[2]

지구시스템에서 일어나는 기후생태 급전환은 주로 부정적인 의미를 띱니다. 그런데 부정적 지구 급전환의 원리를 반대로 뒤집어 사회시스템에서 긍정적 급전환을 일으키려는 학문적 시도가 늘어났습니다. 점진적 개혁만으로 현재의 위기를 감당하지 못한다는 위기감이 커졌기 때문이지요. 엑서터대학에서 발간하는 『글로벌 급전환점GTP 보고서』*Global Tipping Points Report*가 대표적인 연구성과입니다.[3]

급전환은 속도만 빠르게 하자는 게 아닙니다. 복잡적응계인 사회시스템이 급전환점으로 가기 위한 선행조건, 급전환 직전의 촉발 단계, 급전환이 온 후의 복합적인 양상까지 고려해야 하는 문제입니다. 「들어가며」에서 말했듯 이 책의 목적 중 하나가 사회시스템의 급전환을 위한 선행조건을 조성하기 위해 '사회적 의미망'을 두텁게 마련하려는 것입니다.

지구시스템 급전환의 여파

지구시스템에서 급전환을 초래하는 영역은 약 25개라고 합니다. 그중에서 그린란드 빙붕, 남극 서부 빙붕, 온수대 해양 산호초, 대서양 자오선 역전 순환류^AMOC^, 영구동토대 등 5개 영역이 이미 위험한 상태입니다. 온수대 해양 산호초는 끝내 급전환점을 넘어섰다는 연구가 2025년 10월 발표되었습니다.[4] 지구시스템 급전환의 원인이 기후생태위기라는 점은 **질문 8** 인간사회와 생태환경은 어떻게 함께 무너지는가에서 설명했었지요. 지구시스템이 언제 급전환점에 도달할 것인가 하는 문제는 과학계를 포함하여 모든 사람에게 절박한 질문이 아닐 수 없습니다. 그래서 '급전환 조기경보 시스템'에 대한 연구도 활발하게 일어나고 있습니다.

지구시스템이 급전환점에 가까워질수록 사회시스템에도 충격이 옵니다. 이 점이 중요합니다. 예를 들어, 경작불가능 지역이 늘어나고 사회적·경제적으로 연쇄효과가 발생하는 것이지요. 극한 기상이변이 급증하고, 국내적·국제적 불평등, 정치적 혼란, 세계경제 불안정, 지정학적 갈등 역시 폭발적으로 증가합니다. 심지어 대중의 판단력과 커뮤니케이션의 질이 추락하면서 공론장이 붕괴되는 현상마저 나타납니다. 이 점은 **질문 15**왜 지구가 뜨거워질수록 극우가 득세하는가의 주요 주제이기도 합니다. 이런 현상이 벌어지고 있는 지금 이 순간이, 연착륙을 통한 문명전환이냐 경착륙에 따른 문명붕괴냐를 가르는 분기점의 시간입니다.

기후생태위기로 지구시스템이 교란되면 심지어 인간에게 '생물학적' 변화가 초래됩니다. 최근 들어 기후·환경의 악화, 특히 온도 상승으로 인해 인간의 인지적 능력이 손상된다는 사실이 밝혀지고 있습니다.[5] 이것은 기후불안, 기후우울과 같은 심리적 문제와는 다른 차원의 문제입니다.

신생 학문인 '기후 신경역학'Climate neuroepidemiology에 따르면 기후변화로 인해 인간의 두뇌 구조에 이상이 발생하여 기억력, 언어구사, 정체성 인식 등에 문제가 생기고, 알츠하이머병이나 파킨슨병 등 신경퇴행성 질환도 늘어납니다.

유전생명학자 이원일과 동료들은, 폭염에 노출되면 대뇌변연계의 해마—기억을 담당하는—에 염증이 생겨 기억력 장애가 온다는 점을 국제학계에 보고했습니다.[6] 폭염과 아동의 ADHD 간에 상관관계가 있다는 연구도 발표되었지요.[7] 열대야와 수면부족은 6~12세 어린이들에게 성장호르몬 분비 장애를 일으키고 학습력을 떨어뜨린다고 합니다. 영유아 보육 경험이 많은 교사들은 어린이들의 발달지연과 정서지연이 과거에 비해 늘었다고 증언합니다. 특히 코로나 팬데믹 시기를 겪은 어린이들은 언어지연과 ADHD로 추정되는 경향이 확연히 증가했다고 합니다.

또한 기온이 오르면 가정폭력, 공격성, 온라인상의 혐오도 증가합니다. 이런 점은 사회적·정치적으로 심각한 함의를 지닙니다. **질문 15** _{왜 지구가 뜨거워질수록 극우가 득세하는가}에서 다룰 극우세력의 확산과도 관련이 큰 문제입니다. 우리가 지구시스템의 급전환을 막아야 하는 이유가 이렇게나 다양하고 절실하다는 사실을 아셨습니까?

사회-지구시스템 급전환을 'P-P-A-R-P'라는 공식으로 설명해보겠습니다. 지구시스템의 급전환을 방지하고(Prevention), 재난피해자들과 재난취약계층을 보호하고(Protection), 변화된 기후현실에 적응하며(Adaptation), 사회의 회복력을 키워야(Resilience) 합니다. 그와 동시에 사회시스템의 긍정적 급전환을 추진해야(Promotion) 하는 것이지요.

문제는, 긍정적 사회 급전환을 추진하는 동안에도 부정적 지구 급전환이 계속 심해진다는 점입니다. 이런 '중복의 시간'을 잘 관리해야 합니다. 예를 들어, 극한기상이변 사건이 발생하면 '당장' 어떤 가시적 조치를 취하라는 목소리가 커지기 마련입니다. 이럴 때일수록 원칙을 지켜 지구 급전환 방지(P), 재난피해자 및 재난취약계층 보호(P), 기후위기 적응(A), 사회 회복력 개선(R), 사회 급전환 추진(P)의 'P-P-A-R-P' 구도를 동시에, 반복적으로, 꾸준히 실행해야 합니다. 'P-P-A-R-P' 공식에는 기술·산업문명의 연착륙과 새로운 문명을 위한 재조직화가 모두 포함되어 있습니다.

예를 들어, 기후-환경운동가들은 2024년 삼척의 맹방해변에서 'Stop New Coal'(신규 석탄발전 중단)이라고 외쳤습니다. 하지만 석탄발전소 가동을 시작한 삼척블루파워는 스스로를 국내 최대 민간 화력발전회사라고 내세우면서 홈페이지에 "'삶'의 가치를 더하다, '미래'의 가치를 더하다"라는 제목을 달아놓았습니다. 이들이 말하는 '삶'이나 '미래'는 부정적 지구 급전환을 앞당기는 '불행한' 삶, '비참한' 미래가 될 것이 뻔한데도 말입니다.

2025년 기후활동가들과 소액주주들이 한국가스공사에 기후소송을 제기하기도 했습니다. 가스공사가 아프리카 모잠비크에 액화천연가스 생산설비용 대규모 투자를 한 것에 항의하기 위해서였습니다. 뒤이어 기후활동가들은 해당 사업에 대한 한국수출입은행과 한국무역보험공사의 공적자금 투자를 금지하기 위한 가처분신청을 제기했습니다. 이 역시 부정적 지구 급전환을 앞당길 위험한 사업을 막으려는 시민저항이었습니다.

긍정적 사회 급전환을 추진해야

사회시스템에서는 외부 충격이 오더라도 기존 상태인 '끌림의 분지'Basin of attraction에 남아 있으려는 억지 피드백(음의 되먹임), 그리고 어떤 문턱을 넘어 비선형적 상태로 넘어가려는 강화 피드백(양의 되먹임)이 팽팽하게 균형을 이루고 있습니다. 이 균형이 후자로 기울어지는 것이 급전환인 것이지요. 시스템의 어떤 부분에서 급전환이 일어나면 다른 부분으로 확산되면서 도미노효과 또는 폭포효과가 일어날 수 있습니다.

'긍정적' 사회 급전환은 "사회시스템 일부에서 일어난 변화가 어떤 문턱을 넘어 자기지속적으로 확대되면서 시스템 전체에 심대하고 광범위하며 급격하고 불가역적인 '좋은' 결과를 초래하는 현상"이라고 정의할 수 있습니다.[8] 긍정적 사회 급전환은 '신속하되 정의로운' 변혁으로 이루어집니다. 불평등 축소, 생태-사회정책을 통한 녹색복지국가,[9] 커먼즈 강화, 인간/비인간의 최대한 돌봄, 인권보장 등이 포함된 신속한 변혁을 뜻합니다.

사회의 '신속한' 변혁이란 개인 차원에서 인식하는 신속함과는 다릅니다.[10] 온라인 알고리즘이나 금융시장은 즉각적으로 바뀔 수 있지만, 선거나 거버넌스의 변화는 수년, 법과 같은 공식 제도는 수십년, 종교와 같은 비공식적 제도는 수백년에서 수천년에 걸쳐 변화가 일어나곤 합니다. 개인 차원의 규범 변화는 수개월에서 수년, 교육의 변화는 수개월에서 수십년이 걸린다고 하지요. 신속하게 행동하되, 곧바로 결과를 기대하기보다 꾸준히 압력을 유지하는 태도가 필요합니다. 그렇게 해서 한 세대쯤 지나 돌이켜보면 '눈 깜짝할 새' 거대한 변화가 왔다고 느껴질 것입니다. 변혁에 있어서 시간의 지평은 지나간 역사 속에서 회고적으로 인식되는 법입니다.

긍정적 사회 급전환은 저절로 일어나지 않습니다. 분명한 의도를 갖고 필사적으로 추진해야 합니다. 여러 하위시스템의 전환을 동시에 추진하는 것이 중요합니다. 예를 들어, 기술시스템에서 디지털화와 정보체계 개편, 경제시스템에서 글로벌 금융제도 혁신, 정치시스템에서 기후생태위기 정책, 사회행동시스템에서 사회규범과 가치관의 변혁, 이 모든 것들을 동시에 밀어붙여야 합니다.

급전환을 하려면 개인 차원의 행동 변화를 통한 '낮게 달린 과일 따기'와, 사회경제구조 변혁을 통한 '높게 달린 과일 따기'를 함께 추진해야 하는 법입니다. **질문 7**^{어떤 중간목표를 세워야 할까}에서 보았듯이 평소에 검소한 삶을 실천하는 사람이(낮게 달린 과일 따기), 탈성장 정책의 지지자가 될 가능성이 높다는 것이지요(높게 달린 과일 따기).[11]

어떻게 급전환에 영향을 끼칠 수 있을까

사회 급전환이란, 복잡적응형 사회시스템이 어떤 문턱을 넘었을 때 작은 자극에 의해서도 거대한 비선형적 변화가 오는 것을 말합니다. 여기에 딜레마가 있습니다. 복잡적응형 시스템은 예측이 어렵고, 통제나 조종은 더더욱 어렵다고 **질문 9**^{A면 B라는 식의 직선적 사고로는 왜 안되는가}에서 설명했습니다. 그렇다면 이런 시스템에 어떻게 개입할 수 있을까요? 세가지 방법이 제안되어 있습니다.

우선, 시스템의 상하 피드백 역학을 이용하는 방법이 있습니다. 어떤 지방정부에서 대중교통 투자 정책을 시행했다고 합시다. 덕분에 대중교통 이용자가 늘었다면 상부시스템의 결정이 하부시스템의 행동에 영향을 끼친 겁니다. 대중교통 이용자가 늘면 교통체증이 줄어드는 효과가 나겠지요? 긍정적 효과에 고무된 정책결정자가 대중교통 투자를 더 늘리고, 내친김에 '자동차 없는 거리'까지 추진한다고 칩시다. 이것은 하부시스템이 상부시스템에 피드백을 준 것입니다. 이런 식으로 상하 시스템이 서로 피드백을 강화하면서 시스템 변혁이 올 수 있다는 것이지요.

행위자에 기반한 행동규칙을 활용하는 방법도 있습니다. 우리는 흔히 개인의 작은 실천만으로는 시스템이나 구조를 바꾸기에 한계가 있다고 생각합니다. 이는 선형적 사고방식의 유산입니다. 복잡적응형 시스템에서는 개별 인자들—사람이든 새떼든 분자이든—의 초기조건이 어떻게 정해지느냐에 따라 시스템 전체의 판도가 완전히 달라질 수 있습니다.[12]

예를 들어, 찌르레기들이 기본 날갯짓을 어떻게 하느냐에 따라 새떼가 추는 군무群舞가 전혀 다른 모습으로 나타납니다. 연구에 따르면 찌르레기 각자가 자기 주변 가까운 곳에 있는 다른 찌르레기(약 일곱마리)와 속도 및 거리를 맞출 때 새떼 전체의 춤 형태가 조정된다고 합니다. 마찬가지 논리로, 복잡적응계인 인간사회에서 모든 개개인이 잘 계획되고 조정된 기본 행동패턴을 소수 지인들과 함께 실천한다면 그것이 전체 사회구조를 변혁시킬 수 있다는 것이지요. 이것은 부분과 전체가 비슷한 형태를 띠는 프랙털 구조의 '자기유사성'과도 일맥상통하는 통찰입니다.

마지막으로, 사회네트워크를 분석하여 효과적인 개입지점을 찾아 공략하면 변혁이 올 수 있습니다. 급전환에 효과적인 '개입지점', 더 좋기로는 '최대 개입지점'Super-leverage point을 찾아야 합니다. 다른 하위시스템에 교차적 영향을 끼치는 금융, 전력발전, 운송, 먹거리, 교육과 규범, 미디어·디지털 등이 대표적인 '최대 개입지점'들이라고 합니다. 사람 몸 안을 흐르는 기와 혈이 모이는

'경혈점'에 침이나 뜸을 놓는 것과 같은 이치입니다. 이 점은 **질문 14** 재앙을 낳는 '어둠의 자식들'을 어찌할 것인가에서 다시 다룰 것입니다.

사회변혁을 연구하는 새라 콘스탄티노^{Sara Constantino}는 지방정부, 정당, 예술가, NGO, 기업, 투자자, 노동조합, 농민, 종교인, 학자, 언론인, 법률가, 사회운동가 등 모든 행위자가 급전환을 위한 개입지점에 나름의 역할을 할 수 있음을 깨달아야 한다고 강조합니다.[13] 체제전환운동, 기후-환경운동, 노동운동, 여성운동, 인권운동, 이주운동 등 모든 활동영역에서 자기가 할 수 있는 방식으로 급전환의 경혈점에 개입하라는 메시지입니다.

정치시스템의 문제와 급전환 거버넌스

긍정적 사회 급전환을 원하는 사람들을 가장 답답하게 만드는 분야가 정치시스템이 아닐까 싶습니다. 기후위기와 사회생태 전환에 관심을 가진 운동가·연구자·예술인·종교인 등이 모여 만든 단체인 기후정치시민물결에서 2024년 총선을 앞두고 발표한 '기후정치 원년 시민선언'에 이런 대목이 나옵니다. "근본적인 대전환을 위한 정치적 실천이 긴요하다. 기후위기 대응이야말로 국민의 생명과 안전, 복지와 삶의 질, 경제와 산업, 일자리와 노동 전반에 걸친 최우선의 국정 과제임을 인식해야 한다. (…) 그렇기에 2024년은 한국 민주주의 역사상 최초로 기후정치가 시작되는 원년이 되어야 한다." 안타깝게도 이런 기대가 가시적인 결실로 이어지지는 않았었지요.

무엇이 기후위기 대응을 위한 정치시스템의 변혁을 가로막을까요? 홀로세적 헌법 패러다임, 거대양당 체제, 선거법, 대의민주주의의 한계, 화석자본과 원전 카르텔의 강고한 기득권 등 여러 설명이 가능합니다. 국내외의 현재 정치시스템은 장기적이고, 미래세대를 생각하고, 비인간 자연까지 고려하는 거대 의제를 다루기에는 역부족이지요.

사회 급전환이라는 측면에서 보면 현실정치는 그 자체로서 현상유지적인 측면이 강합니다. 정치시스템은 사회-지구시스템이 기존 상태인 '끌림의 분지'에 계속 남아 있도록 하는 데 큰 역할을 합니다. 지역사회의 숙원사업부터 한반도 분단체제에 이르기까지, 시스템을 끌림의 분지에 빠진 채로 두려는 정치의 억제 피드백이 강력하게 작동합니다.

그렇다고 해도 너무 실망할 필요는 없습니다. 이제 시작이라고 생각하면서, 기후시민의회, 미래세대와 비인간 존재를 정치에 포함시키는 바이오크라시(생명민주주의), 인간과 사물(대기, 산림, 해양, 동물 등)의 협력을 모색하는 '사물의 의회'와 같은 아이디어를 계속 실험해야 합니다. 시민들의 인식변화—'기후 리터러시'—에 초점을 두는 다양한 풀뿌리 기후시민회의들이 '녹색 공론장'을 넓혀가야 한다는 환경정치학자 정규호의 제안도 중요합니다.[14] 녹색 공론장은 녹색 민주시민의 '녹색 민주력'이 발휘될 수 있는 최적의 기회공간이 될 수 있을 것입니다. 또한 **질문 7**^{어떤 중}간목표를 세워야 할까에서 소개한 '예시적 정치'도 좋은 사례에 속합니다. 이러한 시도들이 반복되면 급전환을 위한 예비조건, 즉 사회적 의미망이 두터워질 수 있습니다.

긍정적 급전환을 위해 기존의 정책, 제도, 관행 중 무엇을 '회피할'Avoid 것인지, '전환할'Shift 것인지, '개선할'Improve 것인지를 정하는 일도 중요합니다.[15] 급전환 거버넌스의 모든 고비마다 '회피-전환-개선' 즉 'A-S-I'의 선택이 주요 과제로 대두될 것입니다.

시민들의 역할이 중요하다

정치시스템이 실망스럽긴 해도 기후-환경운동이 없었더라면 정치권의 기후 무지는 지금보다 훨씬 더 심했을 것입니다. 어떻게 사회규범과 가치를 바꾸고 확산시킬 수 있을까요? 소셜네트워크를 활용하여 '사회적 전염'Social contagion 메커니즘을 자극하는 것이 효과적이라는 사실은 잘 알려져 있습니다. 긍정적 사회 급전환이 반드시 필요하다는 메시지를 주위에 적극적으로 알려야 합니다. 용기있게 의견을 내고 찬반 피드백을 받도록 하세요. 그런 '대화' 자체가 급전환의 예비즈건을 두텁게 만듭니다.

어떤 규범이나 행동을 사회 전체적으로 확산시키는 데 필요한 확신자와 활동가의 최소 숫자가 약 1만명이라고 하더군요. 인구 중 3.5퍼센트가 평화적으로 항의행동에 참여하면 세상이 바뀐다는 에리카 체노웨스Erica Chenoweth의 주장도 상기할 수 있습니다.[16] 그러나 '3.5퍼센트 이론'은 주로 정권교체와 관련된 내용이어서

사회생태위기 극복에는 적합하지 않다는 반론도 있습니다.[17] 구체적 수치보다 복잡적응계의 특성상 급전환에 참여하는 시민들의 날갯짓이 많으면 많을수록 좋다고 보면 되겠지요.

의식있는 시민들이 제시하는 규범이 확산되려면 '자유로운 사회적 공간'이 필요합니다. 이는 공식적인 검열의 금지나 표현의 자유만을 의미하지 않습니다. '침묵의 동조 압력'이라는 문제도 심각합니다. 신자유주의 경제관이 개개인의 생각에 무의식적 차원에서 큰 압력을 가한다고 **질문 12** 유한한 행성에서 무한한 자유가 가능한가에서 설명했습니다.

예를 들어, 주류 공론장에서 사회생태위기의 근본원인으로 '자본주의'를 직접 지목하는 일은 금기시되어 있습니다. 이렇게 암묵적인 '넘어서는 안 되는 선'을 거부할 수 있어야 자유로운 사회적 공간이 열립니다. 긍정적 사회 급전환을 위하여 "지구시스템 급전환의 실존적 위협을 무시하거나 거부하는 주류 세계관의 해체"를 용기있게 요구하는 것을 두려워하지 말아야 합니다.[18] 이런 침묵의 장벽 앞에서 지레 위축될 필요가 전혀 없습니다. 친구들과 차 한잔 하면서 '자본주의의 지속불가능성'을 솔직하고 자연스럽게 이야기할 수 있는 사회 분위기를 만들 수 있을까요?

사례연구—먹거리시스템의 급전환

앞서 본 대로 먹거리시스템은 여타 사회시스템에 폭포효과를 불러올 수 있는 중요한 최대 개입지점 증 하나입니다. 전환 연구자 루카스 페센펠트Lukas Fesenfeld는 먹거리시스템을 급전환하려면 축산물, 음식물 낭비와 음식물 쓰레기, 생태농법에 주목하라고 제안합니다.[19] 저는 이 목록에 '먹거리주권'(식량주권)을 추가해야 한다고 생각합니다.[20]

우선 먹거리시스템 급전환의 실질적 기능을 살펴봅시다. 축산업에서 직접 배출하는 온실가스(메탄과 아산화질소)는 현재 한국 전체 배출량의 1.5퍼센트 정도입니다. 그러나 축산물 생산과 공급망 전체를 따지는 전주기 배출량으로 계산하면 전세계 축산업이 전세계 온실가스 1년 배출량의 18퍼센트를 차지하지요.

유엔환경계획에 따르면 세계 1인당 1년 평균 음식물 쓰레기 배출량은 79kg, 한국은 95kg에 달합니다. 음식물 쓰레기가 전체 온실가스의 10퍼센트를 차지할 정도입니다. 생태농법은 생물다양성 회복과 자연보전에 큰 도움이 됩니다. 글로벌 먹거리시스템의 상업적 체제에서 벗어나 식량 자율성을 높이는 먹거리주권운동과 생태농법이 결합될 때 긍정적 사회 급전환의 동력이 커질 수 있습니다.

유사한 맥락에서 불교생태론자 유정길은 다음과 같이 경고합니다. "농업은 자립 생존의 안정적인 기관이 될 뿐 아니라, 다른 많은 생명을 살리고 탄소를 흡수하여 기후위기를 줄여준다. 농업의 자립 없이 상당량의 곡물을 수입에 의존할 경우 기후위기가 심화될수록, 재난이 빈번할수록 수출국의 정책에 휘둘려 심각한 위기에 빠질 수 있다."[21]

먹거리시스템의 표출적 기능도 짚어야 합니다. 고기 위주 식단은 개인의 내밀한 생활방식과 관련된 문제입니다. 육식을 줄이려면(또는 끊으려면) 자신의 규범과 선호를 크게 뒤집어야 하죠. 인생관을 바꾸는 문제라 할 수 있습니다. 어떤 계기로 육식에 대해의식변화가 생기면 다른 영역의 급전환을 지지할 수 있는 동기도함께 따라올 수 있습니다. 예를 들어, 한승태 작가가 육류 생산 현장에서 기록한 르포 『고기로 태어나서』와 같은 글을 읽고 마음을바꾼 독자라면 사회 급전환의 잠재적 지지자가 될 가능성이 커지겠지요.[22]

먹거리문제를 구조적으로 이해하면 자본주의적 개발이 개인의 식습관까지 좌우한다는 문제를 정치적으로 독해할 수 있는 눈이 생깁니다. 또한 먹거리시스템의 급전환은 축산업자를 위한 정의로운 전환까지 고민하도록 만들어주지요. 이런 고민은 여타 분야의 정의로운 전환에까지 생각이 미칠 수 있도록 해줍니다. 먹거리주권운동은 지역공동체의 자율성과 민주적 자기결정권을 유지할 수 있는 주요한 계기가 되기도 합니다.[23] 자기 운명을 자기가정하는 녹색 민주시민의 정신으로 말이지요.

정의로운 변혁을 위하여

긍정적 사회 급전환을 제대로 추진하려면 무엇이 '긍정적'인지를 정해야 합니다. 위에서 긍정적 급전환은 '신속하되 정의로운' 변혁이 되어야 한다고 했던 것을 기억하시지요? 상상해보십시오. 만일, 재빨리 탄소중립이 되긴 했으나 소수 자본이 에너지를 독점하고 사회경제 불평등이나 젠더 불평등이 개선되지 않은 상태, 즉 '헷갈리는 변혁'이 왔다던 어떻게 될까요? (이런 점을 우려해서 덴마크에서는 풍력 발전의 최소 20퍼센트를 지역사회가 소유하도록 하고 있습니다.) 무조건 빨리 전환을 해서 한사람이라도 더 살릴 수 있으면 그게 곧 정의라고 말하는 사람도 있을 것입니다. 그러나 '누구를 위한' 신속한 변혁이냐를 물어야 합니다. 형평성과 정의의 문제를 뒤로 물리고, 빠른 속도만 강조하다 보면 자본의 저항 때문에 오히려 전환이 늦어지거나, 자본에 유리한 전환을 할 가능성이 생깁니다.

신속한 에너지 이행전환조차 안 되는 판에 정의까지 고려하는 것은 너무 이상적이고 비현실적이라고 할 사람도 있겠지요. 이런 조급함의 함정을 피할 줄 아는 자세가 필요합니다. 현세대의 인권과 노동자 권리와 국가간 정의를 추구하는 '세대 내 정의', 미래세대를 대변하는 '세대 간 정의', 그리그 인간/비인간의 공생을 추구하는 '생물종 간 정의'를 충분히 고려한 전환인지에 대해 계속 문제제기를 해야 합니다.

예를 들어, 2022년 기후당사국총회COP27에서 개도국의 '손실과 피해'Loss & Damage를 선진국이 보상해야 한다는 원칙이 채택되었습니다. 하지만 선진국 정부들이 이런 원칙에 열렬히 호응하겠습니까? 결국 선진국의 녹색 민주시민들이 글로벌 남부의 시민들과 연대하여 국제적 압력을 높이고, 비인간 존재들과도 협력하는 길이 최선입니다.

전기자동차로 인해 죽은 콩고 여성들

'정의로운 전환'은 신속한 전환의 내용을 규정합니다. 전기자동차의 예를 들어봅시다. 내연기관차를 전기자동차로 바꾸는 일은 일반인이 체감할 수 있는 선명한 탄소중립 조치입니다. 파리기후협정은 2030년까지 전세계 1억대 이상의 전기자동차 생산을 목표치로 제시했지요. 2015년 한국에 등록된 전기자동차가 5700대였는데, 2024년 7월 현재 누적 등록 대수가 62만대로 늘었습니다. 파리기후협정에서뿐 아니라 생물다양성협약 당사국총회에서도 전기자동차를 권장합니다.

미국, 유럽, 중국, 일본, 한국 등에서 많이 생산되는 전기자동차는 긍정적 사회 급전환의 본보기처럼 되어 있지요. 전기자동차로의 이행은 개인승용차 시스템을 '유지'하면서, 승용차의 에너지원을 가솔린에서 전기로 '대체'하려는 구도로 진행되고 있습니다.

그런데 전기자동차의 확산으로 배터리 수요가 급증한 것은 다 아시지요? 2022년 전세계 전기자동차 배터리 수요량이 700GWh였는데, 2030년이 되면 4700GWh로 뛸 것이라 합니다. 2050년까지 2022년 대비 1500퍼센트가 증가할 것으로 전망됩니다. 배터리용 광물은 대단히 과점적으로 공급되는 상품입니다. 오스트레일리아, 중국, 칠레가 전세계 리튬의 85퍼센트, 콩고가 전세계 코발트의 70퍼센트를 생산합니다.

문제는 배터리용 광물 채굴 지역에 큰 피해가 발생한다는 것이지요. 국가폭력과 부정부패가 일어나기 쉬운 조건이 만들어집니다. 콩고의 코발트 광산업의 경우, 비공식 소규모 채굴업자들이 기업의 공급망에 포함되면서 영세업체 노동자들의 산업재해, 건강위험, 열악한 노동조건이 더 나빠졌습니다. 광산 인근 지역의 환경파괴, 인권유린도 극심합니다. 2025년 2월, 광물 확보를 둘러싸고 르완다가 지원하는 M23 반군의 공격으로 콩고의 고마 지역에서 여성 수백명이 강간당하고 산 채로 불태워진 사건도 발생했습니다.

칠레 아타카마의 소금 평원에서는 광산업이 그 지역 수자원의 65퍼센트를 사용합니다. 리튬 1톤을 처리하는데 물 1900톤이 필요하다고 하지요. 농민들은 물을 다른 지역에서 수입하거나 반강제로 이주당하고 있습니다. 리튬 채굴 때문에 광산업과 에너지업체에 의한 '녹색 강탈'이 횡행하는 실정입니다. 배터리용 니켈을 채굴하는 인도네시아의 술라웨시섬이나, 태양광 패널용 실리카를 채굴하는 남아프리카의 메갈리스버그에서도 지역공동체가 무너지고 있습니다. 암을 비롯한 질병이 늘고 평균수명이 짧아졌으며 지역민이 더 가난해졌다고 합니다.[24]

기후식민주의와 '녹색 희생제물 지대'

녹색경제로의 전환을 위해 세계 일부 지역이 '녹색 희생제물 지대'Green Sacrifice Zone로 바쳐지는 중입니다.[25] 이런 문제는 기후식민주의로부터 비롯되었습니다. 기후식민주의란 선진국이 저탄소 경제로 이행하거나, 폐기물을 처리하기 위해 과거 식민지였던 나라의 국민과 원주민의 자연자원을 개발·수탈함으로써 식민주의의 구태를 되풀이하는 것입니다.

영국은 매년 1700만 개의 폐타이어를 인도에 '수출'합니다. 명분은 보행자 미끄럼 방지시설 등 재활용이지만, 수출업자의 묵인하에 무면허시설에서 열분해로 연료유를 추출하는 경우가 허다하다고 합니다. 이때 다이옥신과 같은 유독물질이 배출되고 심각한 환경, 건강, 악취 문제가 발생하지요.

녹색 희생제물 지대는 무작위로 선정되지 않습니다. 식민지 시절부터 이어져 온 인적 네트워크와 인프라, 유형무형의 제도적 연관성, 사회적·문화적·언어적 관계, 무역 연결망이 고려됩니다. 기후식민주의는 역사적 식민주의를 답습하는 신식민주의라 할 수 있습니다.

역설적으로, 식민지배를 당했던 국가들 역시 인간과 자연의 상품화에 기반한 서구의 발전 모델을 답습하여 "돌봄과 생태적 지속가능성에 뿌리를 둔 경로, 원주민의 가치를 거부하기보다 거기에서 교훈을 얻는 경로, 진보를 GDP보다 더 유의미한 지표로 측정하는 경로를 그릴 기회"를 애초에 놓치고 말았다고 할 수 있습

니다.[26]

이 때문에 글로벌 남부의 비판적 지식인들은 글로벌 북부에서 내세우는 지속가능성이나 기후생태위기 담론을 착잡한 눈으로 볼 때가 많습니다. 서구가 개도국을 자원추출 장소 또는 탄소저장 창고로 간주해온 행태에 대한 분노, 그리고 그러한 경제시스템에 문제가 많음을 알면서도 어쩔 수 없이 개발의 밴드왜건에 올라타야 했던 딜레마를 기억하기 때문이지요.

한국의 경우 식민지배를 한 적은 없지만 기후식민주의 방식을 원용해서 경제적으로 성공했고, 제국적 생활양식을 유지하기 위해 국내외를 가리지 않고 개발을 추진했습니다. 예를 들어, 2025년 현재 한국 기업인 LX인터내셔널과 포스코인터내셔널은 인도네시아에서 연간 20만톤의 팜유를 생산합니다. 포스코인터내셔널과 GS칼텍스는 인도네시아 칼리만탄에 연간 50만톤 규모의 팜유 정제공장을 2025년부터 가동할 예정이고요. 포스코인터내셔널은 2024년 팜유 관련 사업으로 2000억원의 매출을 올렸다고 보고하기도 했습니다.

잘 알려진 것처럼 팜유를 채취하기 위한 기름야자 재배는 생태계를 파괴하고, 현지 주민의 생계터전을 잃게 하고, 기후위기를 심화시키는 등 사회-지구시스템을 악화시키는 사업입니다. 한국의 기후담론은 지금보다 훨씬 더 탈식민 관점이 반영된 국제적이고 비판적인 방향으로 진화할 필요가 있습니다. 이런 방향성을 '해법 공간의 탈식민화'라고 하지요.

신속하되 정의로운 급전환—행복이 자전거를 타고 오려면

요컨대, 무조건 신속한 전환이 아니라 '어떤' 신속한 전환인지를 선택하는 것이 중요합니다. 개인승용차 시스템을 유지하면서, 승용차의 에너지원을 전기 배터리로 '신속하게' 대체하기만 하면 될까요? 그랬을 때 개도국에서 녹색 희생제물 지대가 늘어나 사회-지구시스템이 더 나빠져도 괜찮은가요?

아니면, 개인승용차 사용을 최대한 '회피'하고(Avoid), 편리하고 안전하고 저렴한 대중교통 체계로 '전환'하고(Shift), 생계를 위해 먼 거리까지 이동해야 하는 삶의 공간 배치를 '개선'하는(Improve) 일을 신속하게 추진하는 전환이 더 바람직할까요? 방향이 잘 잡혀야 속도에 의미가 있는 법입니다.

자동차를 다시 한번 언급하면서 이 장을 마치도록 하겠습니다. 위에서 말한 '회피-전환-개선(A-S-I)' 구도는 이 책의 전반적인 기조에 동의하는 독자라면 합리적인 해결방안이라고 생각하실 겁니다. 그런데 왜 이런 제안이 '말은 맞지만 실현가능성이 떨어지는 이상주의적 발상'처럼 들리는 것일까요?

이반 일리치의 『행복은 자전거를 타고 온다』에서 이 질문의 답을 찾을 수 있습니다. 일리치는 빠른 속도의 매력을 제공하는 수송산업에 인간이 종속되었다고 개탄합니다.[27] 인간은 자동차를 탈 때 자기 힘만으로 이동할 때 느꼈던 자율성의 한계를 극복한 존재가 된 듯한 환상에 빠집니다. 신속한 이동을 가능하게 해주는 수송산업이 커질수록 진정한 필수욕구를 넘어선 과잉욕구를 필수욕구라고 오해하게 됩니다. 개인승용차 없이는 못 산다고 생각하는 것이지요. 일리치는 이런 것을 산업과 자본의 '근본적 통제력'이라고 불렀습니다.

요컨대 내연자동차냐 전기자동차냐 하는 선택의 차원을 넘어, 더 깊은 차원의 권력 문제가 사회변혁을 가로막는 근본적 장애가 되고 있다는 것이지요. 바로 이 점이 다음 **질문 14** 재앙을 낳는 '어둠의 자식들'을 어찌할 것인가의 문제의식을 이룹니다.

재앙을 낳는 '어둠의 자식들'을
어찌할 것인가

우리는 문제를 생산하는 구조를 애써 외면해 왔다.
너무 싫지만, 너무 익숙하기 때문이다.
—최영준

지구를 구하는 일은 타산이 맞지 않는다.
—브렛 크리스토퍼스 Brett Christophers

빅테크는 민주주의에 대한 대량살상무기다.
—마리아 레사 Maria Ressa

트럼프의 기후변화에 대한 생각은 단지 틀린 것이 아니다. 그것은 악이다.
—존 페퍼 John Feffer

위기의 사회구조

사회생태위기를 걱정하는 사람들이 흔히 답답하게 느끼는 바
가 있지요. 원인과 해결책이 분명한데 왜 문제가 잘 풀리지 않는
가 하는 의문입니다. 모두가 책임져야 할 문제일까요? 잘잘못을
분명히 가릴 수 있는 문제일까요? 이 질문에 답하려면 불평등이
든 기후위기든 사회구조 안에서 시작되고 사회구조를 통해 재생

산되는 문제라는 점을 먼저 인식해야 합니다.

사회구조란 규칙과 규정, 제도, 법, 관행, 개인 간 상호작용과 인간집단이 조직된 방식을 뜻합니다. 그중에서 기업이나 상거래에 관한 법률, 탄소중립 정책, 생산-소비를 좌우하는 제도와 관행 등이 기후생태위기와 관련이 깊은 사회구조이지요. 시추시설, 정유공장, 탄광, 운송망, 발전소, 전력망 같은 물리적 기술권 차원의 사회구조도 큰 몫을 합니다.

따라서 전통적-물리적 사회구조 내에서 위기가 만들어지고, 위기의 해결을 가로막는 메커니즘이 작동한다고 보시면 됩니다. 에너지 연구자 레이 갤빈Ray Galvin은 탄소감축이나 에너지 이행전환의 기술적 측면에만 집중하지 말고, 사회학자 앤서니 기든스Anthony Giddens의 '구조의 이중성' 이론을 활용하여 사회구조의 맥락을 짚어보자고 제안합니다.[1] 이 이론으로 해석하면, '행위주체'는 탄소자본주의적 사회구조를 재생산하는 행동을 되풀이하고, '사회구조'는 행위주체가 그런 행동을 할 수 있는 조건을 만들어줌으로써 탄소자본주의의 사회구조를 계속 유지시킵니다. 행위주체와 사회구조를 분리된 실체로 볼 게 아니라, 양자가 함께 구조를 만들어가는 '구조화'Structuration 과정으로 이해해야 한다는 겁니다.

자본주의와 권력

행위주체들이 사회구조를 재생산하더라도 모든 주체의 영향력이 똑같지는 않습니다. 예를 들어, 기후재앙을 초래하는 화석연료 기업은 개별 시민들보다 훨씬 큰 권력 자원을 동원하여 탄소친화적 사회구조를 유지시킬 수 있습니다.

비유하건대 자본주의 구조가 '악보'라면, 그 악보를 '연주'하는 것은 권력을 가진 악단과 연주자라 할 수 있지요. 자본주의 '악보'를 바꾸자는 아이디어는 많이 나와 있습니다. 탈성장, 포스트성장, 도넛 경제학, 체제전환, 포스트자본주의 등이 대표적입니다. 그러나 '연주'를 하는 악단의 권력에 관한 논의는 상대적으로 부족했습니다.

자본주의는 각 시대에 적합한 사회구조, 즉 사회의 틀을 전략적으로 선택하고, 그러한 틀을 충실하게 따르는 권력을 동원해 사회구조를 재생산해왔습니다. 자본친화적 구조와 자본친화적 권력이 공조하여 자본주의적 사회구조를 유지하는 것이지요. 시대별로 맞춤형 악보를 제시하고, 특정 악단이 연주한 음원을 끝없이 스트리밍하면 사회 전체가 어느새 그 곡조에 따라 돌아간다고 할 수 있습니다.

이때 자본주의가 선택한 시대별 신곡 악보(구조)는 '자본주의 조절양식'이고, 악보를 연주하는 악단과 연주자(행위자)는 '권력복합체'입니다. 권력복합체는 기업과 자본친화적 사회집단 그리고 산업의 광범위한 이해당사자들로 이루어집니다.[2]

19세기 중반부터 20세기의 1~2차 세계대전 중간 시기까지 제국주의와 자유무역이 자본주의의 구조(틀)를 이루었습니다. 이것을 '식민주의-자유주의 조절양식'이라고 합니다. 이 조절양식에 따라 금-파운드 본위제가 시행되었그, 사유재산과 계약관계, 부채상환을 법적으로 보장하는 제도가 자리잡았지요. 이때 등장한 '금융 권력복합체'는 식민주의-자유주의적 구조를 충실하게 재생산했습니다. 특히 국제 금융가들의 연합체인 '오트 피낭스'(haute finance, 대형금융자본)는 금융 권력복합체의 핵심이었습니다. 지금도 회자되는 로스차일드가를 떠올리면 됩니다.

1~2차 세계대전을 거치면서 자본을 엄격하게 규제하게 되자 금융 권력복합체가 퇴조하고, '포드주의 조절양식'이 나타났습니다. 이와 함께 자동차 기업을 중심으로 한 '화석 권력복합체'가 강력한 행위주체로 등장했지요. 미국의 포드, 이탈리아의 피아트, 독일의 폭스바겐이 대표적이었습니다. 비슷한 시기에 군수산업과 관계있던 기업들이 '축산-농기업 권력복합체'로 변신했습니다. 총포류에 쓰는 화약을 만들던 듀폰, '악마의 무기'라는 백린탄을 제조했던 몬산토, 베트남전에서 사용된 고엽제(에이전트 오렌지)를 생산하던 다우 등입니다. 화석 권력과 농축산 권력은 2차 세계대전 후 노동운동과 '성장 동맹'을 맺어 분배 복지를 실시하고 정치적 영향력을 키웠습니다. 두 권력복합체는 온실가스 대량 배출, 생물다양성 상실과 멸종을 부채질했고, 1950년대부터 '거대한 가속'의 주범이 되었지요.

1970년대 들어 자본축적의 동력이 바뀌면서 '신자유주의 조절양식'의 시대가 왔습니다. 그 결과 지구화와 개방화의 흐름으로 금융 권력복합체가 다시 커졌지요. 이 시기에 '디지털 권력복합체'가 새롭게 출현했습니다. 플랫폼에 기반한 비즈니스모델이 자리 잡았고, 인간 행동을 유형화하고 소비 패턴을 예측하는 빅데이터가 자본축적의 원자재가 되었습니다.

권력복합체는 어떤 식으로 권력을 행사하는가?

금융, 화석, 농축산, 디지털의 4대 권력복합체는 어떤 방식으로 권력을 행사할까요? 우선, '물질적으로' 부를 통해 정치권에 영향력을 행사합니다. 정치권에 로비를 하고, 세법의 제정이나 개정에 은밀하게 관여하기도 하지요. 조세회피와 탈세를 할 때도 있습니다. 온실가스 규제법이나 정책이 통과되지 않도록 '제도적으로' 막습니다. 또한 '담론적으로' 싱크탱크를 지원하고, 언론매체를 직접 소유하거나 언론과 결탁하지요.

이러한 권력 행사 방식에 대응하여 시민들의 '피플파워' 움직임도 강해졌습니다. 한국의 기후-환경단체들, 해외의 '미래를 위한 금요일'이나 '선라이즈운동' '멸종 반란' 등이 대표적이지요. 2024년 8월 대한민국의 헌법재판소가 아시아 최초로 탄소중립법을 개정하라고 판결한 것은 피플파워의 손을 들어준 사례였습니다. 지역사회 분산형 에너지 운동이나 생활협동조합운동도 일상의 피플파워라 할 수 있습니다.

요즈음에는 신자유주의 조절양식이 다소 약화된 듯이 보이지만 4대 권력복합체는 여전히 건재합니다. "이들은 생태적 지속가능성, 평등, 민주주의 등 좋은 삶의 경제를 떠받치는 핵심 기둥들을 위협"합니다.[3] 이처럼 자본주의 권력복합체들이 사회-지구시스템을 '함께 그리고 동시에' 무너뜨린다는 사실을 기억해야 합니다.[4]

보십시오. 화석 권력의 대명사였던 헨리 포드Henry Ford는 반유대주의를 신봉하고 노동조합을 철저하게 탄압했고, 피아트는 무솔리니를 지지했으며, 폭스바겐은 히틀러와 결탁하여 강제수용소의 노동력으로 공장을 운영했습니다. 전기자동차와 빅테크의 상징인 일론 머스크Elon Musk 역시 노동운동을 극단적으로 반대하는 것으로 유명합니다. 포드는 구사대를 동원했고 머스크는 로펌을 활용한다는 차이가 있을 뿐입니다. 머스크는 파시즘 성향을 숨기지 않고 유럽의 극우정치를 공공연하게 지지합니다.[5] 아마존 창업자이자 『워싱턴포스트』의 소유주인 제프 베이조스Jeff Bezos는 트럼프가 재선된 후 이 신문의 오피니언 섹션에서 '개인의 자유'와 '자유시장'에 동조하는 기사만 다루라는 지침을 내리기도 했습니다. 마크 저커버그Mark Juckerberg는 페이스북과 인스타그램의 팩트체크 기능을 폐지했고요.

디지털 권력은 초기에는 '진보적 신자유주의'라고 불린 적도 있었지만 곧 국가자본주의와 결을 맞췄고, 결국 허위정보, 알고리즘 증폭, 투명성 결여, 선거개입에 연루되었습니다. 중독성 있고 독점적이며 파괴적인 경향의 빅테크들은 러시아와 사우디아라비아 등 화석연료 국가권력과도 결탁하여 민주주의를 허물고 있습니다.

이른바 '어둠의 계몽주의' 이념에 근거하여 트랜스휴머니즘 우생학과 '과학적' 인종주의를 신봉하는 디지털 권력의 궁극적 목표는 초국적 기술자본에 복종하는 권위주의적 세계질서를 구축하는 것입니다.[6] 공상과학 영화에나 나올 법한 초현실적 시나리오가 우리 눈앞에서 착착 진행되고 있습니다.

자본주의 권력복합체들은 민주주의를 공격하고 불평등을 심화시켜 사회시스템의 응집력을 와해시킵니다. 또한 기후생태위기를 초래하면서 지구시스템의 안정성을 파괴하지요. 따라서 사회-지구시스템을 구하기 위해 금융, 화석, 농축산, 디지털, 이 4대 권력복합체의 통제가 최우선 과제가 되었습니다. 화석연료 금융투자 금지, 화석연료 퇴출과 에너지 이행전환, 공공 재생에너지 생산, 자동차 생활양식 혁명, 식량주권 확보와 축산업 재구성, 디지털 민주주의 요구와 AI 환상 깨뜨리기에 문명전환의 초점을 맞춰야 합니다. 이들 분야는 **질문 13** 신속하되 정의로운 사회변혁이 왜 중요한가에서 보았듯 사회-지구시스템의 급전환을 위한 효과적인 '개입지점'이기도 합니다.

사회-지구시스템을 악화시키는 불평등 문제 역시 권력의 시각으로 파악할 필요가 있습니다. 사회학자 새라 커Sarah Kerr와 동료들은 부의 불평등을 '권력의 불공정한 영향력'이라는 관점에서 접근하면 불평등문제에 가장 효과적으로 대처할 수 있다는 사실을 밝혔습니다.[7] 거대 비즈니스가 정치권력에 부당한 영향력을 행사하고 경제체제 규칙을 자기들에게 유리하게 만드는 행태가 불평등문제의 핵심이라는 사실을 시민들이 분명히 인식할 때 '부의 재분배' 정책에 대한 지지율도 높아진다고 합니다.

20대 대통령 탄핵 후 시민사회는 '사회대개혁 과제'를 발표했습니다. 다시 민주공화국 시민이 주인 되는 세상, 정의로운 경제와 민생이 안정된 사회, 평화·주권·역사정의가 실현되는 사회, 기후위기 너머 정의로운 생태사회, 모두의 행복한 삶을 위한 돌봄중심 사회, 좋은 일자리와 보편적 노동권이 보장되는 사회, 생명·안전이 지켜지는 세상, 모두의 존엄과 공존을 위한 성평등·인권 사회, 언론·정보통신·문화의 공공성과 표현의 자유가 보장되는 사회, 식량주권과 먹거리가 보장되고 지역이 살아나는 세상, 교육과 청(소)년의 삶에 평등을 여는 세상, 내란의 완전한 종식과 헌정질서 회복 등 12개 분야가 포함되었습니다. 사회–지구시스템의 양대 기둥을 방어할 내용이 두루 망라된 목록이었다고 생각합니다.

더 나아가, 소유권 질서를 통해 자본주의 권력복합체를 지원하는 국가, 그리고 타인종이나 타민족, 노동자, 소수자 등을 '변형된 노예'처럼 취급하는 전체주의나 파시즘에 대해 민주시민의 단호한 대응을 촉구하는 사회학자 김동춘의 지적도 기억해야 할 것입니다.[8]

'사악함'의 사회과학

자본주의 권력이 기후생태위기를 악화시키는 현실을 어떻게 평가해야 할까요? 갤빈은 "공동선에 해악을 끼치는 행동"을 하는 거대권력을 '사악하다'Evil고 하자는 제안을 합니다.[9] 아시다시피 사회과학에서는 이런 표현을 잘 쓰지 않지요. 공격성, 폭력, 편견, 차별 등 객관적 접근과 중립적 용어를 선호합니다. 그러나 사회학자 제프리 알렉산더Jeffrey C. Alexander는 사회과학적 가치중립성의 명분으로 나쁜 행위의 본질을 두루뭉술하게 묘사하는 경향을 비판합니다. 그렇게 되면 "강력하고, 그 자체로 고유한 사회적 힘"인 사악함이 사라지는 효과가 발생하기 때문이지요.[10]

사회과학적 인과관계 모델을 예로 들어봅시다. '빈곤이 범죄를 낳는 경향이 있다, 편견이 성소수자 혐오로 이어지기 쉽다, 인종차별이 정치적 극단주의를 초래한다.' 여기서 빈곤과 편견과 인종차별은 독립변수이고, 범죄와 혐오와 극단주의는 종속변수입니다. 종속변수가 초래된 원인이 되는 독립변수를 찾아서 바꾸면 종속변수가 바뀔 것으로 기대할 수 있다는 논리입니다. 즉, 편견을 없애면 혐오를 줄일 수 있다는 식이지요. 이 때문에 로마 시인 베르길리우스의 『농경시』Georgics에 나오는 '사물의 원인을 알기 위하여'Rerum cognoscere causas라는 구절이 근대 사회과학의 이상이 되었습니다.

그런데 범죄나 혐오나 극단주의와 같은 (종속변수적) 현상은 애당초 어디에서 온 것일까요? 사회개혁을 잘 추진해 독립변수를 바꾸기만 하면 범죄나 혐오나 극단주의가 과연 완벽하게 사라질까요? 만일 인과관계 바깥에서 독립적으로 나타나는 사악한 현상이 있다면 그런 것은 어떻게 설명할 수 있을까요?

이런 이유로 알렉산더는 '사악함의 사회학'을 연구해야 한다고 주장합니다. 신학자 박경미도 인간에 의한 생태계 파괴를 목도하고 있는 기후위기 시대에 모든 것을 이윤추구라는 목적에 복종시키는 시장전체주의라는 "사악함의 핵심"을 직시하면서, 인간의 도덕적인 실존 전체를 문제시해야 한다고 강조합니다.[11]

세상이 어떻게 되든 말든 자신의 이익만 좇고, 끝없이 부에 집착하고, 민주주의 원칙과 공동선에 반하는 사회구조를 형성하는 권력주체는 — 그 명분이 무엇이든 — 사악한 행위성을 발현한다고 봐야 합니다. 사악한 행위성을 사악하다고 말하지 못하게 하는 사회과학적 눈가림을 내려놓고 바라보면 본질이 너무나 명확하게 보입니다. (여기서 말하는 사악함이란 개인의 인격적 속성이 아니라, 사회구조 속에서 발현되는 행위성의 양상을 뜻합니다.)

물론 '사악하다'라는 말을 함부로 남용해서는 안 되고, 반대자를 공격하기 위해 편리한 멸칭으로 써서는 더더욱 안 되겠지요. 하지만 사회−지구시스템의 붕괴를 초래하는 위기의 주범인 자본주의 권력복합체의 '사악한 속성'을 분명히 지적하는 것은, 사회과학에서 거리를 두어왔던 도덕적 통찰과 정동적 울림을 되찾는 첫걸음이 될 수 있을 것입니다.[12]

개인은 얼마나 책임이 있는가

위기를 양산하는 자본주의적 사회구조에서 보통사람은 얼마나 책임이 있을까요? 갤빈은 "특정한 권력을 보유한 일부 집단이 사회구조를 일정한 방향으로 끌고 가고, 보통사람들은 일상 속에서 그런 구조를 [어쩔 수 없이] 재생산함으로써 사회구조를 유지시킨다"라고 설명합니다.[13] 그렇다면 나쁜 사회구조를 어쩔 수 없이 재생산하는 보통사람에게 책임을 물을 수 있을까요, 없을까요?

이런 질문을 '위선자의 함정'The hypocrite's trap이라고 합니다. 사악한 행위성의 발현에 조금이라도 가담한 보통사람을 비난함으로써 초래될 수 있는 논리적 오류를 뜻합니다. 이들이 기후재앙을 재촉하는 삶의 양식에 동조한 것은 사실이지만, 그렇게 하지 않으면 살아갈 수 없는 것 또한 보통사람의 현실이기도 합니다. 독자 여러분이나 저나 마찬가지일 겁니다. 하지만 그런 행동은 사회구조를 좌우하는 거대권력에 비하면 정말 아무것도 아닌 수준에 불과하지요. 개인은 자신이 가진 권력의 크기만큼만 책임이 있을 뿐입니다.

나쁜 사회구조에 조금이나마 책임이 있음을 인정하면서 그 구조를 바꾸기 위해 최대한 노력한다면 그런 사람을 위선자라고 비난할 수는 없습니다. 과학사학자인 나오미 오레스케스Naomi Oreskes는 노예폐지운동가들도 노예들이 생산한 면옷을 입고 활동했다는 사실을 상기시킵니다. 그들은 아마 자신의 딜레마에 죄책감을 느끼면서도 노예가 생산한 옷을 입지 않아도 될 날을 앞당기기 위해 노예제와 싸웠을 것입니다. 우리는 사회구조 형성의 실질적 책임과 개인의 윤리적 책임을 구분하고, 완벽주의의 함정에 빠지지 않는 현실감각을 갖출 필요가 있습니다.

바수-밀라노비치 독재자 논쟁

  사회구조 형성에 큰 영향을 끼치는 권력을 향해, 그들의 반사회적 행동이 사회생태위기를 초래한다는 점을 알려주면 자진해서 생각과 행동을 바꿀까요? 행위의 의도성을 묻는 중요한 질문입니다. 철학자 존 듀이John Dewey는 권력을 가진 행위주체에게 잘못을 일깨워주면 기꺼이 자기 행동을 바꿀 것이라고 대답합니다. 정보가 부족해서 반사회적 행동을 할지 몰라도, 일단 충분한 지식이 생기면 그런 행동을 하지 않을 것이라고 낙관합니다.

  반대로, 그런 류의 행위주체들은 정보의 유무와 상관없이 반사회적 행동을 할 것이라고 보는 견해도 있습니다. 신좌파 철학자 피터 듀스Peter Duus는 개인이나 사회의 합리적인 개선을 거부하는 어떤 비정상적인 변칙성, 즉 '사악함'이 인간의 행동 속에 내재되어 있다고 봅니다.[14] 어느 쪽이 맞을까요?

  이 질문에 시사점을 주는 연구가 있습니다. 세계은행 수석이코노미스트를 지낸 카우시크 바수Kaushik Basu는 최근에 독재자의 권력추구를 경제적 합리성으로 분석한 논문을 발표했습니다. 불평등을 연구하는 경제학자 브랑코 밀라노비치Branko Milanović가 그 연구를 반박하면서 '바수-밀라노비치 독재자 논쟁'이 유명해졌지요.[15]

  바수는 역사에서 독재자가 되었던 정치인들을 열거하면서 왜 이들이 시간이 갈수록 악랄하게 변했는지, 왜 적당한 때에 물러나지 않았는지를 묻습니다. 원래 권위주의자였든 애국자였든, 출발 당시의 의도는 고려 대상이 아닙니다. 이들은 권좌에 머무르기 위해 처음에는 그리 나빠 보이지 않는 조치들을 하나둘씩 취합니다. 그러다 정치적 탄압과 사악함의 도가 높아지면 어느새 독재자가 되어 있는 것이지요. 심지어 독재를 몰아내고 집권했던 혁명가조차 그렇게 ― 니카라과의 다니엘 오르테가^{Daniel Ortega}처럼 ― 되곤 합니다.

일단 독재자가 되면 자진해서 사퇴하거나 보통의 시민으로 돌아가는 경우가 극히 드뭅니다. 자연사하거나 탄핵당하거나 쫓겨나거나 처형당하거나 망명을 떠나는 길밖에 없습니다. 권력을 유지하기 위해 악행을 거듭할수록 권력을 내놓기가 더 어려워지는 악순환에 빠집니다. 저지른 죄의 무게 때문에 처벌받을 가능성이 갈수록 커지기 때문이지요. 그래서 더욱 권력에 집착하고, 더 큰 악행을 저지르게 됩니다.

후진불가능한 행동이 누적될수록 출구 선택의 폭은 소진되고, 그 과정에서 국민과 사회와 세계에 크나큰 해악을 끼치기 마련입니다. "독재자로 변신하는 과정은 퇴로가 막힌 길이다. 권좌에 머무는 시간이 길어질수록 사퇴의 비용이 늘어나므로 쫓겨나지 않기 위해 더 많은 정치적 술수, 잔혹함, 사악함을 실행해야 한다"라는 것이 바수의 설명입니다.[16]

바수는 독재자의 딜레마를 경제학 모델로 분석합니다. 독재자는 늘 권력유지와 사퇴 사이에서 비용과 편익을 계산한다고 하지요. 이때 역동적 비일관성(시간적 비일관성)이라는 함정에 빠지기 쉽습니다. 계속 독재를 하면 미래에 큰 대가를 치를 것이라는 점은 작게 평가하고, 지금 권력을 유지함으로써 당장 누릴 수 있는 혜택은 크게 평가합니다. 미래가치를 과도하게 깎아내리고, 즉 각적인 현재가치에 커다란 가중치를 부여하는 '현재 편향'이 작동하는 것입니다. 바수가 분석한 독재자는 결과적으로 계산이 잘 못될지언정, 끝까지 계산을 하기는 하는, '합리적 선택자'라 할 수 있겠습니다.

밀라노비치는 바로 이 점을 비판합니다. 독재자는 시간적 비일 관성의 함정에 빠져 잘못된 계산을 하는 따위의 인간이 아니라는 겁니다. 독재자는 사퇴와 권력유지 사이에서 비용-편익을 따지 지 않는다는 것이지요. 설사 따지는 척해도 언제나 '무조건 권력 유지'라는 결론을 낼 게 뻔합니다. 이들에게 '어느 쪽이 더 나은 선택인가'라는 질문은 무의미합니다.

독재자에게는 적나라한 권력추구와 자기 이념의 강요라는 인생 목표밖에 없기 때문입니다. "권력 행사를 갈구하고 권력이 필요한" 독재자에게, 권력은 다른 어떤 것으로도 대체불가능한 절대적 가치인 것이지요. 가령 히틀러가 2차 세계대전을 일으키기 직전, "이쯤에서 물러나 알프스의 별장 또는 고향 오스트리아의 린츠로 은퇴해 음악 페스티벌을 즐기며 노후를 보낼까"라는 계산을 했을까요? 가당치 않은 상상입니다. 독재자에게 권력은 존재 자체라는 사실을 잊지 마세요.

그렇다면 기후재앙을 초래하는 화석 권력은 바수와 밀라노비 치 중 어느 쪽에 가까울까요? 온실가스의 위험경고가 기업 내부에서 나오기 시작한 1960년대 중반 이전까지는 몰랐으니 어쩔 수 없었다고 칩시다. 그러나 그후로는 바수의 버전 — 기후재앙의 잠재적 비용과 석유생산에서 나오는 수익 사이의 계산 — 이 작동했던 시기가 있었을 겁니다.

그러나 온실가스의 폐해가 분명해졌는데도 화석연료 기업들이 고의적으로 루비콘강을 건넌 시점부터는 밀라노비치의 버전으로 임계점이 넘어갔다고 봐야 합니다. 그들이 작당하여 전지구기후동맹Global Climate Coalition이라는 로비그룹을 결성하고는 천문학적 자금을 투입해 기후위기를 부인하고 조직적으로 기후조치를 방해하기 시작한 1989년이 그 시점입니다. 이때부터는 그들이 사회-지구시스템의 '공공의 적'이 되었다고 봐도 무리가 없을 겁니다. 기후재앙과 문명붕괴를 초래하는 사악한 돈벌이를 보통의 기업 활동으로 인정해줄 수는 없지 않겠습니까?

사회-지구시스템을 지키기 위한 수평적 권력

질문 8인간사회와 생태환경은 어떻게 함께 무너지는가에서 언급했던, 전환 연구자 리처드 하인버그는 『권력』이라는 책에서 위기를 영구화하는 사회구조의 '수직적 권력'에 대항하여 시민들의 '수평적 권력'을 키우자고 합니다. 권력의 집중을 막고, 약자 편에 서고, 편견과 차별에 경종을 울리고, 민주시민으로서 사회를 바꾸는 데에 참여하자는 것이지요. 더 나아가, 아름다움과 문화와 예술의 힘으로 나쁜 권력의 독성을 중화시킬 수 있다는 흥미로운 제안을 합니다.[17] **질문 6** 모든 존재의 좋은 삶, 가능한가에서 소개한, 물질주의를 피하고 정신적·예술적 활동을 지향하는 '단순'Simplicity의 원리와 일맥상통하는 입장입니다.

수직적 권력과 수평적 권력을 환경정치에 대입해봅시다.[18] 수직적 권력인 '압도하는 힘'Power over은 승자와 패자가 나뉘는 제로섬게임처럼 작동하는 힘이지요. 기후생태위기를 몰고 오는 행위주체들이 구사하는 권력입니다.

그러나 공동선을 추구하는 세력에게 도움이 되는 권력도 있습니다. '행동하는 힘'Power to은 개인 또는 집단이 생태환경을 위해 어떤 주도적 행동을 취할 수 있게 해줍니다. 예를 들어, 소비 줄이기나 걷기는 혼자서도 당장 시작할 수 있습니다. '함께하는 힘' Power with은 사회생태 전환과 행성적 보살핌을 지향하는 사람들이 연대할 수 있게 해주는 힘입니다. 심리학자 대커 켈트너Dacher Keltner 는 '행동하는 힘'과 '함께하는 힘'을 '선한 권력'이라 불렀습니다. 타자를 압도하지 말고, 서로 연대하여 공동선을 확장할 수 있는 긍정적인 권력을 키우자는 뜻이지요.[19] **질문 4** 왜 정치적으로 접근해야 하는 문제인가에서 보았듯이 페미니즘 행성정치가 지향하는 '대놓고 선한 권력'이 바로 이런 긍정적인 권력이라 할 수 있습니다.

앞서 저는 행성적 차원에서 반동적이고 수직적인 권력이 사회-지구시스템을 '함께 그리고 동시에' 허물고 있음을 강조했습니다. 반대로 지구시스템의 기후생태위기를 막으려면 사회시스템의 안정화와 평등화가 '함께 그리고 동시에' 일어나야 합니다.

2024년 계엄사태를 겪은 후 사회학자 조희연은 민주주의의 위기에서 벗어날 처방을 제시했습니다. "12.3 이후의 전환과정에서, 우리 사회가 **지구적인 이런 사회경제적 불안정 현상에 대응하여, 더욱 전향적인 복지와 민생경제**를 만들어낼 수 있다면 (…) 그리고 **사회권의 지평**을 넓힐 수 있다면, 우리가 세계사의 새로운 경로를 개척하는 것이 될 것이다."[20] 위기를 타개하기 위해 사회권으로 확장된 인권을 거론한 점이 의미심장합니다. 인권학자 이주영이 지구의 생태한계를 고려하면서 인권-사회권의 확장과 재구성을 고민하자고 한 점도 유념할 필요가 있습니다.[21]

어둠의 자식들에 맞서 인권을 밝히는 빛의 자식들

인권은 역사 속에서 모든 형태의 억압권력에 맞서는 저항권력의 역할을 해왔습니다. 우리는 흔히 인권을 가해자에 의해 침해를 당한 문제를 법이나 제도를 통해 해결하는 것이라고 생각합니다. 하지만 그것과는 다른 형태의 인권도 있습니다. 부당하고 불의한 모든 일에 대해 '자유와 존엄'을 요구하는, 저항권력의 '은유로서의 인권'이 그것이지요.

사회학자 닐 스태머스Neil Stammers는 영국 명예혁명, 미국 독립혁명, 프랑스혁명, 식민지 노예들의 반란이었던 아이티의 혁명과 독립, 노동자운동, 사회주의운동, 민족자결권운동, 피억압민중해방운동, 성평등운동 등 근현대의 거의 모든 해방운동이 '표출적 차

원'에서 '인간의 자유와 존엄'을 내세웠음을 상기시킵니다.[22]

표출적 차원의 인권 요구는 기후위기에서도 나타납니다. 미국에서 기후정의운동이나 에너지정의운동은 어느날 갑자기 나타난 운동이 아니었습니다. 멀게는 노예해방운동이나 여성참정권운동, 가깝게는 1960년대의 민권운동, 그리고 그것으로부터 영감을 받았던 1980년대의 환경정의운동, 피플파워, 종교운동, 여성운동의 맥을 잇는 '자유와 존엄을 위한 저항권력 운동'의 역사적 계승자라는 겁니다.[23] 이런 움직임은 최근 자연의 권리rights of nature 운동으로까지 연장되고 있습니다.[24]

한국에서도 표출적 차원의 인권, 은유로서의 인권을 위한 운동은 역사가 깊습니다. 19세기 말 조선에서 나타난 동학이 좋은 예입니다. 철학자 오문환에 따르면 '사람을 하늘과 동일하게 섬겨라〔事人如天〕' 또는 '사람이 곧 하늘이다〔人乃天〕'라는 가르침은 인간 존엄성의 극치라고 합니다. 또한 '내' 마음이 곧 하늘이라는 '천도합일'天道合一은 인권 보편성의 궁극적 표현임과 동시에 동식물과 자연사물에까지 확장될 수 있는 범용성이 높은 개념이라는 것이지요.[25] 그리고 동학의 인권사상은 특정 정치공동체나 특정 민족에 한정되지 않는 '열린 공동체성'을 특징으로 합니다. 그렇게 본다면 동학운동은 **질문 7**어떤 중간목표를 세워야 할까에서 본 이매뉴얼 월러스틴의 '보편적 보편주의'보다 범위가 넓은, 표출적 '인간-자연' 통합 권리사상이라고 할 수 있습니다.

1923년 경남 진주에서 결성된 형평사衡平社 역시 표출적 인권의 중요한 사례입니다. 당시 최하층민이었던 백정들은 '저울〔衡〕처럼 평등한(平)' 사회, 즉 차별없는 사회를 염원했습니다. 사회학자 김중섭은 형평사가 사회적 서열, 식민지배, 국가, 자본주의 등 여러 차원의 억압권력에 대항한 (표출적 차원의) 저항운동이었다고 설명합니다.[26]

이런 관점에서 본다면 오늘날 한국의 기후정의, 환경, 녹색전환, 생태전환, 에너지전환, 동물권운동 등은 동학운동, 형평사운동, 식민해방운동, 노동운동, 반독재민주화운동, 여성운동, 소수자운동 등 다양한 인권운동의 역사적 전통을 계승하고 있습니다. 인권은 이제 '인간'만의 권리담론을 넘어섰고, 맥락과 감수성이 달라졌지만 21세기형 '자유와 존엄과 해방' 운동인 점에는 변함이 없다는 것이지요.

표출적 인권의 정신으로 기후정의 운동의 서사를 만든다면 다음과 같이 됩니다. '나 자신, 내가 사랑하는 이들, 내 후손, 소중한 비인간 존재들에게 이렇게 큰 재앙을 초래하는 기후생태위기가 왜 계속되는가? 어떤 사악한 권력이 이런 자본주의 사회구조를 재생산하는가? 이것이 정당하고 옳은가? 모든 존재의 자유와 존엄과 해방을 위해 우리는 어떻게 행동할 것인가?'

사회윤리학자 라인홀드 니부어Reinhold Niebuhr는 집단 간의 정의로운 관계를 수립하려면 힘이나 강제력을 발휘하는 제도나 정책 등 '정치적 방법'Political methods만이 본질적 수단이라고 보았습니다. 사회구조의 문제는 권력의 문제를 피해갈 수 없다는 말이지요.[27] 기후재앙을 지속시키는 자본주의 사회구조를 혁파하기 위해 공동선을 지향하는 세력이 피플파워 권력을 키워 기후재앙 세력을 정치적으로 제압하는 길이 최선이라고 생각됩니다.

니부어는 『빛의 자식들과 어둠의 자식들』에서 소수 기득권층에 이로운 사회구조를 유지하려는 집단을 '어둠의 자식들', 그리고 공동선에 도움이 되는 사회구조를 지지하는 집단을 '빛의 자식들'이라 불렀습니다. 빛의 자식들은 "언제나 다양한 수준에서 이뤄지는 전체의 조화"로서 선을 추구하는 반면, 어둠의 자식들은 "모든 법률을 자신들의 의지와 이해관계에 복속시키는 도덕적 냉소주의자들"입니다.

어둠의 자식들은 "언제나 전체—그것이 직접적인 공동체건 인류 전체의 공동체건 아니면 세계의 전체적 질서건 관계없이—를 고려하지 않고 이기심만을" 좇으며, "자기를 넘어선 그 어떤 법도 알지 못한다는 점에서 악" 그 자체라 할 수 있다고 했습니다.[28]

이러한 어둠의 자식들에 결연히 맞서면서, 지구시스템이 더이상 무너지지 않도록 막아내고, 공동선친화적인 방향으로 사회시스템이 급전환할 수 있도록 분투하는 녹색 민주시민이야말로 우리 시대를 밝히는 빛의 자식들이라고 저는 믿습니다.

왜 지구가 뜨거워질수록
극우가 득세하는가

1.5도를 넘어서도 인류는 결국 답을 찾아낼 것이다.
다만, 그 과정은 매우 험난하고 격렬할 것이다.
———김백민

탈진실은 파시즘의 전조다.
———티머시 스나이더 Timothy Snyder

극우파에 맞선다는 것은 금융가의 큰손에 맞선다는 말이고,
세상을 망치려고 온갖 수를 쓰는
석유 대기업과 에너지 대기업에 맞선다는 말이다.
———바버라 박서 Barbara Boxer

볼로냐, 코부르크, 워싱턴, 서울—공통점과 차이점

다음 역사적 사례들을 비교해봅시다.

사례 1. 스스로를 '스콰드리스모'(Squadrismo, 파시스트 전위대)
라 부른 이탈리아의 무뢰한들이 좌파, 사회주의자, 노동조합원,
언론인, 민주주의자, 정치인들을 공격하기 시작했습니다. 검은 셔

츠를 입은 폭도들이 노동자 집회를 습격하고 노조 건물을 파괴하고 인쇄시설을 불태웠습니다. 사람들을 폭행하고 고문하고 죽였습니다. 1921년 볼로냐에서 그들의 우두머리 무솔리니는 "드디어 파시즘이 탄생했다"라고 선언했지요. 무솔리니는 파시스트 깡패들의 폭력에 대해 다음과 같이 두둔하는 발언을 남겼습니다. "해방시키는 폭력이 있고 노예로 만드는 폭력이 있다. 도덕적인 폭력이 있고 부도덕한 폭력이 있다."

사례 2. 히틀러는 자신을 독일의 무솔리니로 여겼습니다. 갈색 셔츠를 입은 '슈투름압타일룽'(Sturmabteilung, 돌격대)이라는 히틀러의 경호조직은 반대파를 폭행하고 협박하고 살해했습니다. 1922년 10월, 우두머리 히틀러와 800여명의 돌격대가 열차를 타고 '독일의 날' 행사가 열린 바이에른의 코부르크로 쳐들어갔지요. 그들은 노동조합원과 사회주의자에게 돌을 던지고 린치를 가하는 등 도시 전체를 공포의 도가니로 몰아넣었습니다. 나치가 대규모 폭동을 일으킨 최초의 사건이었습니다. 히틀러는 『나의 투쟁』에 그날 상황을 다음과 같이 써놓았습니다. "그들은 살인자 떼거리들이 코부르크의 평화로운 노동자들을 상대로 살육전을 벌인다고 거짓말을 해댔다." 궤변은 계속 이어집니다. "1914년 이래 처음으로 코부르크 시민들에게 법 앞의 평등 원칙이 다시 세워졌다."[1]

사례 3. 2021년 1월 6일, 미국 워싱턴의 국회의사당에 수천명의 폭도가 몰려들었습니다. 'MAGA'(Make America Great Again, 미국을 다시 위대하게)라는 표어로 상징되는 미국 우선주의 포퓰리즘의 우두머리 트럼프가 부정선거 운운하면서 "미국을 되찾기 위해 '평화적이고 애국적으로' 투쟁하라"라고 선동한 직후였지요. 그를 지지하는 정치인들은 '전쟁과 같은 재판' '총력전' 등 자극적인 언사를 쏟아냈습니다. 폭도들의 시위대는 의사당을 점거하고 훼손했습니다. 폭도들은 민주당 지지자를 맑스주의자, 공산주의자라 욕하고, 이민자, 소수민족, 성소수자 등을 '민중의 적'이라고 비난했습니다. 경찰을 포함하여 5명이 사망했습니다. 트럼프는 처음에는 폭도를 '그들'이라 칭했지만 나중에는 '우리'라 불렀고, 사건을 '사랑의 날'에 일어난 해프닝에 불과하다고 하며 옹호했습니다. 재선에 성공한 트럼프는 복역 중이던 시위대 수백명을 사면·석방했고요.

사례 4. 2025년 1월 19일, 대한민국 헌정사상 최초로 내란 우두머리 혐의로 현직 대통령에게 구속영장이 발부되자 윤석열의 지지자 수백명이 서울의 서부지방법원을 습격했습니다. 이들은 법원의 유리창과 외벽을 부수고 청사 내부로 침입하여 시설을 파괴했지요. 경찰과 취재진, 일반시민을 위협하고 폭행했습니다. 고위공직자범죄수사처(공수처) 직원들에게 폭력을 가하고 관용차를 파손했으며, 좌파와 간첩과 중국인이 한국을 전복하려 든다고 주장했습니다. 윤석열의 추종자들은 난동을 '국민저항권'이라고 강변하기도 했지요. 윤석열은 경찰에게 강경대응을 하지 말라는 주문을 했고, 구속자들이 조속히 석방되기를 기도한다는 메시지를 내놓았습니다. 또한 탈당 선언문에서는 "자유와 주권 수호를 위해 뜨거운 열정을 함께 나누고 확인한 (…) 청년 여러분"이라고

까지 했습니다.

위 사례들의 공통분모가 무엇일까요? 이들이 수구보수, 우파 포퓰리즘, 극우, 파시즘의 스펙트럼 내에 위치하고, 민주 질서에 반하는 범죄적 폭력을 자행했다는 점입니다.[2] 또한 우두머리들이 언어학자 윌리엄 러츠William D. Lutz가 '이중화법'doublspeak이라고 칭한 교묘한 궤변을 활용했다는 점도 유사합니다.[3] 차이점이라면 한세기 전과 현재라는 시점의 간격, 배경과 맥락의 상이함 등을 꼽을 수 있을 것입니다.

'사례 1'과 '사례 2'가 사회시스템 내에서 벌어진 사건이었던 반면, '사례 3'과 '사례 4'는 사회시스템과 지구시스템이 악순환 하는 시대에 벌어진 사건이라는 점이 가장 큰 차이라고 저는 생각합니다. 최근 극우의 세력확장에 대한 논의가 활발하지만, 지구시스템의 문제까지 고려한 분석은 드물지요. 이 장에서는 지금까지의 연구성과를 받아들이면서, 사회-지구시스템의 교차적 관점을 추가하여 극우의 문제를 짚어보기로 하겠습니다.

생태파시즘과 극우

2019년 3월, 뉴질랜드의 크라이스트처치에서 브렌턴 태런트Brenton Tarrant가 금요일 기도시간에 이슬람 사원 두곳을 습격하여 51명이 죽고 89명이 중상을 입었습니다. 몇 달 뒤 미국 텍사스주

엘파소의 월마트에서 패트릭 크루시어스Patrick Crusius가 히스패닉들을 공격하여 23명이 죽고 22명이 중상을 입었고요. 그는 태런트로부터 영감을 받았다고 했습니다. 2022년 5월에는 미국 뉴욕주 버팔로의 탑스 슈퍼마켓에서 페이턴 젠드론Payton Gendron이 흑인들을 공격해서 10명이 죽었습니다. 그 역시 태런트의 영향을 받았다고 했지요. 그들은 모두 '생태파시스트'를 자처했다고 합니다.

역사학자 김용우에 따르면, 이들은 인구과잉으로 자원이 압박받고, 이주자와 난민이 국가의 문화적 동일성과 안정을 위협한다고 본답니다. 세계인구를 줄여 백인종의 거주지를 확보하고, 환경을 보호하며, 난민이나 이주민을 받지 말아야 한다고도 하지요. "난민을 구하지 말고 나무를 구하라"Save trees, not refugees가 이들의 구호입니다. 비거니즘, 다문화 반대, 백인 국수주의, 일회용 플라스틱 반대, 반유대주의, 북유럽 노르드 신화 신봉 등 진보적 입장과 극우적 입장이 혼란스럽게 섞여 있습니다.[4] 다양성, 공존, 평등, 평화, 비지배를 추구하는 생태론을 억압과 반지성주의와 폭력을 선호하는 파시즘과 결부시키는 이들의 주장은 궤변 그 이상도 그 이하도 아닙니다.[5]

사회-지구시스템 문제와 극우의 연관성을 설명하기 위해 테러 사건을 먼저 거론한 이유가 있습니다. 생태파시즘과 21세기형 극우가 사상적 혼종성, 민주주의 거부, 국수주의, 폭력 옹호, 냉소주의와 허무주의, 이주 반대 등 겹치는 부분이 많기 때문이지요.

지구화, 신자유주의, 이주

하버드대학의 경제학자 다니 로드리크^{Dani Rodrik}는 1기 트럼프 시대에 확연히 드러난 미국 우파 포퓰리즘을 지구화와 연관하여 분석합니다. 중국에 유리한 무역체제에 대한 불신과 2008년 금융 위기의 충격이 컸습니다. 자동화, 탈산업화, 탈노조화, 노동유연 화로 인한 불평등 증가, 일자리 불안정, 소득 감소 등 경제적 요인 도 중요했지요. 이주와 난민 이슈도 포퓰리즘 확산에 큰 영향을 끼쳤습니다.[6] 신자유주의 풍토 역시 극우파 확장의 중요한 요인 으로 나타납니다.[7]

국제이주는 특히 선진국에서 정치적 갈등을 증폭시켰습니다. 우선 국제이주의 규모가 커진 죽을 짚어야 합니다. 유엔에 따르 면 2024년 현재 국가간 이주자, 즉 국제 이주자는 3억 400만명으 로 1990년의 1억 5400만명에서 거의 2배 가까이 증가했습니다. 1990년에는 세계인구 중 국제 이주자의 비율이 2.9퍼센트였지만, 2024년에는 3.7퍼센트로 늘었습니다. (이 비율을 한국 인구에 대 입하면 약 190만명이 해외이주를 떠난 셈입니다.) 국제 이주자의 절대적 인구수와 비율이 모두 올랐습니다.[8]

난민과 이주노동자가 많이 유입되면 경쟁의식과 외국인에 대 한 반감이 일어나곤 합니다.[9] 자신의 '지위 정체성'을 유지해 주 던 사회적·문화적·인종적 안전판이 사라졌다는 느낌 때문이거 나, 인종 구성의 변동에 따른 불안심리 때문이지요. 젊은 층이나 저학력 노동계층에게는 이주민의 증가가 자신의 일자리가 사라지는 절박한 생존의 문제로 생각되기도 합니다. 특히 이런 반응은 선동가들, 선정적 미디어, 가짜뉴스에 의해 증폭됩니다. 이같은 상황을 악용하는 극우 포퓰리즘 세력은 난민, 이주노동자, 소수자, 좌파 등을 희생양으로 삼아 비난하고, 자기들이 권력을 잡으면 이런 문제를 단번에 정리할 수 있다고 호언장담합니다.

이런 분위기에 맞서 정치이론 연구자 자라 골드스톤^{Zara Goldstone}은 이주민을 보호하는 것에서 한걸음 더 나아간 제안을 합니다. 개도국 노동자의 유럽 이주는 식민주의의 유산인 측면이 크고, 그동안 식민지배에 대한 과거사 논의가 주로 사과 및 재정지원을 중심으로 이루어져 왔습니다. 그러나 서구 국가가 구식민지 출신 노동자들에게 적극적인 '이주 권리'를 보장하는, 이른바 '보상 이주' 정책을 편다면, 과거사 청산의 상징적 의미와 그들이 본국으로 보내는 송금을 통한 재정지원의 의미가 모두 충족될 수 있을 거라고 합니다.[10] 이주에 대한 반발이 커지는 시대에 이런 주장이 너무 이상적이라고 생각될지도 모르겠습니다. 하지만 이주민이 늘어날 것이 확실시되는 상황에서 이런 식의 적극적 의미부여는 우리의 인식변화에 건설적인 자극이 될 수 있습니다.

기후위기와 극우

사람들이 자기 나라를 떠나는 이유는 다양합니다. 경제적 곤란, 정치적 불안정과 박해, 분쟁, 인구학적 변동, 사회적·문화적 기

회 결핍 등이 손꼽힙니다. **질문 8**인간사회와 생태환경은 어떻게 함께 무너지는가
에서 다룬 것처럼, 기후위기와 생태환경의 악화도 국제이주에 큰
영향을 미칩니다. IPCC의 『제6차 평가보고서—제2실무그룹 보
고서』는 기후 문제로 이주가 늘어난다고 공식적으로 인정하고 있
습니다.[11] 유엔난민기구UNHCR가 2025년 11월에 발표한 보고서에
따르면 기후 관련 재난으로 지난 10년 사이 전세계적으로 난민과
이산민이 2억 5000만명이나 발생했습니다. 홍수, 폭풍, 가뭄, 폭염
과 같은 극한기상이변은 사람들을 자기 땅에서 살기 어렵게 만듭
니다. 사막화, 해수면 상승, 생태계 파괴와 같은 완만한 피해도 식
량과 물 문제를 악화시킵니다. 이처럼 기후위기는 '리스크 증폭
요인'이어서 난민이 늘어나게 하는 원인이 됩니다.[12] 이런 추세는
직간접적으로 권위주의와 극우 포퓰리즘을 증가시키고, 그것은
다시 민주주의와 인권에 악영향을 끼치곤 합니다.[13]

2015~16년에 시리아 난민 120만명이 독일에 오는 등, 유럽에서
이주자의 물결이 대폭 늘었습니다. 그 시기를 전후해서 극우세력
의 활동도 눈에 띄게 커졌지요. 2014년 유럽의회 선거에서 극우
계열 정당이 약진했고, 이탈리아, 스웨덴, 오스트리아, 프랑스, 네
덜란드, 덴마크, 폴란드, 헝가리의 극우정당들이 세력을 확장했습
니다. 2016년 6월 영국이 브렉시트로 유럽연합에서 탈퇴했으며,
11월에는 미국에서 트럼프가 대통령에 당선되었습니다.

반이민 정서가 확산되는 분위기 속에서 독일 극우정당인 독일
을위한대안AfD이 2017년 독일 연방 총선에서 94석을 획득하여 원
내 제3당이 되었습니다. 2022년 러시아가 우크라이나를 침공한

후 독일에서 에너지 가격이 폭등하자 극우에 대한 대중의 지지가 더 올랐습니다. 사회시스템과 지구시스템이 더 연계-악화될 때 정치적 불안정이 커진다는 방증입니다. AfD는 2025년 연방 총선에서 유권자 1000만명 이상의 지지를 받아 152석을 획득했습니다. 연방 헌법수호청이 '우익 극단주의 단체'로 지정한 정당이 원내 제2당이 된 겁니다. 2025년 6월 네덜란드 연립정부가 이주문제를 놓고 대립하다 붕괴했고, 같은 달 북아일랜드에서는 반이민 시위자들이 이주민들의 임시 거주시설에 불을 지르고 경찰과 충돌하기도 했습니다.

역사적 배경을 살펴봅시다. 2007~10년 사이 중동의 '비옥한 초승달' 지역에 기상관측 사상 최악의 가뭄이 발생했습니다. 시리아 남부의 농민들이 살길을 찾아 연안 도시 지역으로 대거 이주했지요. 2002년에 890만 명이던 도시 인구가 2010년에 1380만명으로 50퍼센트 이상 증가했습니다. 식량부족, 물가상승으로 도시민과 이주농민 사이에 긴장이 고조되었고, 급기야 시위와 충돌이 벌어졌습니다.

원유 문제도 얽혀 있었습니다. 산유국인 시리아의 원유 생산량이 2001년에는 하루 58만 1000배럴이었는데 2009년에는 37만 5000배럴로 떨어졌고, 2014년경에는 아예 폭락했습니다. 정부는 농가 지원이나 식품보조금 지급 등 공공지출을 할 여력이 없어졌지요.[14]

시위를 폭력으로 진압하자 이슬람 전투원들이 분쟁에 뛰어들었고, 영국, 프랑스, 미국, 러시아 등 외세가 개입하고, ISIS('이슬람국가')가 창설되었습니다. 역내 분쟁이 격화되면서 유럽에 테러 공격이 빈발해졌고요. 이 시기에 중동 난민들이 유럽에 도착하기 시작한 것입니다. 2006~15년 사이 전세계 157개국의 난민신청 데이터를 전수조사하니 기후위기로 인한 가뭄으로 중동에서 무장충돌 가능성이 높아지면서 2011~15년 사이에 해외 난민신청자가 급증했음이 밝혀졌습니다.[15]

하지만 기후변화가 곧바로 난민을 발생시켰다고 해석하는 것은 조심해야 합니다. 독재자였던 바샤르 알아사드Bashar al-Assad 정권은 가뭄 이전부터 신자유주의적 시장 자유화 정책과 무능한 농업정책을 펴왔고, 불평등과 부정부패가 만연해 있었습니다. 그 와중에 대가뭄이 발생하여 사태가 악화되었던 것이지요.[16] 난민과 이주민이 무조건 극우세력을 키우는 것도 아닙니다. 비유럽 출신의 저숙련 이주자들이 유입될 때 극우적 반동이 심해지고, 기존의 경제·사회 통합정책의 유무에 따라서도 반응이 달라진다고 합니다.[17] 정리하겠습니다. 기후와 난민, 극우의 관계는 복잡하고 중층적이라는 점을 전제로 하되 기후문제를 논하지 않으면 난민과 극우의 문제를 총체적으로 파악하기 어려운 시대가 되었다고 보시면 정확합니다.

기후위기, 우크라이나전쟁, 에너지문제를 둘러싼 논쟁이 격화되는 와중에 2024년 유럽의회 선거에서 극우계열 정당들이 전체 4분의 1에 가까운 170석을 획득했습니다. 이들은 기후를 정책 우선순위에서 제외하려 하지요. 프랑스의 극우정치인인 마린 르펜Marine Le Pen은 풍력발전기를 '외래 침입종'에 비유했고, 2025년 5월 영국의 지방선거에서 약진한 극우정당인 영국개혁당Reform UK의 당수 나이절 패라지Nigel Farage는 "의회의 들쥐들이 탄소중립 정책을 몰아가고 있다"라고 선동했습니다.

이처럼 "기후변화에 대한 부정·회의·공격은 민주주의에 대한 부정·회의·공격과 서로 단단하게 연결"되어 있습니다.[18] 또한 극우언론은 에너지 이행전환으로 '기후피로'가 왔다고 하면서 인플레와 구직난에 시달리는 청년층을 부추기곤 합니다.

극우세력은 이주민, 난민, 환경운동가들 때문에 경제가 나빠졌다고 여론을 호도합니다. 극우의 '팩트 비틀기' 탓에 이제 기후위기는 사회집단과 계층을 분열시키는 '쐐기 쟁점'Wedge issue이 되었습니다. 화석연료 산업의 이해당사자들 —— 기업과 노동자들 —— 은 전통 산업을 보호해주겠다는 극우정당의 공약에 귀를 기울이기 쉽습니다. 유럽의 농업인들은 환경 규제, 농가 보조금 삭감, 온실가스 감축을 위한 토양관리 강화, 배양육 개발과 전통 축산업 퇴출에 대한 반발 때문에 극우정당에 쏠리기도 합니다.

남성의 권력과 가부장제를 방어하기 위해 기후위기가 이용되기도 합니다. 정치학자 카라 대깃Cara Daggett은 기후위기 대처 과정에서 특히 위협을 느끼는 집단에 주목합니다. 오랫동안 화석연료 시스템은 백인 남성의 가부장적 지배를 떠받쳐온 인프라였습니다. 화석연료는 단순히 에너지 이상의 상징성을 지닌 물질이지요. '석유 남성성'Petro-masculinity에 기반하여 현대인의 지배적 정체성이 구성되어왔기 때문입니다. 그런 시스템을 전환한다는 것은 백인 남성에 대한 공격으로 인식되기 쉽습니다. 젠더평등에 반대하기 위해 화석연료를 고수하려는 유혹이 생길 수도 있습니다.[19] 심리적으로 우경화된 남성들은 극우정당의 잠재적 지지 그룹이 될 가능성이 높습니다.

사회-지구시스템과 한국의 극우

2024년, 문명전환 연구집단인 로마클럽이 주도적으로 참여하는 싱크탱크인 어스포올Earth4All과 시스템전환 연구네트워크인 글로벌커먼즈동맹Global Commons Alliance이 G-20 국가 중 18개국과 신흥경제권 4개국의 국민 2만 2000명을 대상으로 조사를 실시했습니다.[20] 그중에서 대표적인 질문항목 두가지를 소개합니다.

첫째, "경제가 수익과 부의 창출에만 초점을 맞추지 말고, 인간과 자연의 건강과 웰빙에 우선순위를 두어야 한다." '그렇다'라고 한 대답의 전체 평균은 68퍼센트, 한국은 54퍼센트였습니다. 일본에 이어 끝에서 두번째였지요.

둘째, "자연과 기후에 광범위하고 장기적인 피해가 오는 행동을 승인한 대기업 임원과 정부 고위관리를 형사범죄로 다루어야한다." '그렇다'라고 한 대답의 전체 평균은 72퍼센트, 한국은 61퍼센트였습니다. 일본과 사우디아라비아에 이어 끝에서 세번째였지요.

이 결과가 무엇을 말해줄까요? 한국인의 경제와 환경에 대한 태도, 사회생태위기의 근본원인과 대응에 대한 인식, 선진국 국민으로서 사회-지구시스템에 대한 문제의식이 상대적으로 지체되어 있다는 점입니다. 문명전환을 논하기에 어려운 세계관이 아닌가 우려되는 지점이기도 합니다.

한국의 극우세력을 조사한 정치학자 황인정의 연구를 봅시다.[21] 20~40대의 주로 남성 '일베' 집단은 반페미니즘, 반호남, 반이민, 친일본을 특징으로 합니다. 근본주의 개신교 집단은 반이슬람, 반동성애, 친미국을 특징으로 하고요.[22] 노년층의 태극기집회 집단은 애국주의, 국방, 친미국, 권위주의 정권에 대한 향수를 특징으로 합니다. 성소수자차별반대 무지개행동과 차별금지법제정연대의 조사에 따르면 한국의 극우는 특히 성소수자 등을 희생양으로 삼는 경향이 있으며, 그것이 계엄사태의 옹호와 관련되었다고 합니다.[23]

행정학자 최영준과 황지은의 2025년 연구도 시사적입니다. 극단적 속성(권위주의, 급진주의, 반엘리트주의 포퓰리즘)과, 우파적 속성(토착주의 반이민, 보수주의, 반공주의, 사회다윈주의)에 모두 동의하는 극우 성향 응답자가 전체 응답자의 21퍼센트로 나왔습니다. 2025년 9월 『한겨레』와 한국정당학회의 조사에 의하면 민주주의에 대한 반대 정도, 외국인에 대한 배척 강도, 음모론에 대한 동의 정도를 측정했을 때 전체 유권자 중 14.3퍼센트가 '극우'로 분류되었습니다. 이는 12·3 계엄 찬성 유권자 규모(13.9퍼센트)와 비슷한 수치입니다.[24]

환경학자 신혜정과 윤순진의 조사에 따르면 한국 보수 일반 그리고 더 과격화된 '태극기 극우' 집단은 국가주의, 권위주의, 반공주의에 뿌리를 두고 있으며, 성장주의의 강력한 예찬자들입니다.[25] 이들에게 1970년대 박정희 시대는 개발주의·성장주의의 원점을 이루는 '시간적 고향'이나 마찬가지입니다. 이때 청장년기를 보낸 세대는 어린 시절의 빈곤 경험 때문에 '생존주의'를 체화했고, 그것이 냉전 대결체제라는 시대적 배경에서 확고하게 굳어졌습니다. 그런 목표에 부합하지 않는 모든 것이 후순위가 되고, 타자화, 적대시되었지요. 이들에게는 생존의 수단이 곧 성장이었습니다.

'태극기 극우'는 기후변화 자체를 부정하지는 않지만, 생존이 훨씬 더 중요하며 그러므로 경제성장은 절대로 포기할 수 없는 신성불가침이라고 생각합니다. "계속해. 영원히 가야지!"[26] 환경은 사소한 것, 지금은 신경 쓸 수 없는 것, 좌파의 전유물이라고 치부되었습니다. 이렇게 강고한 생존중심 사고방식의 집단에게 기후변화나 환경문제가 핵심의제가 되기는 어려울 것입니다.[27]

극우의 성장 추앙이 극단적이긴 하나 극우만이 성장을 지지하는 것은 아닙니다. 사회복지학자 김윤민은 21대 대통령 선거에서 여야 후보를 가리지 않고 성장 일변도의 담론이 지배적이었다고 비판합니다.[28] 광장에서 외친 약자 정책이 성장 공약에 밀려났다는 언론의 지적도 나왔습니다. 심지어 기후위기 대응에서조차 꼭 '경제성장'을 가져다 붙이는 겁니다. 성장 없이는 탄소중립도 없다는 식입니다.

성장과 짝을 이루는 개발은 한국에서 진보와 보수를 가리지 않고 절대적인 지지를 받는 가치입니다. 국가주도형 경제개발 모델은 오늘날 대도시, 수도권 집중, 부동산, 건설, 토건, 지역 진흥, 교통 인프라 등 **질문 11** 당신에게 엘리베이터가 없는 미래를 상상할 수 있는가의 기술권 확장으로 이어져왔습니다. 오죽했으면 한국 사회가 '개발 중독' '성장 중독' '탄소 중독'에 걸렸다는 개탄이 나오겠습니까?

윤석열 정부의 기후·생태·환경 정책은 그 이전 정부들보다 훨씬 퇴행적이었습니다. 소극적 기후정책, 재생에너지 목표 축소, 석탄발전소 신규 건설, 화학안전법 후퇴, 그린벨트 해제, 해양환경 규제 폐지, 자원순환 정책 후퇴, 일회용품 규제 포기, 일회용 택배 포장 규제 유예, '대왕고래' 유전 개발, 설악산 케이블카 설치, 신공항 건설, 댐 증설 등 반기후적, 반환경적인 개발정책이 줄을 이었지요.

원전을 극단적으로 추앙하는 것도 극우의 특징입니다. 자유통일당의 정강정책은 "원전 원상회복의 친환경화를 통해 에너지정책을 추진하여 기후변화를 방지"한다고 선언합니다.[29] 원전이 환경친화적 에너지이므로 원전이 아니면 기후문제를 해결하지 못한다는 말입니다. 원전 부활을 선거공약으로 내걸었던 윤석열은 원전업계를 살리려면 "안전을 중시하는 관료적인 사고는 버려야 한다"라고까지 하면서, 원전을 국정의 최우선 아이콘으로 밀어붙였지요.

원전은 2024년 12월 12일 내란죄 피의자 윤석열의 대국민담화에도 등장합니다. 원전 생태계 지원 예산을 삭감하는 '횡포'를 부리는 "망국적 국헌 문란 세력이 이 나라를 지배한다면 (…) 원전 산업, 반도체 산업을 비롯한 미래 성장동력은 고사될 것이고 중국산 태양광 시설들이 전국의 삼림을 파괴할 것"이라고 했지요.

언론인 최원형은 원전이 핵무기와 직결되고, 정부의 중앙통제와 기술관료의 위계적 권력으로 은용된다는 점에서 원래 우파와 가까운 에너지원이라고 설명합니다. 여기에 기후정치에 대한 반감, 그리고 이른바 '외부세력'에 대한 거부가 더해지면 원전은 극우 포퓰리즘의 이념에 잘 맞아떨어지는 '최종병기'로 등극합니다. 에너지 수급부터 산업 성장, 국가 안보, 기후·환경 정책 등 모든 문제를 원전으로 해결할 수 있다고 믿는 '원전 만능주의'가 "극우 포퓰리즘 세계관의 중핵을 차지"한다는 겁니다.[30]

한국에서도 이주혐오 문제가 극우세력의 키워드가 되었습니다. 이주배경을 가진 입대자가 병영 내에서 따돌림과 괴롭힘을 당하고, 반중 혐오 시위가 서울 대림동의 길거리에서 공공연하게 일어나고 있습니다. '자국민 보호'를 내세우는 단체가 이주민을 강제로 잡으러 다니는 유튜브 영상을 올리고, 그 조회수는 수만회에 이릅니다. 이주노동자를 지게차에 묶고 괴롭히는 영상이 등장하기도 했습니다. '차별금지법 제정을 위한 이주인권연대'는 이주노동자 혐오 콘텐츠를 신고하는 활동을 벌이고 있지만, 유튜브 측의 협조는 극히 미미하다고 합니다.

질문 8 인간사회와 생태환경은 어떻게 함께 무너지는가 에 나오듯 한국에는 자연재난과 관련된 리스크가 특히 심한 나라들 — 필리핀, 인도네시아, 미얀마, 방글라데시, 파키스탄, 베트남, 태국, 중국 등 — 에서 노동자들이 많이 옵니다. 즉 지구시스템 교란의 문제가 한국으로의 노동이주에 영향을 끼치고, 그것이 혐오와 극우로 연결되는 고리가 상당히 드러나기 시작한 상태입니다.

극우 문제를 대하는 민주시민의 자세

요약하자면, 전통적으로 서구의 극우는 식민지배의 유산이자 기후위기의 결과이기도 한 이주 물결과 깊은 관련이 있습니다. 반면, 한국 극우의 경우, 사회-지구시스템의 불안정성을 높이는 성장·개발 지상주의 담론, 원전 만능주의 담론에 바탕을 두면서, 기후와 이주에 혐오와 차별이 연결되는 경향이 늘고 있다는 특징이 있습니다.

서구와 한국 사이의 차이보다 공통분모가 커지는 경향도 눈여겨봐야 합니다. 민주주의, 선거제도, 사실관계, 이주민, 기후환경 운동가, 성소수자, 여성, 빈곤층에 대한 공격이 국내외 극우의 공통된 특징입니다. 한국과 미국의 극우가 정치적으로 긴밀하게 연계된 점도 중요합니다. 기후위기를 부정하는 세력과 극우 정치 세력이 국제적으로 공조하는 움직임에 대해서도 경각심을 가져야 합니다. 미국의 기후위기 부정론 싱크탱크인 하틀랜드연구소 Heartland Institute가 유럽의 극우와 연계된 것을 보십시오. 전세계 녹색 민주세력이 글로벌 극우 네트워크의 확산을 막아내야 합니다.

극우와 파시즘 세력은 대화와 타협의 민주적 원칙이 적용될 수 있는 집단이 아닙니다. 민주주의에 기생하면서 민주주의를 내부에서 파괴하는 세력이기 때문입니다. 어떤 교묘한 논리로 포장하더라도 본질은 마찬가지입니다. 그들에게 1을 내주면 그들은 2를, 2를 내주면 10을 원할 것입니다. 극우를 특정한 세력의 문제로만 볼 것이 아니라 사회 전체의 흐름 속에서 파악할 필요도 있습니다. 미디어사회학자 박권일은 사회의 극우적 경향성이 커지면 "인간을 차별하고 억압할 뿐 아니라 약자의 고통을 외면하고 심지어 조롱하는 게 당연한 일상"이 될 것이라고 경고합니다.[31]

역사학자 피터 헤이스Peter Hayes는 나치에 동조했던 보통사람들의 동기 — 경제적·사회적 이유를 포함하여 — 를 분석하면서 다음과 같이 일침을 가합니다. 상식적인 시민으로서 넘어서는 안 될 선이 있는 법이므로, 어려움이 있더라도 적어도 어떤 일에는 가담하지 않겠다는 자세를 지켜야 한다고 말입니다. 온갖 핑계로 그 선을 넘은 결과 나치가 득세했고 모두가 함께 파멸하지 않았느냐고 그는 경고합니다.[32]

우리는 민주시민으로서 극우 리터러시를 키워 선전선동에 현혹되지 않을 의무, 알고리즘의 혐오적 유희에 가담하지 않을 의무를 지켜야 합니다. 더 나아가 사회-지구시스템의 붕괴를 막기 위한 전세계적 노력에 동참해야 할 것입니다.

지구시스템 교란, 환경 아노미, 정치적 양극화

2018년 미국 캘리포니아 북부 벗티 카운티의 패러다이스 마을에서 산불이 났습니다. 서울보다 더 넓은 지역이 불탔고, 확인된 사망자만 85명, 이재민 5만여명에 건축물 1만 8000채가 전소하는 등 전대미문의 대재난이었지요. 생존자들은 갑자기 자기가 속한 세계를 이해할 수 없게 되었습니다. 현실감이 떨어진데다 사회적·물리적 삶의 기준이 사라졌기 때문이었습니다. 기존질서와 공공조직 등 사회적 권위체계가 무너지면서 사람들은 삶의 나침반을 잃었습니다. 그들은 아픔을 혼자 감당해야 하는 '고통의 개별화'와 사회적 고립을 겪었지요. 아동·청소년, 빈곤 취약계층, 여성, 원주민이 특히 심했다고 합니다.

전세계적으로 극한기상이변 때문에 사회규범과 신뢰, 유대가 소실되고 무질서, 조직 해체, 인간관계 단절, 방향성 상실이 일어나고 있습니다. 기후재난이 '환경 아노미' 상태, 즉 무규범과 무질서를 야기한다는 사실을 입증하는 연구가 많이 나왔습니다.[33]

2024년, 생태전환 연구자인 빅토리아 스파이저Viktoria Spaiser와 동료들은 지구시스템 교란과 사회시스템 불안정의 관계를 집대성한 연구를 발표했습니다.[34] 이에 따르면 기후위기로 우울증과 자살률이 증가하며, 일탈행동이 늘어납니다. 사회적으로 취약한 지역에 기후재난이 닥치거나 환경이 악화되면 주민들은 아노미 상태에 빠질 가능성이 커집니다.

재난 앞에서 사람들이 서로 돕고 협력한다는 연구도 있습니다.[35] 하지만 그런 상부상조 효과는 대개 일시적이라고 하지요. 외부충격을 흡수할 수 있는 사회적·정신적 자원이 부족해지면 사람들은 다시 실망과 우울에 빠지고 사기가 저하되어, 결국 공동체가 해체되기 쉽습니다.

기후위기를 비롯한 여러 원인 때문에 전반적으로 우울증이 늘어나면서 우울증과 음모론 사이에 상관관계가 있음이 밝혀지고 있습니다.[36] 음모론은 과학을 거부하고, 정치적 극단화 경향을 부추겨 정치에 대한 신뢰 상실, 정치폭력 용인 등을 불러일으킵니다. 코로나 팬데믹 때처럼 스트레스가 심한 상황에서 음모론은 더욱 기승을 부린다고 하지요. 특히 정치지도자가 망상이나 음모론에 빠지면 그것은 온라인 알고리즘을 통해 신속하게 확산되면서 사회통합과 안전에 커다란 위협요인이 됩니다.

지구시스템이 교란될수록 재난이 늘고 세상의 규칙성이 와해되면서 그것을 내집단에 대한 위협으로 받아들이는 사람이 많아집니다.[37] 집단 전체의 위기감이 자극되어 개인과 내집단을 동일시하라는 구심적 압력이 커지게 되지요. 이런 압박은 사회지배 정향과 쉽게 결합되어 인종차별과 난민·이주민 배척으로 이어질 가능성이 높습니다. 외집단을 타자화하는 이념이 탈인간화, 차별, 배제, 혐오, 심하면 폭동과 유혈사태까지 몰고 온다는 점을 역사는 가르쳐줍니다.

극우는 가짜뉴스를 퍼뜨리는 데 열성적입니다. 가짜뉴스에는 여러 기능이 있지만, 사람을 '속이기 위란' 가짜뉴스는 가장 단순한 기능에 불과합니다. 가짜뉴스를 통해 대중의 인지적 판단력에 혼란을 일으켜 사회 전반에 불신을 만연하게 할 목적도 있습니다. 세상이 어지러워질수록 극우 포퓰리즘의 주장에 솔깃해하는 사람이 늘어나기 쉽습니다.

가짜뉴스에는 그것을 통해 대중을 확실히 갈라치는 '쐐기 거짓말'Wedge lies의 기능도 있다고 합니다. 예를 들어, 기후변화를 대놓고 부정·왜곡하는 주장을 '화끈하게' 내놓을수록 지지자들은 (그 것이 진실이든 거짓이든 상관없이) 열렬히 반응하고, 반대로 민주주의자들은 분노하기 쉽지요. 그랬을 때 극우 입장에서는 '내 편'과 '네 편'을 확실히 가르고, 내 편을 확실히 다졌으므로 정치적 목적을 달성한 셈이 되는 겁니다.[38]

기후 범죄와 기후 젠트리피케이션

기후 범죄는 지구시스템 교란에 의해 사회시스템 내의 일탈행위가 증가할 수 있음을 입증하는 사례입니다. 경찰학자 오세연은 기후 젠트리피케이션과 범죄의 상관성에 관한 국제적 동향을 검토했습니다.[39] 기후변화로 해수면이 상승하거나 폭우로 침수되는 지대가 늘어나면 그 지역에 살던 부유층은 안전한 고지대로 이주하고, 고지대에 살던 저소득층은 주거비용이 싼 저지대로 역이주하게 됩니다.

미국 마이애미나 이탈리아 베네치아에서의 사례를 보면 고소득층이 몰린 지역에서는 가구 임대료, 주택보험료, 교통비가 오르면서 일시적으로 부동산투기 관련 범죄가 늘었습니다. 상습적 침수로 낙후가 진행된 저지대로 이주해 나온 저소득층은 환경 불평등, 공공서비스 이용 불편, 사회적 배제 등을 겪기 쉽습니다. 고소득층이 새로 유입된 지역에서는 공동체의 응집성이 떨어지고 사회적 지지망이 사라지곤 합니다. 이런 지역의 젊은이들은 범죄의 피해자가 되거나 스스로 범죄자가 되기도 하지요. 한국에서도 젠트리피케이션이 일어난 지역의 주민들이 범죄에 대한 두려움을 많이 느낀다는 연구가 나와 있습니다.[40]

트럼프라는 사례

지구시스템이 교란되어 집단 아노미와 정치적 극단화가 커지면 그것은 다시 지구시스템을 악화시킵니다. 공동체가 해체되면 사회친화적 집단행동을 할 수 있는 능력과 자원이 줄기 때문이지요. 그와 함께 확장된 극우세력은 위기 자체를 부정하거나 위기를 더욱 심화시키는 일을 저지릅니다. 이런 일이 반복되면 사회-지구시스템은 붕괴의 나선으로 쉽게 빠져들 수 있습니다.

트럼프는 이같은 악순환을 잘 보여주는 사례입니다. 그는 지구시스템 교란의 결과이기도 한 이주에 반대하는 공약에 힘입어 집권한 후 지구시스템을 더욱 악화시켜왔습니다. 2기에서는 그런 경향이 더 심해져 미국의 기후·환경 정책은 극단적인 퇴행을 겪는 중입니다. 취임 첫날부터 '국가에너지비상사태'를 선언하고, 파리기후협정에서 재탈퇴했으며, 석유와 알래스카 천연가스 개발을 초고속으로 밀어붙였지요. 화석연료 업계 인사 40명 이상을 고위직에 임명하기도 했습니다. 주정부나 지방정부가 환경 규제를 하지 못하도록 했고, 기후변화에 관한 연방정부 보고서 작성자 수백명을 해고했으며, 탈규제 명목으로 환경보호청EPA의 인력과 예산을 크게 줄였습니다. 기후 연구에서 핵심조직인 국립해양대기청NOAA과 국립기상청NWS의 연구진 수천명을 해고하고, 연구지원사업을 대폭 축소시켰습니다. 연방재난관리청FEMA도 감원과 예산삭감을 당했지요. 이런 조치들 때문에, 수백 명이 사망·실종되었던 2025년 7월 텍사스 홍수의 피해가 커졌다는 지적이 많습니다.

트럼프는 재생에너지에 대해 단순히 소극적인 정도가 아니라 맹렬한 적개심을 보이는 특징도 있습니다. 풍력과 태양광을 '세기의 사기극'이라 하면서 2025년 8월 완공 직전의 5조원대 규모의 초거대 해상 풍력발전 사업을 중단시켰습니다. 그와 함께 외대륙붕의 모든 풍력발전구역OCS 지정을 무효화하기도 했지요.

이런 움직임은 미국 내에 국한되지 않습니다. 태양광 그리고 특히 풍력발전을 싫어하는 트럼프는 타국 정부들에게 기후위기 대처를 하지 말고 화석연료를 더 많이 사용하라는 압력을 가하고 있습니다. 미국산 원유를 수입하는 나라에게는 관세를 깎아주고, 동조하지 않는 나라에 대해서는 관세를 올리겠다는 협박도 서슴지 않습니다. 원유에 기반한 플라스틱 생산을 제한하는 국제정책도 반대합니다.

또한 트럼프는 심해 광물 탐사와 채굴을 개시했으며, 국제 환경 거버넌스에 참여하지 않는 쪽으로 방향을 잡았습니다. 이런 조치는 비인간 존재에게도 즉각적인 충격을 줄 것입니다. 예를 들어봅시다. 망간과 같은 심해 광물을 채굴할 때 기계에서 나오는 소음 주파수는 혹등고래들의 의사소통용 음향 주파수와 비슷하다고 합니다. 고래들은 준설기의 소음이 들리면 자기들끼리 소통하는 노래를 멈춥니다. 인간의 커뮤니케이션용 휴대전화 생산을 위해 심해에서 희귀광물을 파오는 행위가 비인간들의 커뮤니케이션을 가로막는 서글픈 아이러니가 벌어지는 셈입니다. 이렇게 되면 **질문 2** '인간 대 자연'이냐, '인간과 자연'이냐에서 본 것과 같은, 인간과 비인간이 협력하는 미래는 불가능합니다.

트럼프가 2025년 5월 우크라이나와 체결한 광물협정은 석유와 가스, 희토류 등 핵심 광물에 대해 미국기업의 독점권을 보장합니다. 이렇게 되면 탄소 배출이 늘어나고, 전쟁 중의 생태파괴에 더하여 장기적으로 환경의 황폐화가 극심해질 것입니다. 전후 복구에서도 지속가능한 녹색 재건사업이 불가능해질 공산이 큽니다. 우크라이나의 환경운동가들은 이 협정을 '신자유주의적 자원 약탈'이라고 비판하고 있습니다.[41]

트럼프는 또한 'DEI'(다양성·형평성·포용성) 억제 정책을 대대적으로 추진 중입니다. 사회생태위기의 시대에 사회시스템의 문화다양성과 지구시스템의 생물다양성을 결합한 '생물-문화다양성' 개념이 특히 중요해졌는데도 말입니다.[42] 다양성은 사회와 자연의 회복력과 안정성을 보장하는 핵심 기제이지요. DEI 억제는 장기적으로 사회-지구시스템에 부정적 영향을 끼칠 가능성이 높습니다. 저는 성소수자를 차별하면 지구를 지키지 못한다고 경고한 적도 있습니다. 불행히도 이 우려는 트럼프 2기를 맞아 현실이 되고 있습니다.[43]

신자유주의는 극우의 온상

신자유주의가 사회-지구시스템에 미치는 악영향도 기억할 필요가 있습니다. 산업혁명 이래 전세계 온실가스 누적 배출량을 보면 1750~1990년의 240년 동안 총 46.6퍼센트가 배출된 반면, 1991~2021년의 고작 30년 동안 총 53.4퍼센트가 배출되었습니다. 신자유주의 시대의 고삐 풀린 경제활동이 얼마나 압축적으로 지구시스템에 압박을 가했는지 알 수 있습니다.

신자유주의 때문에 정부는 경제적 작동원리를 중시하게 되어 기후변화에 공공정책적으로 대응하지 못했지요. 공적투자 삭감으로 탄소중립/탄소제로 기술 개발이 더뎌지고, 시장 탈규제 정책으로 온실가스 배출 기업에 대한 규제가 어려워졌습니다.[44]

신자유주의는 사람들 사이의 유대를 약화시키고, 외로움, 불안, 우울, 스트레스, 박탈감, 알콜·약물의존 등 정신건강에도 부정적 영향을 미칩니다. 개인주의, 경쟁주의, 자기 탓하기, 사회적 단절('혼자서 볼링하기'), 자신의 '쓸모있음 입증' 강박, 타인과의 비교, 완벽주의 등이 심해지기 때문이지요.[45] 이런 결과가 초래되어도 그것을 신자유주의의 구조적 경향성과 연관 지어 생각하지 못하는 경우가 허다합니다. 심지어 심리학이라는 학문 자체가 신자유주의화되었다는 연구까지 나왔습니다.[46]

공공의료와 사회서비스가 축소되면 정신건강이 나빠져도 도움을 받지 못합니다. 사람들의 정신적·심리적 불안정과 경제적·사회적 불평등이 결합되면 극우에게 유리한 토양이 될 가능성이 매우 높아집니다.

전체적으로 요약해보겠습니다. 기후생태위기, 이주, 불평등, 인지적 혼란과 가짜뉴스, 우울증과 음모론 환경 아노미, 정치적 양극화, 심리적 불안, 디지털 알고리즘, 혐오와 차별, 기후 범죄, 신자유주의…. 이런 식으로 지구시스템의 교란과 사회시스템의 불안정이 연결된 맥락에서 극우와 파시즘이라는 '퍼펙트 스톰'이 불어닥치고 있는 형국이라 하겠습니다.

앞서 소개한 전환 연구자 나피즈 아메드에 따르면 이같은 상황은 자본주의적 기술·산업문명의 이완단계에서 사회-지구시스템이 흔들릴 때 나타나는 총체적 증후군이기도 합니다.[47] 생각해보십시오. 극우세력이 정의로운 연착륙의 정치를 추진할 가능성이 조금이라도 있겠습니까? 현시점에서 시스템 불안정의 증후로서의 극우라는 현상에 어떻게 대처하느냐가 문명전환의 성패를 가르는 실존적 과제로 떠올랐다고 봅니다.

극우에 대처하는 방법

최근 한국사회는 계엄과 폭동이라는 사태를 겪으면서 민주주의, 정치적 자유, 인권이 하루아침에 무너질 수 있음을 실감했습니다. 극우문제가 극히 예민한 문제로 떠올랐고, 파시즘이 부상할 위험까지 걱정해야 할 지경에 이른 것이지요. 대표적인 논자들의 진단과 해법을 살펴봅시다.

여성학자 권김현영은 극우 남성층이 탄핵 국면에서 오프라인 집회의 스피커로 나서기 시작한 사실에 주목합니다. 여성을 집단적으로 괴롭히고 모욕함으로써 자의식을 표출하고 자존감을 충족하는 등, 여성혐오를 극우 동원용 감정자원으로 활용했다는 것이지요. '젠더갈등'이라는 말로 통하던 문제가 서부지법 폭동과 같은 정치테러로 분출된 사실을 심각하게 받아들여야 합니다. 극우 남성의 폭력성을 사법질서로 적절히 제어해야만 혐오와 폭력을 추방하고 민주주의를 회복할 수 있을 것이라고 했습니다.[48]

인권법학자 홍성수는 중국인을 직접 겨냥한 '혐중'이 극우의 대표적인 특징이 되었다고 짚으면서, 그런 경향을 대선후보와 개신교 집단이 답습하는 현실을 우려합니다. 세계 주요 국가 가운데서 한국은 혐오·차별에 대해 공적으로 무딘 나라에 속합니다. 공식적 담론에서 혐오, 차별, 성평등, 젠더 등이 금기어가 되었고, 혐오·차별을 막을 입법과 정책도 중단되었습니다. 그러므로 혐오정치에 저항하고, "포용과 연대의 민주적 공동체"를 건설해야 한다고 홍성수는 강조합니다.[49]

정치사회학자 신진욱은 한국 보수정치의 핵심부에 극우의 폭력적 구조가 자리 잡은 현실을 놓쳐선 안 된다고 역설합니다. 어떤 일이 있어도 정치권력이 극우에게 넘어가는 것을 허용해서는 안 된다고 경고합니다. 폭력과 혐오에 대응하도록 법제도를 강화해야 하지만, 법으로 강제할 수 없는 '극우적 사고'를 막으려면 "민주주의와 인권, 평등, 다양성과 포용의 가치를 추구하는 시민

사회의 힘"으로 그들을 압도하는 것만이 유일한 해결책이라고 강조합니다.[50]

사회학자 장석준은 내란사태가 한국 사회에 파시즘의 씨앗을 뿌려 민주주의 자체를 부정하는 흐름이 생겼다고 진단합니다. 그러나 유럽과 달리 한국의 극우는 아직 계급적 뿌리가 단단하지 않으므로 극우의 확산을 막을 수 있는 기회가 남아 있습니다. 플랫폼노동자나 자영업자와 같이 권리의 사각지대에 갇힌 이들을 위해 사회대개혁을 단행하는 것이 파시즘의 싹을 제거할 수 있는 효과적 전략이 될 것이라고 장석준은 제안합니다.[51]

사회복지학자 윤홍식은 보편적 복지국가는 극우와 공존이 불가능하다고 단언합니다. 이민자를 공적 복지에서 배제하려는 유럽의 극우 포퓰리즘이 좋은 사례입니다. 그런데 극우의 본질은 이민자 배제뿐만 아니라, 특정 집단의 타자화에 있습니다. 복지가 성장을 가로막고 도덕적 해이를 유발한다는 인식이 여전히 강력한 한국사회에서 극우가 확산되면 선별주의 복지로 인해 사회적 갈등과 불평등이 더 심해질 것입니다. 따라서 "복지국가를 향한 시민적 연대를 확대"하는 정치적 전략이 절실히 요구된다고 합니다.[52]

정치사회학자 노대명은 경제적·사회적 불평등의 심화가 극우 급성장의 근본원인이라고 짚습니다. 한국은 소득 불평등 증가율이 높은데다 자산 불평등도 늘면서 상대적 박탈감이 커져 분노와 증오 위에서 퇴행적 사회권력이 자라날 토대가 만들어졌습니다. 그러므로 시민들의 삶을 안정시킬 수 있는 다양한 권리들을 유기

적으로 보장하는 '메타적 권리로서의 사회권'에 주목해야 한다고 합니다.[53]

이같은 목소리들은 우리가 귀 기울여야 할 여러 층위의 중요한 제안들이라 할 수 있습니다. 그런데 이런 접근들은 사회시스템 내에서만 극우의 문제를 다루는 한계가 있어 보입니다. 우리 시대의 극우는 사회-지구시스템의 전일적 관점을 동원해야만 정확한 진단과 처방이 나올 수 있는 문제가 되었기 때문입니다.

질문 13신속하되 정의로운 사회변혁이 왜 중요한가에서 다뤘듯이 지구시스템의 부정적 급전환을 막으면서, 동시에 사회시스템의 긍정적 급전환을 추진하는 방식으로 극우에 대처해야 합니다. 지구시스템 급전환을 막기 위해 기후생태위기에 전력을 기울여 대응하고, 성장·개발·원전 만능주의와 결별해야 합니다. 사회시스템 급전환을 앞당기기 위해 위에서 소개한 논자들의 해법을 민주적 동력으로 활용하면서, 이주민과 난민을 환대하는 풍토를 키워야 하겠지요. 그 과정에서 **질문 7**어떤 중간목표를 세워야 할까에서 강조했던 사회생태 전환 전략을 적극적으로 동원해야 할 것입니다.

시민운동가 이태호는 내란사태 이후 한국 사회가 나아갈 방향의 하나로서, 경제위기, 돌봄위기, 기후변화, 산업기술 전환 등의 복합위기를 넘어설 사회적 합의의 토대를 구축하는 일이 시급하다고 역설합니다.[54] 이는 사회시스템 패러다임과 지구시스템 패러다임이 상호 전환을 해야 한다는 당위, 즉 '사회-지구시스템의 변혁적 중도'를 시사하는 주장이라고 해석할 수 있을 것입니다.

결론적으로, 극우와 파시즘은 제어될 수 있고, 제어되어야만 합니다. 녹색 민주시민이 변혁적 중도의 정신으로 '녹색 행동'과 '민주 행동'을 상호 전환 방식으로 실천한다면 충분히 가능한 일입니다. 지구시스템의 부정적 급전환을 막고 사회시스템의 긍정적 급전환을 추진하는 문명전환적 접근이 극우문제에 대처할 수 있는 최선의 방략일 것입니다.

기후위기의 구명보트이자 가장 강력한 안전망은
우리 스스로 이웃과 함께 만드는
이웃공동체입니다.
—박승옥

스위치를 켜고 끄듯이 한 나라를 순식간에 바꾸기는 어렵다.
—키어 스타머 Keir Starmer

미래를 예측할 수는 없지만 발명할 수는 있다.
—데니스 가보르 Dennis Gabor

21세기 다윗과 골리앗의 싸움

이 책을 쓰던 중 페루 농부 사울 루시아노 이우야Saúl Luciano Lliuya
의 십년 투쟁이 막을 내렸습니다. 2025년 5월 28일, 독일 루르 지
역의 함Hamm고등지방법원은 이우야가 라인베스트팔렌 전력회사
RWE AG를 상대로 제기한 손해배상청구를 기각했습니다.

2015년 시작된 소송에서 원고는 산업혁명 이래 2010년까지 전
세계에서 배출된 온실가스 중 RWE의 몫이 0.47퍼센트에 달한다
고 주장했었지요. 이우야의 고향인 페루 서부 안데스산맥 기슭의
우아라스주에 있는 팔카코차 빙하호수의 수량이 1975년부터 늘

어나다 2003년부터는 급격히 증가해서 호수 범람의 우려가 커졌습니다. 이우야는 홍수 방지 시설을 건설하는 데 필요한 350만유로 중 RWE의 배출 비중에 해당하는 1만 7000유로를 청구했었습니다(최종 판결이 난 2025년 시점에서 RWE의 비중은 0.38퍼센트로 조정되어 있었습니다). 법원은 30년 안에 이 지역이 홍수를 당할 확률이 1퍼센트에 불과하므로 즉각적인 피해가 발생할 가능성이 낮다는 전문가 의견을 받아들였던 것이지요.

그러나 법원은 원칙적으로 독일 민법상 대규모 온실가스 배출업체에 대해 기후재난 책임을 물을 수 있다고 했습니다. 또한 오염자의 예방조치 의무가 인정되었고, 독일 바깥에서도 독일 민법에 따라 소송이 가능하다는 점을 확인했습니다.[1]

RWE는 1898년 설립되어 1900년부터 전기를 생산해왔고, 2018년 현재 유럽 온실가스 배출 1위의 거대기업입니다. 1965~2010년 사이 RWE는 독일 전체 온실가스 배출량의 14.06퍼센트를 차지했습니다. 그것도 갈탄Lignite만 계산한 것이어서 역청탄이나 무연탄을 합치면 총량이 훨씬 더 늘어납니다. 공룡급 화석연료 기업인데다 산림벌채에도 연루된 탓에 RWE는 오랫동안 환경단체의 비판을 받아왔었지요.

페루 농부와 한국 광부가 만난 사연

페루 농부의 사연은 지난날 독일로 이주노동을 떠났던 한국 광부의 사연과 교차됩니다. 1960년대~70년대에 서독으로 파견된 총 7936명의 광부들은 탄광이 밀집한 노르트라인베스트팔렌주의 루르 지역과 아헨 지역에 주로 배치되었습니다.[2] RWE 본사가 있는 에센도 루르 지역에 있지요. 아마 한국 광부가 대여섯번 삽질할 때 그중 한번 정도는, RWE가 운영한 발전소에서 태워질 석탄을 퍼 올린 셈일 것입니다.

한국 광부의 독일행은 본인의 경제적 동기, 냉전기 미국의 반공체제 및 자유무역체제 구축 전략, 서독의 경제 호황과 노동력 부족, 한국의 경제개발용 외화 획득 등이 주요 동인이었습니다.[3] 미국의 전후 세계전략과 서독의 재건을 이해하려면 전쟁이 끝나기 전 상황으로 거슬러 올라가야 합니다.

1944년 미국의 재무장관 헨리 모겐소Henry Morgenthau Jr.는 전쟁 후 독일의 처리방안으로 '모겐소 플랜'을 제안했습니다. 요점은 다음과 같았습니다. "독일을 탈군사화하여 다시는 전쟁을 일으키지 못하는 '평화국가'로 만든다, 군수산업의 허브인 루르 지역의 공장과 설비를 불능화한다, 기술개발과 산업물자 생산을 금지시켜 독일을 영원히 농업국가로 남긴다." 당시 세계 최고 수준의 산업국가를 강제로 해체시키겠다는 계획이었습니다.[4] 트루먼Harry S. Truman 대통령(재임기간 1945~53년)은 모겐소 플랜에 호의적이었다고 합니다.

그러나 종전 후 독일의 경제상황이 너무 나빠지고 실업률이 급증하자 미국정부는 허버트 후버Herbert Hoover 전 대통령을 독일에 급파하여 현지 상황을 조사하게 했습니다. 후버는 1947년에 제출한 보고서에서 독일을 탈산업화하여 농업국가로 만든다는 것은 국민 약 2500만 명을 기근과 아사로 내몰거나 해외로 추방하지 않는 이상 불가능한 계획이라고 지적했습니다. 당시 독일 인구의 약 39퍼센트에 해당하는 규모였지요. 후버는 산업사회가 농업사회보다 훨씬 더 많은 인구를 부양할 수 있다는 사실을 알고 있었습니다.

그후 독일 역사는 모겐소 플랜과는 정반대로 진행되었습니다. 마셜 플랜에 기반한 원조가 제공되었고, 재산업화로 경제부흥이 이루어졌지요. 그것이 소위 '라인강과 루르의 기적' 그리고 한국 광부로까지 이어진 것입니다. 모겐소 플랜의 포기, 독일의 재건, 노동력 부족, 파독 광부, RWE 화력발전, 기후위기로 이어지는 비선형적 역사 속에서 한국 광부와 페루 농부가 예기치 않게 조우한 것입니다.

어떤 교훈을 얻을 것인가?

이 스토리는 본서의 주제인 사회생태위기의 극복과 문명전환에 시사하는 바가 큽니다. 우선, 사회시스템 및 지구시스템의 위기를 하나의 틀 속에서 다루는 경향이 자리를 잡았다는 점을 강조하고 싶습니다. RWE 본사에서 1만 455킬로미터 떨어진 페루 우아라스의 농부가 독일에서 기후소송을 냈다는 것은 통합된 사회-지구시스템을 전제로 할 때만 가능한 일입니다.

기후 귀책연구attribution science 분야가 커진 것도 사회-지구시스템을 통합적으로 다루는 경향을 보여줍니다. 탄소 배출과 온난화, 기업별 온실가스 배출량, 기후변화가 재난에 끼치는 관계 등을 과학적으로 추적하게 된 것이지요. 예를 들어, 1854~2010년 사이 전세계에서 배출된 산업형 이산화탄소와 메탄가스의 63퍼센트가 단 90개 사업체에서 비롯되었다는 리처드 히드Richard Heede의 2014년 연구가 이우야의 소송에서 중요한 증거로 인용되었습니다.[5]

2025년 『네이처』에 실린 연구는 정확도가 한층 더 높아진 결과를 보여줍니다. 2010~19년 사이 전세계 폭염의 중위온도가 산업혁명 이전에 비해 1.68도 올랐는데, 이 중 0.47도만큼의 상승분이 단 14개의 주요 탄소 기업들(화석연료 및 시멘트 회사)에 책임이 있다고 합니다.[6]

벼, 사과, 귤, 복숭아, 딸기 등을 생산하는 농업인 여섯명이 2025년 8월 한국전력(한전)과 다섯개 발전자회사를 상대로 원고 1인당 500만원씩의 손해배상을 청구하는 민사소송을 제기했습니다. 이 회사들이 전체 발전량의 95퍼센트를 화력발전으로 생산하고 국가 온실가스 총배출량의 4분의 1에 달할 정도로 기후위기에 책임이 크다는 이유에서였습니다. 비영리단체인 기후솔루션은 한국에서 포스코를 포함한 10대 온실가스 고배출 기업이 폭염으로 인한 전세계 경제적 손실 중 1196억달러(161조원)어치의 책임이 있다는 연구를 발표하기도 했습니다.

이처럼 기후위기의 책임소재를 밝히는 연구들은 사회-지구시스템을 통합적으로 인식하고, 역사를 비선형적 과정으로 이해할 필요성을 뒷받침합니다. 이를 생각하면 독일로 파견된 한인 이주 노동자들의 역사를 다시 한번 상기하게 되지요. 광부와 비슷한 시기에 독일로 파견되었던 간호사들의 활동에도 주목할 필요가 있습니다. 광부가 자본주의 기술·산업문명을 작동시키는 에너지의 생산에 종사했다면, 간호사는 기술·산업문명을 유지하는 돌봄과 재생산 업무에 종사했습니다. 또한 간호사는 사회시스템의 모순을 시정하는 일에도 열성적으로 참여했습니다. 사회학자 이희영은 재독 한인 여성들이 1970년대에 체류권을 인정받기 위해 자율적 토론과 학습을 통해 서독사회의 차별, 여성해방, 남한 민주화운동 등의 공적 가치에 눈을 떴다고 기록합니다.[7]

광부와 간호사는 1974년 유럽 최초의 한인 민주화운동단체인 '민주사회건설협의회'의 결성에도 적극적으로 참여했습니다.[8] 한국의 민주화운동 지원 및 본국 사회와의 교류, 민주적 평등 정신 실천, 유신독재 반대, 5·18 광주민주화운동 소식 전파, 남북분단 해소 등이 주요 활동이었다고 합니다. RWE가 운영하던 발줌 Walsum 화력발전소에 석탄을 공급하던 인근 발줌 탄광에서 일어난 한인 광부들의 노동쟁의 사건을 조사하고 지원하기도 했었지요. 이런 활동은 근대 기술·산업문명에의 적응 및 극복, 그리고 사회시스템의 모순에 저항한 사례라 할 수 있습니다.

사회학자 김귀옥은 68혁명의 정신을 이어받아 1970년대 들어 정치·경제 너머의 다양한 분야 — 예를 들어, 젠더·여성해방, 환경과 에너지, 평화, 다문화, 이주노동 등 — 에서 출현했던 서독의 신사회운동이 한인들에게 영감을 주었다고 분석합니다. 독일에서 사회시스템 패러다임과 지구시스템 패러다임을 잇는 변혁적 활동이 등장했던 시대적 조건이 한인 민주단체의 "사회적·문화적 토양"이 되었다는 것입니다.[9]

파독 간호사, 광부와 비슷하게 이우야도 평범한 농부에서 출발하여 공익적 활동가로 진화한 경우입니다. 소송을 시작한 후 지역사회 주민들로부터 혼자서 외국돈을 차지하려 한다는 오해도 받았지만 시간이 흐르면서 결국 이웃을 설득할 수 있었습니다. 농사뿐 아니라 환경운동의 일환으로 산악 가이드로서 활동 반경도 넓혔습니다. 주민들이 기후변화에 적응하여 농사를 지을 수 있도록 돕는 '와인칙'(Wayintsik, 안데스 케추아 원주민 언어로 '우리집')이라는 NGO의 설립에도 힘을 보탰다고 합니다.[10]

이우야의 소송을 지원했던 단체인 저먼워치Germanwatch e.V.의 독특한 성격도 짚을 필요가 있습니다. 저먼워치는 "사회적 형평, 자연의 존중, 경제적 안정에 기반하여 지속가능한 전세계 발전을 도모하는 독립적인 발전·환경·인권단체"를 표방합니다.[11] 안정되고 통합된 사회-지구시스템을 지향하는 NGO가 개도국 농부의 기후소송을 지원했다는 사실은 변혁적 중도 노선의 글로벌 확장 버전이라고 할 수 있겠지요. 만일 파독 간호사와 광부가 지금도 사회참여 활동을 한다면 정의로운 전환, 사회생태 돌봄, 시니어 기후행동에 열렬히 참여할 것이라고 저는 상상합니다.

모겐소 플랜이 기술·산업문명의 연착륙과 문명전환에 주는 시사점도 적지 않습니다. 겉으로만 보면 모겐소 플랜도 일종의 문명전환 기획이었지요. 하지만 그것은 한 나라를 일거에 전근대적

농업국가로 강등시키겠다는 강압적·처벌적 붕괴 플랜이었습니다. 최근 독일에서 에너지 이행전환의 반대자들은 이런 녹색정책이 독일을 붕괴시킬 제2의 모겐소 플랜이 될 것이라고 공격합니다.[12] **질문 4** 왜 정치적으로 접근해야 하는 문제인가에서 다뤘던 것처럼 2025년 스위스에서 사회생태 전환을 놓고 국민투표를 실시했을 때 반대파들은 "우리가 아프가니스탄이나 아이티 수준으로 살자는 말이냐"라고 공포 분위기를 조성했었습니다.

　그만큼 문명전환은 왜곡, 비난, 저항이 예상되는 과정이기도 합니다. 안정된 상태에서 완충적 조응 기간이 확보되어야만 정치적 정당성과 시민의 지지가 늘어날 수 있습니다. 거의 예술에 가까운 정치력, 고비마다 까다롭고 모순적이며 불균질한 과정을 헤쳐 나갈 수 있는 녹색 민주력이 절대적으로 요구되는 과업인 것입니다.

'제비컵'과 문명전환의 길

　이 책에서 다룬 내용들을 다시 한번 정리할 겸, 문명전환을 주도하게 될 녹색 민주시민을 위해 간단한 원칙을 제시하면서 책을 마무리하고 싶습니다. 이 원칙은 이 시대에 우리가 지향해야 할 상위목적, 근대의 적응과 극복, 기후생태위기 탈피와 회복력 갖추기, 사회-지구시스템 안정, 그리고 정의로운 연착륙에 관한 체크리스트입니다. 어떤 정견(올바른 견해)을 가진 녹색 민주시민으로 살아갈지를 제시하는 최소기준이며, 전환의 방향성을 가리키는 나침반이기도 합니다. 다양한 시민사회 활동과 개인의 실천에서 두루 활용할 수 있고, 사회생태 전환 교육에서도 참고할 수 있으리라고 생각합니다. 제시된 순서와 상관없이 각 항목은 동등하게 중요하다는 점도 덧붙여둡니다.

① 정의(Justice) 위기 극복과 문명전환에 있어 정의를 강조하느냐 여부가 중요한 평가기준이 됩니다. **질문 13**^{신속하되 정의로운 사회} ^{변혁이 왜 중요한가}에서 '신속하되 정의로운 전환'이 중요하다고 했던 이유가 바로 이것입니다. '누구의 누구에 의한 누구를 위한 해법인가'라는 질문은 정의와 직결되는 것입니다. 이 점을 성별, 계층, 글로벌 남부, 미래세대, 비인간 존재 등에 대입해보십시오. 우리가 흔히 이야기하는 위기극복과 문명전환이 은연중에 '자국-인간-남성-현세대'를 전제하고 있지는 않은지 성찰해보면 좋겠습니다.

② 좋은 삶(Eudaimonia) 지구의 한계 내에서 모든 존재의 좋은 삶이라는 **질문 6**^{모든 존재의 좋은 삶, 가능한가}의 문제의식은 전체 원칙의 꼭짓점에 해당됩니다. 상황이 아무리 급하더라도 본질적인 방향성을 꾸준히 유지하는 것이 결과적으로 제일 빠르고 효과적인 길입니다. 기본적 삶의 안정, 시간 여유, 관계성, 잠재력을 꽃피울 수 있는 존재론적 발달, 그리고 비교와 경쟁으로부터의 해방 등은 현재 삶에 지친 많은 사람이 (사회적 시선 때문에 표시를 못 할 뿐) 사실은 마음속으로 꿈꾸는 세상일 수 있습니다. 집단적 지성을 발휘하여 투명하고 용기있게 세상을 바라보면 인간/비인간

을 포괄하는 '에우다이모니아'에 대한 생각이 달라질 수 있을 것입니다.

③ 생명애(Biophilia) 인간과 자연의 연속선상에서 세계를 보자고 했던 **질문 2**'인간 대 자연'이냐, '인간과 자연'이냐의 문제의식은 생명애 사상으로 이어집니다. 인간 및 비인간 동료들과 공존하고, 연대하고, 주고받고, 이야기를 듣고, 그들로부터 배우지 않으면 인간의 미래는 없습니다. 생명애는 자연을 인간 욕망 추구의 수단으로 취급했던 근대의 세계관을 극복하고, 생명의 그물망 속에서 인간을 상대적으로 파악하는 시각입니다. 탄소중심 기후대응 서사와 생태중심 기후대응 서사가 균형을 이루어야 한다고 했던 **질문 7**어떤 중간목표를 세워야 할까의 주장을 기억하시기 바랍니다.

④ 불평등(Inequality) **질문 8**인간사회와 생태환경은 어떻게 함께 무너지는가에서 강조한 것처럼 지구시스템 교란과 사회시스템 불안정을 연결하는 고리가 불평등입니다. 기후생태위기는 우선적으로 취약계층을 공격함으로써 불평등을 악화시키고, 역으로 불평등이 심할수록 기후생태위기가 악화됩니다. 불평등은 정치적 양극화, 극우세력 확장, 민주주의 후퇴의 토양이 됩니다. 지구시스템의 나쁜 급전환을 막고, 사회시스템의 좋은 급전환을 이룰 수 있는 효과적인 개입지점이 불평등 영역이기도 하지요. 불평등 완화는 연착륙 전환의 정치를 위한 전제조건이자, 이행과정에서 계속 추진해야 할 목표이기도 합니다.

⑤ 복잡성(Complexity) **질문 9**A면 B라는 식의 직선적 사고로는 왜 안되는가에서 보았듯 근대문명의 선형적 사유가 기후생태위기의 바탕이 되

었음에도 불구하고, 비선형적인 복잡성의 렌즈로 위기극복과 문명전환을 바라보는 경우는 드뭅니다. 세상을 복잡적응계로 파악하면 '계속 나아간다'(진보)라는 근대적 관념을 극복할 수 있는 길이 보일 것입니다. 하지만 그런 사회라 해도 마냥 정체된 사회는 아닙니다. 여기에서도 "물어뜯고 피 흘리게 하고 상처를 입히는" 억압이 존재할 것이니까요.[13] 직선적·물질적 성장으로서의 진보를 벗어난 사회에서도 억압에 대항하는 '해방으로서의 진보'는 여전히 유효하다고 할 수 있습니다. 전환과정에서 녹색 민주력을 발휘하여 '인간/비인간의 최대한 돌봄'을 추구하는 자세가 새로운 '진보'의 기준이 되어야 할 것입니다.

⑥ 지속불가능성(Unsustainability) 자본주의 생산양식이 기대고 있던 글로벌 생태계의 공짜 토대가 불가역적으로 무너지고 있음을 직시해야 합니다. 지금까지 유지해온 시스템의 지속불가능성은 하루가 다르게 현실에서 드러나고 있습니다. 다양한 설명방식과 설득력 있는 페다고지(Pedagogy, 교육론)를 통해 이 문제에 관한 이해의 폭을 넓히는 일이 극히 중요한 과제가 되었습니다. **질문 5**^{왜 어떤 이에게 기후위기는 음모론인가}에서 보았듯이 지속불가능성에 대한 인식이 자연스레 포스트자본주의로의 전환을 모색하는 방향으로 진화할 수 있다면 그것이야말로 지성적으로 정직하고 현실적으로 안전한 미래 선택이 될 것입니다.

⑦ 권력(Power) 자본주의형 기술·산업문명은 순수한 경제논리 이상의 '힘'으로써 유지됩니다. **질문 14**^{재앙을 낳는 '어둠의 자식들'을 어찌할 것인가}에서 본 것처럼, 시대별로 여러 종류의 권력복합체가 자본주

의를 떠받쳐왔습니다. 권력의 문제는 경제뿐 아니라 사회의 모든 영역, 모든 층위에서 나타납니다. 사회-지구시스템을 가로질러 출현하는 다양한 억압권력에 맞서, 기후운동을 포함한 다양한 피플파워 저항권력이 등장했습니다. 흔히 저항권력은 권리의 제도화를 요구하지만, 모든 존재의 자유와 존엄이라는 표출적 가치도 근원적 차원에서 강력한 상징적 효과를 낳을 수 있습니다.

위의 7가지 요소들은 상호연결, 상호강화의 속성이 있습니다. 특히 사회시스템 패러다임 문제의식(정의, 불평등, 권력)과 지구시스템 패러다임 문제의식(생명애, 복잡성, 지속불가능성)이 교차적으로, 서로 영향을 주고받으며 함께 바뀔 때 위기극복과 문명전환에 건설적인 기여를 할 수 있을 것입니다.

예를 들어볼까요? 2025년 7월 8일 '방위산업의 날'을 맞아 서울 용산에서 '평화정책'을 요구하는 집회가 열렸습니다. 평화, 반전, 인권, 국제연대, 창작자, 종교인, 진보정당, 문화, 자치, 어린이, 군개혁, 여성, 종합시민운동뿐 아니라 기후, 생태, 환경, 채식 등의 활동을 하는 단체들도 참여했습니다. 9월에는 기후활동가 그레타 툰베리Greta Thunberg가 포함된 수십 척의 '글로벌 수무드 함대'가 팔레스타인 주민의 집단학살에 항의하기 위해 가자지구 앞바다에서 해상 시위를 벌였습니다('수무드'라는 명칭이 인상적이었습니다). 기후운동과 평화·인도주의 행동이 연합한 것이었지요.

2025년 9월 27일 개최된 기후정의행진의 요구안에도 사회-지구시스템의 두 패러다임이 함께 포함되어 있었습니다. •기후정

〈제비컵〉

② 좋은 삶 (E)

① 정의 (J)　　　　　　　③ 생명애 (B)

⑦ 권력 (P)　　　　　　　④ 불평등 (I)

⑥ 지속불가능성 (U)　　　⑤ 복잡성 (C)

ⓒ조명원

　의에 입각한 온실가스 감축 목표 및 전환 계획 수립, •탈핵, 탈화석연료, 공공 재생에너지 전환, •AI 산업 육성 재검토, 생태계 파괴 사업 중단, •모든 생명의 존엄성과 기본권 보장, •농민의 권리와 먹거리 기본권 보장, •전쟁 종식, 방위산업 육성과 무기 수출 중단 등이 그것입니다.

　이처럼 국내외적으로 사회시스템 패러다임과 지구시스템 패러다임이 상호 전환적이며 교차적인 행동에 나서는 사례를 많이 찾아볼 수 있습니다. 변혁적 중도의 실천 사례라 할 수 있을 것입니다. 시민사회의 이런 움직임이 문명전환의 방향이 되어야 합니다.

　위에서 설명한 문명전환 7대 원칙의 영문 알파벳 첫 글자를 모으면 J-E-B-I-C-U-P, 즉 '제비컵'이 됩니다. '① Justice(정의) ② Eudaimonia(좋은 삶) ③ Biophilia(생명애) ④ Inequality(불평등) ⑤ Complexity(복잡성) ⑥ Unsustainability(지속불가능성) ⑦ Power(권력)'의 일곱개 항목을 시계의 11시 방향부터 배열한 것이 왼쪽의 그림입니다.

모든 존재의 좋은 삶이라는 희망의 박씨를 물고 온 제비가 가리키는 쪽이 우리가 나아갈 방향이겠지요. 지구가 불타오르는 이 시대는 녹색 민주시민들이 담대하게 문명전환에 나서야 할 때입니다, 용기있게 연대해서.

주

들어가며

1 오기출 「기후재난 지역에서 은행들이 사라지는 이유… 무서운 경고」, 『오마이뉴스』 2025년 10월 10일자.

2 이남주 엮음 『이중과제론: 근대적응과 근대극복의 이중과제』, 창비 2009.

3 백낙청 『변혁적 중도의 때가 왔다: 나라다운 나라를 어떻게 만들까』, 창비 2025.

4 Ulrich Brand and Markus Wissen, "Social-ecological transformation," In D. Richardson et al. (Eds.), *The International Encyclopedia of Geography*. John Wiley & Sons 2017.

5 박노자 『전쟁 이후의 세계: 다원 패권시대, 한국의 선택』, 한겨레출판 2024.

6 조효제 「기후위기와 인권」, 『녹색평론』 169호, 2019, 64~73면.

1부. 우리 시대를 읽는 시선

질문 1. '추코헐솔'은 인류세에 어떤 교훈을 주는가

1 'The Bureau of Linguistical Reality' 사이트에 자신이 창안한 새로운 단어를 등록할

수 있다. https://bureauoflinguisticalreality.com/ (검색: 2025. 10. 20.)

2 아래 내용은 다음 글을 기반으로 수정·브완한 것이다. 조효제 「인간과 세계를 재구성한 인류세 논쟁」, 『바람과물』 12호, 2024, 100~109면.

3 국제지질과학연맹의 공식 성명서는 다음을 보라. IUGS "The Anthropocene," 20 March 2024. 인류세 논쟁을 잘 보여주는 도서로 다음 책들을 참조하라. 얼 C. 엘리스 『인류세』, 김용진·박범순 옮김, 교유서가 2021. 앞의 책은 인류세의 통시적 기원에 대해 간략하지만 흥미로운 견해를 제시한다. 사이먼 L. 루이스·마크 A. 매슬린 『사피엔스가 장악한 행성: 인류세가 빚어낸 인간의 역사 그리고 남은 선택』, 김아림 옮김, 세종서적 2020. 앞의 책은 서구의 아메리카대륙 식민지배와 콜럼버스의 생태적 교환을 인류세의 기점으로 봐야 한다고 주장한다. 줄리아 애드니 토머스·마크 윌리엄스·얀 잘라시에비치 『인류세 책: 행성적 위기의 다면적 시선』, 박범순·김용진 옮김, 이음 2024. 앞의 책은 인류세를 다학문적으로 접근하면서 지질학적으로 인류세를 확정해야 한다고 역설한다.

4 박범순 「세월호와 인류세」, 『창비 주간논평』 2024년 4월 30일자, 강조는 필자.

5 Claudia Antunes and Ian Angus, "An Ecological Civilization Will Have to Be Socialist," *Monthly Review* 76(8), 2025, 31~39면.

6 지리학자 최병두는 인류세 논쟁을 기원과 시작점, 원인과 특성, 대응·방안으로 나누어 분석하자고 제안한다. 최병두 『인류세와 코로나 팬데믹』, 한울엠플러스 2021.

7 Paul J. Crutzen and Eugene F. Stoermer, "The 'Anthropocene'," *The International Geosphere-Biosphere Programme*(*IGBP Newsletter* 41, 2000, 18면, 강조는 필자.

8 Will Steffen et al., "The trajectory of the Anthropocene: The Great Acceleration," *The Anthropocene Review* 2(1), 2015, 81~98면.

9 로만 쾨스터 『쓰레기의 세계사: 문명의 거울에서 전 지구적 재앙까지』, 김지현 옮김, 흐름출판 2024.

10 '거대한 가속'에 대한 설명은 요한 록스트룀·오웬 가프니 『브레이킹 바운더리스: 기후위기를 극복하기 위한 담대한 과학』, 전병옥 옮김, 사이언스북스 2022를 보라. 로마클럽의 1972년 작 『성장의 한계』를 집필했던 학자들이 출간 30주년을 맞아 펴낸 보고서는 도넬라 H. 메도즈·데니스 L. 메도즈·요르겐 랜더스 『성장의 한계: 30주년 개정판』 제2판, 김병순 옮김, 갈라파고스 2021을 보라. 50주년 기념판은 상드린 딕슨-드클레브 외 『모두를 위한 지구: 《성장의 한계》 50주년 보고서』, 추선영·김미정 옮김, 착한책가게 2023을 보라.

11 William E Rees, "On Being a Snowflake in an Avalanche: The Catastrophe of Overshoot and How to Cope," Resilience, 11 July 2024.

12 Katherine Richardson et al., "Earth beyond six of nine planetary boundaries," *Science Advances* 9(37), 2023. 행성적 위험경계 문제를 추적해 온 포츠담기후영향연구소 (PIK)는 2024년 발표한 「행성건강검진경보」에서 해양 산성화도 위험경계에 근접 했거나 이미 초과했을 가능성이 있다고 경고했다. Potsdam Institute for Climate Impact Research, "Earth exceeds safe limits: First Planetary Health Check issues red alert," 24 September 2024.

13 백영경 「인류세, 정치적 행동이 필요하다」, 『창비주간논평』 2019년 8월 21일자.

14 Jessica Weinkle, "How Planetary Boundaries Captured Science, Health, and Finance," The Breakthrough Institute, 14 June 2024.

15 페르낭 브로델 『지중해: 펠리페 2세 시대의 지중해 세계 I – 환경의 역할』(원서 초판 출판연도: 1949), 주경철·조준희 옮김, 까치 2017.

16 같은 책, 561면.

17 Zoltán Boldizsár Simon, "Planetary futures, planetary history," In Z. B. Simon and L. Daile (Eds.), *Historical Understanding: Past, Present, and the Future*, Bloomsbury 2022.

18 Jonathan F. Donges et al., "Taxonomies for structuring models for World-Earth systems analysis of the Anthropocene: subsystems, their interactions and social-ecological feedback loops," *Earth System Dynamics* 12, 2022, 1115~37면. 돈기스는 'World-Earth System'(세계-지구시스템)이라고 했지만 '세계'를 인간사회라는 의 미로 사용하므로 이 책에서는 '사회-지구시스템'이라고 표기한다.

19 지구화에 관한 입장 차이를 분석한, 다음 저서의 분류법을 원용했다. 데이비드 헬드 외 『전지구적 변환』, 조효제 옮김. 창작과비평사 2002, 15~18면. 인류세 등장의 배경 에 대해서는 캐럴린 머천트 『인류세의 인문학: 기후변화 시대에서 지속가능성의 시 대로』, 우석영 옮김, 동아시아 2022를 보라. 특히 "프롤로그: 기후변화와 인류세"와 "1장 역사"를 참고하라.

20 인류세를 인간과 자연의 오랜 투쟁 끝에 인간이 궁극적으로 승리한 사건으로 해석 하는 관점에 대한 설명은 클라이브 해밀턴 『인류세: 거대한 전환 앞에 선 인간과 지 구시스템』, 정서진 옮김, 이상북스 2018을 보라.

21 Anne Fremaux and John Barry, " 'The 'Good Anthropocene' and Green Political Theory: Rethinking Environmentalism, Resisting Ecomodernism," In F. Biermann

and E. Lövbrand (Eds.), *Anthropocene Encounters: New Directions in Green Political Thinking*, Cambridge University Press 2019, 173면. 성태현대화론을 내세우는 브레이크스루 연구소(Breakthrough Institute)는 행성적 위험경계 연구조차 폄하한다. 이에 관해서는 브레이크스루 연구소 웹사이트를 참조하라. https://thebreakthrough.org/ (검색: 2025. 10. 20.)

22 생태근대주의에 입각하여 '좋은' 인류세를 정당화하는 입장에 대해서는 김환석 「기후위기, 문명의 전환과 생태계급: 신유물론 관점」, 『경제와사회』 136, 2022, 51~53면을 보라.

23 인류세 회의론에 속한 저작은 다음을 보라. 제이슨 W. 무어 『생명의 그물 속 자본주의: 자본의 축적과 세계생태론』, 김효진 옮김, 갈무리 2020; 사이먼 L. 루이스·마크 A. 매슬린 『사피엔스가 장악한 행성: 인류세가 빚어낸 인간의 역사 그리고 남은 선택』, 김아림 옮김, 세종서적 2020; 안드레아스 말름 『화석 자본』, 위대현 옮김, 두번째테제 2023; 이송희일 『기후위기 시대에 춤을 추어라: 기후생태 위기에 대한 비판과 전망』, 삼인 2024; 도나 J. 해러웨이 『트러블과 함께하기: 자식이 아니라 친척을 만들자』, 최유미 옮김, 마농지 2021. 또한 인류세의 인류정치의 핵심으로 식민지배의 유산 극복, 글로벌 남부의 투쟁, 원주민 집단의 정체성 회복을 주장하는 글은 Mark Schuller, *Humanity's Last Stand: Confronting Global Catastrophe*, Rutgers University Press 2021 을 보라.

24 인류세의 여러 대체 용어를 소개한 논문은 Franciszek Chwałczyk, "Around the Anthropocene in Eighty Names — Considering the Urbanocene Proposition," Sustainability 12(11), 2020, 1~33면을 보라.

25 막스플랑크연구소 지구인류학 연구팀의 사이트를 참조하라. https://www.gea.mpg. de/124724/pantropocene/ (검색: 2025. 10. 20.)

26 '인류-자본세'에 대해서는 고태우 「대가속의 어두움: 20세기 한국의 역사는 발전의 역사인가?」, 『역사학보』 257, 2023, 12면을 보라.

27 인류세 변환론에 속한 저작은 다음을 보라. 디페시 차크라바르티 『행성시대 역사의 기후』, 이신철 옮김, 에코리브르 2023; 시노하라 마사타케 『인류세의 철학: 사변적 실재론 이후의 '인간의 조건'』, 조성환·이우진·야규 마코토·허남진 옮김, 모시는사람들 2022; 조성환 『K-사상사: 기후변화 시대 철학의 전환』, 다른백년 2023; 아미타브 고시 『대혼란의 시대: 기후 위기는 문화의 위기이자 상상력의 위기다』, 김홍옥 옮김, 에코리브르 2021; 로이 스크랜턴 『인류세에서 죽음을 배우다: 문명의 종말에 대한

성찰』, 안규남 옮김, 시프 2023; 브뤼노 라투르『지구와 충돌하지 않고 착륙하는 방법: 신기후체제의 정치』, 박범순 옮김, 이음 2021.

28 Anne Fremaux, "The return of nature in the Capitalocene: A critique of the ecomodernist version of the 'good Anthropocene'," In M. Arias-Maldonado and Z. Trachtenberg (Eds.), *Rethinking the Environment for the Anthropocene: Political Theory and Socionatural Relations in the New Geological Epoch*, Routledge 2019.

질문 2. '인간 대 자연'이냐, '인간과 자연'이냐

1 기후위기의 다양한 측면을 이론적·운동적 측면에서 소개한 책으로 다음을 보라. 김병권·남성현·우석영·이헌석·전병옥『기후위기행동사전: 당황하지 않고 새 시대를 사는 법』, 산현글방 2023.

2 Julia Watts Belser, "Disability, Climate Change, and Environmental Violence: The Politics of Invisibility and the Horizon of Hope," *Disability Studies Quarterly* 40(4), 2020.

3 비인간 존재를 분류하는 행위도 자의적 권력 행사에 속한다는 점을 물고기의 사례로 분석한 다음 도서를 참조하라. 룰루 밀러『물고기는 존재하지 않는다: 상실, 사랑 그리고 숨어 있는 삶의 질서에 관한 이야기』, 정지인 옮김, 곰출판 2021.

4 Patrick Barkham, "'Intrinsically connected': how human neurodiversity could help save nature," *The Guardian*, 25 July 2025.

5 나오미 오레스케스는 '동조화된 지구-사회 시스템'으로 인해 지구과학이 일종의 사회과학이 되었다고 주장한다. Naomi Oreskes, "How earth science has become a social science," *Historical Social Research* 40(2), 2015, 263면.

6 최명애「인간 너머의 기후정의」,『대한지리학회지』58(4), 2023, 452~68면.

7 최바다「다종 협력 관계로서의 토종씨앗 지키기 실천」,『농촌사회』33(2), 2023, 7~44면.

8 같은 글, 25면.

9 같은 글, 35면.

10 Sarah Newman, "Animals taught us culture," *Aeon*, 13 June 2025.

11 브뤼노 라투르의 사상과 가톨릭 신앙 사이의 연관성에 대해서는 다음 연구를 보라. Antoine Hennion, "Bruno Latour and Religion: A Strange Parishioner," *Theory,*

Culture and Society 41(5), 2024, 105~12면. 도나 해러웨이가 가톨릭의 시선으로 라투르의 사후에 그에게 쓴 편지 형식의 추도문은 다음을 보라. Donna Haraway, "Present to Bruno, from Donna," *Social Studies of Science* 53(2), 2023, 165~68면.

12 백낙청·김용옥·정지창·이은선 외『개벽사상과 종교공부: K사상의 세계화를 위하여』, 창비 2024; 강경석 외『문명전환의 한국사상: 개벽의 사상사 2』, 창비 2025.

13 인류세와 한국철학을 논한 연구는 다음을 보라. 조성환『K-사상사: 기후변화 시대 철학의 전환』, 다른백년 2023. 다음 연구도 참조하라. 앤드류 슈왈츠 외『생태문명 선언: 위기, 희망, 지속가능한 미래』, 한윤정 편역, 다른백년 2020.

14 박경준「불교의 관점에서 본 자연」,『불교학보』40, 2003, 29~51면.

15 김도공「원불교 100년의 후천개벽사상」『원불교학』10, 2018, 7~34면.

16 임병필「코란과 하디스에 나타난 환경윤칙과 물(수자원)의 의미」,『아랍어와 아랍문학』22(4), 2018, 39~63면.

17 한국교회환경연구소 엮음『현대 생태신학자와 신학과 윤리』, 대한기독교서회 2016; 실리아 딘 드러먼드『생태신학 첫걸음: 위험에 처한 지구를 위한 신학』, 홍태희 옮김, 리북 2022.

질문 3. 왜 인류의 다양한 사회적 성격에 주목해야 하는가

1 얼 엘리스가 인류세실무단 위원직을 사임하면서 발표한 글을 참조하라. Erle C. Ellis, "Why I resigned from the Anthropocene working group," 13 July 2023.

2 Mark Maslin et al., "Anthropocene rejection was right," *Nature* 629, 2024, 41면, 강조는 필자. 또한 다음을 참조하라. 사이먼 L. 루이스·마크 A. 매슬린『사피엔스가 장악한 행성: 인류세가 빚어낸 인간의 역사 그리고 남은 선택』, 김아림 옮김, 세종서적 2020.

3 박혜영「우리 삶은 왜 외롭고 취약해졌는가?」, 에코페미니즘 연구센터 달과나무 엮음,『우리는 지구를 떠나지 않는다』, 창비 2023.

4 물리적 '한계'(limits)와 사회적 '경계'(boundaries)의 차이점에 대해서는 다음 책을 참조하라. 마야 괴펠『더 좋은 선택: 결핍과 불균형, 바꿀 수 있다』, 김희상 옮김, 나무생각 2023.

5 태평양의 섬나라 투발루의 현실을 다룬 다음 르포기사를 보라. 남종영「"기후붕괴는 스펙터클이 아니야, 조금씩 스며들어 절망을 키우지"」,『한겨레21』2024년 9월 29일자.

6 대표적인 비판으로는 다음을 보라. Jeremy Baskin, "Paradigm Dressed as Epoch: The Ideology of the Anthropocene," *Environmental Values* 24(1), 2015, 9~29면.

7 Marko Ulvila and Kristofer Bernhard Wilen, "Engaging with the Plutocene: moving towards degrowth and postcapitalist futures," In P. Heikkurinen (Ed.), *Sustainability and Peaceful Coexistence for the Anthropocene*, Routledge 2017. 최근 통계는 〈질문 12〉에서 다시 다루는데 여전히 비슷한 상태에 있다.

8 Rachel Young and Solomon Hsiang, "Mortality caused by tropical cyclones in the United States," *Nature* 635, 2024, 121~28면.

9 안상학「동동 안동산불, 7일간의 전쟁」, 『창비주간논평』 2025년 4월 30일자.

10 김인아「산불이 꺼져도 건강 재난은 남는다」, 『한겨레』 2025년 3월 28일자.

11 Vincent Lam and Yannick Rousselot, "Anthropocene, planetary boundaries and tipping points: interdisciplinarity and values in Earth system science," *European Journal for Philosophy of Science* 14(18), 2024, 3면.

12 행성적 위험경계가 정치적 구성물이라는 주장은 다음을 보라. Rakhyun E. Kim and Louis J. Kotzé, "Planetary boundaries at the intersection of Earth system law, science and governance: A state-of-the-art review," *RECIEL* 30, 2021, 3~15면.

13 Christoph Gorg et al., "Challenges for Social-Ecological Transformations: Contributions from Social and Political Ecology," *Sustainability* 9(1045), 2017, 4면.

14 이 부분의 설명은 다음 연구의 골격을 따랐다. Eva Lövbrand et al., "Who speaks for the future of Earth? How critical social science can extend the conversation on the Anthropocene," *Global Environmental Change* 32, 2015, 211~18면.

15 '안전하고 정의로운 지구시스템 경계'를 다룬 대표적 연구로 다음을 참조하라. Johan Rockström et al., "Safe and just Earth system boundaries," *Nature* 619, 2023, 102~20면.; Joyeeta Gupta et al., "Earth system boundaries and Earth system justice: sharing the ecospace," *Environmental Politics* 33(7), 2024, 1286~305면.

16 Jonathan Ensor and Eric Hoddy, "Securing the social foundation: A rights-based approach to planetary boundaries," *Earth System Governance* 7(100086), 2021, 4면.

질문 4. 왜 정치적으로 접근해야 하는 문제인가

1 다음 글을 보라. Robert Mizo, "Climate change is political and we must treat it that

way," *The Japan Times*, 17 April 2024.

2 염정윤·강선아『2023 국민환경의식조사』, 한국환경연구원 2023; 염정윤·강선아 『2024 국민환경의식조사』, 한국환경연구원 2024.

3 안병진『제4부의 상상력: 바이오크라시, 비인간 생명에게도 투표권이 있다면』, 문학 과지성사 2024.

4 남종영『다정한 거인: 평화를 부르는 고래의 생태·사회사』, 곰출판 2024.

5 Magnus Bergquist et al., "Meta-analyses of fifteen determinants of public opinion about climate change taxes and laws," *Nature Climate Change* 12, 2022, 235~40면.

6 다음 연구의 설명틀을 원용했다. Steven Lukes, *Power: A Radical View*, Second Edition, Palgrave 2005.

7 IPCC의『제6차 평가보고서—제3실무그룹보고서: 기후변화의 완화』중 3장을 참고 하라. Keywan Riahi et al., "Mitigation pathways compatible with long-term goals," In IPCC (Ed.), *Climate Change 2022: Mitigation of Climate Change. Contribution of Working Group Ⅲ to the Sixth Assessment Report of the Intergovernmental Panel on Climate Change*, Cambridge University Press 2022.

8 Jennifer Hadden and Aseem Prakash "What Scholars Know (and Need to Know about the Politics of Climate Change," *PS: Political Science & Politics* 57(1), 2024, 17~20면.

9 장영균「[K-폴리시, 최고 정책전문가가 말한다] ESG 시대 더욱 필요한 윤리경영」, 『디지털타임스』2024년 10월 1일자.

10 이상수『인권경영, 세상을 바꾸는 패러다임: 인권경영의 개념, 국제규범, 법제화, 그 리고 한국 기업의 사례』, 태학사 2022.

11 기후소송의 전세계적 동향에 대해서는 런던정경대학(LSE)의 그랜섬기후변화환경 연구소가 매년 펴내는 동향브리핑을 참조하라. Joana Setzer and Catherine Higham, "Global trends in climate change litigation: 2024 Snapshot," LSE Grantham Research Institute on Climate Change and the Environment 2024. 에코사이드를 국제형사재 판소가 다룰 수 있는 국제범죄로 지정하기 위한 움직임에 대해서는 다음 책을 참 조하라. 조효제『침묵의 범죄 에코사이드』창비 2022; 황준서『지금 당장, 정의 실 현: 세상을 바꾸는 에코사이드 저항운동』, 오월의봄 2025. 인류세 맥락에서 에코사 이드를 분석한 연구로 다음을 보라. Adam Branch and Liana Minkova, "Ecocide, the Anthropocene, and the International Criminal Court," *Ethics & International Affairs*

37(1), 2023, 51~79면.

12 기후 헌법소송의 의의에 대해서는 다음을 보라. 이석태 「기후위기 헌법 소송」, 『한겨레』 2024년 7월 12일자.

13 Annalisa Savaresi et al., "Conceptualizing just transition litigation," *Nature Sustainability* 7, 2024, 1379~84면.

14 박혜령 「MZ세대 소비자의 환경 가치관에 따른 비건 화장품 인식과 소비가치 및 구매 의도에 미치는 영향」, 경일대학교 디자인대학원 석사학위논문, 2024.

15 조효제 「사회생태 전환은 어떻게 일어나는가」, 『창작과비평』, 200호, 2023, 378면.

16 이관후 『압축 소멸 사회: 압축 성장 대한민국은 왜 복합 위기의 길로 들어섰나』, 한겨레출판 2024, 223면.

17 Eva Lövbrand, Malin Mobjork, and Rickard Soder, "The Anthropocene and the geo-political imagination: Re-writing Earth as political space," *Earth System Governance* 4, 2020, 100051.

18 Peter Wagner, "The triple problem displacement: Climate change and the politics of the Great Acceleration," *European Journal of Social Theory* 26(1), 2023, 24~47면.

19 Maxine David, Roberta Guerrina, and Katharine A. M. Wright, "Nakedly Normative: A Feminist (Re-)Imagination of Planetary Politics," *Journal of Common Market Studies* 62(3), 2024, 885~901면.

20 같은 글, 893~97면.

21 모두의숲 열매·민아·림림 『재난 현장에도 00이 필요해!: 〈모두를 위한 재난 대피소〉 제안서』, 모두의숲+사회적협동조합빠띠 2023.

22 John S. Dryzek and Jonathan Pickering, *The Politics of the Anthropocene*, Oxford University Press 2019.

23 Jonathan S. Blake and Nils Gilman, "Governing for the planet," *Aeon*, 16 July 2024.

24 Piotr Żuk and Pawel Żuk, "Beyond 'geological nature,' fatalistic determinism and pop-Anthropocene: Social, cultural, and political aspects of the Anthropocene," *Earth's Future* 12(4), 2024, e2023EF004045.

25 케이트 레이워스 『도넛 경제학』, 홍기빈 옮김, 학고재 2018.

26 Boris Shoshitaishvili and Lisa H. Sideris, "The New Planetary Nationalism," *Noema*, 13 May 2025.

27 김성진 「파리기후체제는 효과적으로 작동할 것인가?」, 『국제정치논총』 56(2), 2016,

397면. 기후위기의 시대에 오히려 우리의 시선을 행성 차원에서 생물권 차원으로 내려서 물질을 중심으로 인간-비인간이 상호작용하는 세계를 상상해야 한다고 주장하는 연구는 다음을 보라. 브뤼노 라투르『지구와 충돌하지 않고 착륙하는 방법: 신기후체제의 정치』, 박범순 옮김, 이음 2021.

28 Oona A. Hathaway and Scott J. Shapiro, "Might Unmakes Right: The Catastrophic Collapse of Norms Against the Use of Force," *Foreign Affairs*, 24 June 2025.

29 Jonathan S. Blake and Nils Gilman, 앞의 글.

30 한상진「생태사회적 배제: 담론 구성과 대응 전략의 모색」,『ECO』21(2), 2017, 62면, 강조는 필자.

31 제레미 리프킨『생명권 정치학』, 이정배 옮김, 대화출판사 1996. 이 책에 대한 최근의 논평은 다음을 보라. 조효제「'생명권 정치'와 이스라엘-하마스 전쟁」,『잔다리서가』2023년 11월 28일자. https://jandariseoga.org/?p=272/ (검색: 2025. 10. 21.) 리프킨의 최신작에서도 인간이 생물권의 산물이라는 주장이 반복된다. 제러미 리프킨『회복력 시대: 재야생화되는 지구에서 생존을 다시 상상하다』, 안진환 옮김, 민음사 2022.

32 박지형『재난문명: 경제·환경·기후 복합위기와 칼성장 대안』, 나남출판사 2022, 55~57면.

질문 5. 왜 어떤 이에게 기후위기는 음모론인가

1 조정훈「이명박 "4대강, 공무원들 전부 협조했지만 정치권 반대"」,『오마이뉴스』 2024년 9월 24일자.

2 정수근「아직도 '4대강 사업' 자화자찬? 이걸 보고도 그 말 나오나」,『오마이뉴스』 2024년 9월 26일자.

3 Rebekah Mifsud and Gordon Sammut, "Worldviews and the role of social values that underlie them," *Plos One* 18(7), e0288451, 2023.

4 Kathleen Pleasants and Noel Gough, "Worldviews, environments and education," In G. Thomas et al. (Eds.), *Outdoor Enironmental Education in Higher Education*, Springer 2021, 27면.

5 같은 글.

6 Helena Helve, "A longitudinal perspective on worldviews, values and identities,"

Journal of Religious Education 63, 2016, 95~115면.

7 심규철 「중학교 학생의 환경적 세계관 조사 연구」, 『한국과학교육학회지』 44(1), 2024, 1~9면.

8 최근의 가장 종합적인 안내서로는 다음을 보라. 한윤정 편역 『생태문명 선언: 위기, 희망, 지속가능한 미래』, 다른백년 2020.

9 한면희 「환경철학의 세계관과 윤리: 인간중심주의 대 생태중심주의」, 『철학연구』 35, 1994, 327~56면.

10 윤갑구 「에너지와 환경을 고려한 새 시대의 세계관」, 『전기저널』 5호, 1997, 35면.

11 Chrisna Du Plessis and Peter Brandon, "An ecological worldview as basis for a regenerative sustainability paradigm for the built environment," *Journal of Cleaner Production* 109, 2015, 53~61면.

12 P. Wesley Schultz et al., "Values and their relationship to environmental concern and conservation behavior," *Journal of Cross-Cultural Psychology* 36(4), 2005, 457~75면.

13 Climate Security in Oceania, "Rejecting reality, Kiribati's shifting climate change policies," The University of Texas at Austin, 31 December 2019.

14 IPBES, "Report of the Plenary of the Intergovernmental Science-Policy Platform on Biodiversity and Ecosystem Services on the work of its ninth session," Intergovernmental Science-Policy Platform on Biodiversity and Ecosystem Services, 2022. https://www.ipbes.net/document-library-catalogue/ipbes914/ (검색: 2025. 10. 21.) 또한 다음 연구도 참조하라. Florent Kohler et al., "Embracing diverse worldviews to share planet Earth," *Conservation Biology* 33(5), 2019, 1014~22면.

15 조효제 「생물다양성을 둘러싼 경제·사회적 차원의 쟁점」, 『기업시민리서치』 15호, 2022, 4~11면.

16 "산림청 소개: 비전 및 목표", 산림청 웹사이트. (검색: 2025. 10. 20.)

17 Oran R. Young, *Governing Complex Systems*, The MIT Press 2017, 34~35면.

18 정수복 「"새만금 결정과정은 민주주의 학습과정"」, 『경향신문』 2001년 5월 25일자.

19 폴 슈메이커 『진보와 보수의 12가지 이념: 다원적 공공정치를 위한 철학』, 조효제 옮김, 후마니타스 2010, 56~65면.

20 박태현 「생태적 법질서: 지구법학과 생태헌법」, 『오늘의교육』 66, 2022, 108~23면. 대한민국의 새헌법안에서 생명생태가치를 반영하자고 제안한 다음 연구를 참조하라. 박은정 외 『대화문화아카데미 2025 새헌법안: 대권에서 분권으로』, 재단법인여

해와함께 2025, 93~98면.

21 김영준·김은희·안숙영·우석영·이나미·장석준·장은주·정규호『공화, 돌봄, 녹색: 새 공화국과 헌법의 기본가치에 관하여』산현글방 2025.

22 Joachim H. Spangenberg, "The world we see shapes the world we create: how the underlying worldviews lead to different recommendations from environmental and ecological economics — the green economy example," *International Journal of Sustainable Development* 19(2), 2016, 127~46면.

23 김규원「"먹감고 뛰놀던 아름다운 강 '4대강 사업'으로 다 사라져": 4대강 다큐 영화 '추적' 만든 최승호 피디」,『한겨레』2025년 7월 30일자, 강조는 필자.

24 Eliza Griswold, "How to talk about climate change across the political divide," *The New Yorker*, 16 September 2021.

25 Anne Pender, "From partial to integrated perspectives: How understanding worldviews can expand our capacity for transformative climate governance," *Earth System Governance* 16, 2023, 100174.

26 Pender의 논문은 인간의 발달 단계에 따른 '12가지 STAGES 세계관'을 창안한 Terrie O'Fallon의 이론을 원용한 연구다. 12가지 세계관은 다음과 같다. ①충동형, ②좁은 자아중심형, ③규칙준수형, ④순응형, ⑤전문지식형, ⑥성취형, ⑦다원주의형, ⑧전략형, ⑨사회구성인지형, ⑩관계초월형, ⑪보편형, ⑫득도형.

27 마야 괴펠『더 좋은 선택: 결핍과 불균형, 바꿀 수 있다』, 김희상 옮김, 나무생각 2023.

28 Giuseppe Feola, Olga Vincent, and Danika Moore, "(Un)making in sustainability transformation beyond capitalism," *Global Environmental Change* 69, 2021, 102290.

29 안숙영「거리에서 제철 과일을 파는 여성 노인, '탄소 중립'의 조용한 실천자」,『한국일보』2025년 7월 5일자.

30 구도완·이철재·김민재『생태전환을 꿈구는 사람들』, 한살림 2023, 247면.

31 에이프릴 카터『직접행동』, 조효제 옮김, 교양인 2007.

32 구도완·이철재·김민재, 앞의 책, 270면.

33 Neil Stammers, "Human Rights and Social Movements: Theoretical Perspectives," *Revue interdisciplinaire d'études juridiques* 75, 2015, 76면.

34 Donella Meadows, *Leverage Points: Places to Intervene in a System*, The Sustainability Institute 1999.

질문 6. 모든 존재의 좋은 삶, 가능한가

1 박도 「한 반에 100명, 운동장 수업까지⋯ 뜨거운 교육열」, 『오마이뉴스』 2017년 7월 7일자.

2 윌리엄 맥어스킬 『우리는 미래를 가져다 쓰고 있다』, 이영래 옮김, 김영사 2023.

3 김형준 「하나의 기후 서로 다른 문제」, 『한겨레』 2025년 7월 28일자.

4 아래의 설명은 다음 발표문의 골격을 활용하였다. 조효제 「기후위기 대응을 넘어 좋은 삶의 비전으로」, 2024서울국제교육포럼, 2024년 8월 24일.

5 토마스 홉스의 '자기보전'형 사회계약 이론의 문제점에 대해서는 다음을 보라. 조효제 『인권의 문법』, 후마니타스 2007, 53~56면.

6 제정임 『마지막 비상구: 기후위기 시대의 에너지 대전환』, 오월의봄 2019.

7 김현우 「기후붕괴 시대, 더 많고 더 깊은 서사적 접근을」, 『창작과비평』 209호, 2025, 336면

8 김병권 『기후를 위한 경제학: 지구 한계 안에서 좋은 삶을 모색하는 생태경제학 입문』, 착한책가게 2023.

9 Daniel W. O'Neill et al., "A good life for all within planetary boundaries," *Nature Sustainability* 1(2), 2018, 88~95면.

10 Jason Hickel, "Is it possible to achieve a good life for all within planetary boundaries?" *Third World Quarterly* 40(1), 2019, 18~35면.

11 Sarah E. Walker, "The Good Life in the Face of Climate Change: Understanding Complexities of a Well-being Framework through the Experience of Pastoral Women," *The Journal of Development Studies* 57(7), 2021, 1120~37면.

12 Udo Pesch, "The Good Life and Climate Adaptation," *Sustainability* 14(456), 2022.

13 Giorgos Kallis et al., "Post-growth: The science of wellbeing within planetary boundaries," *The Lancet Planetary Health* 9(1), 2025, e62~e78면.

14 정연보 「기후위기 시대의 트러블과 함께 하기: 공동생성과 촉수적 사고, 생태주의적 돌봄을 중심으로」, 『페미니즘연구』 22(1), 2022, 97면.

15 우석영 외 「기후 돌봄 선언」, 신지혜·한윤정·우석영 외 『기후 돌봄: 거친 파도를 다

같이 넘어가는 법』, 산현글방 2024, 17면.

16 다음 번역서의 설명을 따랐다. 아리스토텔레스『니코마코스 윤리학』, 강상진·김재
홍·이창우 옮김, 길 2011.

17 같은 책, 제4장.

18 같은 책, 458~59면.

19 클라이브 해밀턴『성장 숭배: 우리는 왜 경제성장의 노예가 되었는가』, 김홍식 옮
김, 바오 2011, 307면.

20 Nasir Abbas et al., "Aristotle's Eudaimonia and its impact on human wellbeing: A
critical analysis," *International Journal of Contemporary Issues in Social Science* 3(1),
2024, 2307~18면.

21 Yukiko Uchida and Shigehiro Oishi, "The Happiness of Individuals and the
Collective," *Japanese Psychological Research* 58(1), 2016, 125~41면.

22 Sarah E. Walker, 앞의 글.

23 신득렬 역·주『아리스토텔레스의 니코마코스 윤리학』, 태일사 2025, 408~409면.

24 Pesch, 앞의 글, 7면, 강조는 필자.

25 Mila Grénman, Outi Uusitalo, and Juulia Räikkönen (2024). "Eudaimonia and
temperance: A pathway to a flourishing life," In M. Elo et al. (Eds.), *Interdisciplinary
Approach to Planetary Well-Being*, Routledge 2024, 157~66면.

26 윤홍식「[소셜코리아] 아무것도 바꾸지 못한 나라… 이러다간 제2의 윤석열 나온
다」,『오마이뉴스』 2025년 1월 15일자.

27 아래 설명은 다음 논문을 요약한 것이다. John Kay, "Obliquity," *Capitalism and
Society* 7(1), 2012, 2면. 단행본의 한국어 번역은 다음을 보라. 존 케이『직진보다 빠
른 우회전략의 힘』, 정성묵 옮김, 21세기북스 2010.

28 Kay, 같은 글, 7면.

29 같은 글, 같은 쪽.

30 김경진·김영욱「메시지 프레임과 불확실성 인식이 예방 행동 의도에 미치는 영향:
기후변화 이슈를 중심으로」,『광고연구』 112, 2017, 185면.

31 건빵 "'바쁠수록 돌아가라'는 말의 속뜻", '매거진: 여행 삶을 만나다' 2016년 2월 13
일자. https://brunch.co.kr/@gunbbang/135 (검색: 2025. 10. 21.)

32 김성욱「계엄에 사표 던진 유일한 공직자, 류혁은 어떻게 '노!'를 외쳤나」,『오마이
뉴스』 2025년 2월 22일자.

질문 7. 어떤 중간목표를 세워야 할까

1 구도완·이철재·김민재 『생태전환을 꿈꾸는 사람들』, 한살림 2023.

2 같은 책, 38면.

3 같은 책, 115면.

4 같은 책, 17면.

5 Christoph Gorg et al., "Challenges for Social-Ecological Transformations: Contributions from Social and Political Ecology," *Sustainability* 9, 2017, 1045면.

6 다양한 접근방식을 대변하는 도서 중 일부를 소개하면 다음과 같다. 그레타 툰베리 『기후 책: 그레타 툰베리가 세계 지성들과 함께 쓴 기후위기 교과서』, 이순희 옮김, 김영사 2023; 김병권 『기후를 위한 경제학: 지구 한계 안에서 좋은 삶을 모색하는 생태경제학 입문』, 착한책가게 2023; 유네스코한국위원회 기획 『아주 구체적인 위협: 유네스코가 말하는 기후위기 시대의 달라진 일상』, 동아시아 2022; 조효제 『탄소 사회의 종말: 인권의 눈으로 기후변화와 팬데믹을 읽다』, 21세기북스 2020.

7 Fernando T. Maestre et al., "Bending the curve of land degradation to achieve global environmental goals," *Nature* 644, 2025, 347~55면.

8 박정재 「인류세 전문가의 경고, "기온상승만 집착⋯환경정책 잘못된 길"」, 『헤럴드경제』 2025년 2월 13일자.

9 이정모·이동재 「"인간이 할 수 있는 일? 우리 서식지를 줄이는 거예요"」, 『뉴스펭귄』 2025년 4월 25일자.

10 Carl Folke et al., "Our future in the Anthropocene biosphere," *Ambio* 50, 2021, 853~54면.

11 김아영 「지구 허파 '맹그로브'가 지역 경제도 살린다」, 『내일신문』 2025년 6월 9일자.

12 Fabian Stenzel et al., "Breaching planetary boundaries: Over half of global land area suffers critical losses in functional biosphere integrity," *One Earth* 8, 2025, 101393.

13 Hank Paulson, "Our answers to climate change are damaging nature," *Financial Times*, 10 September 2025.

14 UNEP, *Bend the trend: Global Resources Outlook 2024*, United Nations Environment Programme 2024.

15 이런 관점을 집대성한 연구로 다음을 보라. William J. Ripple et al., "The 2024 state of the climate report: Perilous times on planet Earth," *BioScience* 74(12), 2024, 812~24면.

16 전환에 대한 종합적인 연구서는 다음을 보라. 구도완 외『전환의 질문, 질문의 전환』, 도서출판 풀씨 2021.

17 아래 설명은 다음 자료를 종합한 것이다. 박순열「'모든 생명이 자유로운 공동체'를 위한 전환의 질문, 질문의 전환」, 구도완 외『전환의 질문, 질문의 전환』, 도서출판 풀씨 2021; Melanie Pichler, "Political dimensions of social-ecological transformations: polity, politics, policy," *Sustainability: Science, Practice and Policy* 19(1), 2023, 2222612.

18 칼 폴라니『거대한 전환: 우리 시대의 정치·경제적 기원』, 홍기빈 옮김, 길 2009.

19 Carl Folke et al., 앞의 글.

20 데이비드 헬드 외『전지구적 변환』, 조효제 옮김, 창작과비평사 2002, 643면.

21 정록「기후정의동맹을 통해 돌아본 한국 기후정의운동」, 『황해문화』 119호, 2023, 273~88면; 이송희일『기후위기 시대에 춤을 추어라: 기후-생태 위기에 대한 비판과 전망』, 삼인 2024.

22 Kousik Das Malakar et al., *Climate Change and Socio-Ecological Transformation*, Springer 2023, 19면.

23 Karl Bruckmeier, *Social-Ecological Transformation: Reconnecting Society and Nature*, Palgrave 2016, 8면.

24 Gorg et al., 앞의 글.

25 Anthony Kamande et al., *The Commitment to Reducing Inequality Index 2024*. Development Finance International and Oxfam International 2024.

26 Pichler, 앞의 글.

27 김근세·조규진「녹색국가의 유형과 국가기능에 관한 비교연구」, 『행정논총』 53(1), 2015, 35~69면.

28 Richard Bärnthaler, Sebastian Mang, and Jason Hickel, "Toward a postgrowth industrial policy for Europe: navigating emerging tensions and long-term goals," *Globalizations* 22(6), 2025, 1124~48면.

29 노동과 환경 간 긴장 관계의 이론적 기원에 대해서는 다음을 보라. 앙드레 고르스『에콜로지카: 붕괴 직전에 이른 자본주의의 대안을 찾아서』, 임희근·정혜용 옮김, 갈라파고스 2015.

30 인터넷 언론 『민들레』 웹사이트(https://www.mindlenews.com/)를 참조하라.

31 Dallas O'Dell, Davide Contu, and Ganga Shreedhar, "Public support for degrowth policies and sufficiency behaviours in the United States: A discrete choice experiment," *Ecological Economics* 228, 2025, 108446, 10면, 강조는 필자.

32 Fanny Lajarthe and Lydie Laigle, "Bringing the future back to the present: The role of prefiguration in European climate justice activism," *Futures* 160, 2024, 103384.

33 탈성장에 관한 종합적 입문서는 다음을 보라. 마티아스 슈멜처·안드레아 베터·아론 반신티안 『미래는 탈성장: 자본주의 너머의 세계로 가는 안내서』, 김현우·이보아 옮김, 나름북스 2023.

34 생태적지혜연구소협동조합·모시는사람들돌봄연구소 기획 『탈성장들: 하며 살고 있습니다』, 모시는사람들 2024.

35 김은제·이승준·장윤석 「탈성장을 향해, 탈성장의 항해」, 생태적지혜연구소협동조합·모시는사람들돌봄연구소 기획 『탈성장들: 하며 살고 있습니다』, 모시는사람들 2024, 4~13면.

36 같은 글, 12면, 강조는 필자.

37 설령 국가가 성장의 한계에 봉착한 현실을 인정하고 포스트성장 정책을 취하고 싶어도 유권자들에게 그런 정책을 설득시킬 수 있을지는 미지수다. 경영학자 피터 블룸은 경제성장이 아닌 사회문화적 가치와 인간의 번성을 전면에 내세우는 국가적 실험이 필요하다고 주장한다. Peter Bloom, "Welcome to post-growth Europe — can anyone accept this new political reality?" *The Conversation*, 7 July 2025.

38 Ashsh Kothari et al., (Eds.), *Pluriverse: A Post-Development Dictionary*. Tulika Books 2019, xxviii면.

39 이매뉴얼 월러스틴 『유럽적 보편주의: 권력의 레토릭』, 김재오 옮김, 창비 2008.

40 Ira Katznelson, "Evil & politics," *Daedalus* 131(1), 2002, 9~10면.

41 한윤정 「지역공동체에서 시작하는 기후 돌봄」, 신지혜·한윤정·우석영 외 『기후 돌봄: 거친 파도를 다 같이 넘어가는 법』, 산현글방 2024.

42 케이트 레이워스 『도넛 경제학』, 홍기빈 옮김, 학고재 2018.

43 Jason Hickel, "Is it possible to achieve a good life for all within planetary boundaries?" *Third World Quarterly* 40(1), 2019, 18~35면; 제이슨 히켈 『적을수록 풍요롭다: 지구를 구하는 탈성장』, 김현우·민정희 옮김, 창비 2021.

44 Claudius Gräbner-Radkowitsch and Birte Strunk, "Degrowth and the Global South:

The twin problem of global dependencies," *Ecological Economics* 213, 2023, 107946.

45 Mariko Lin Frame, "Integrating Degrowth and World-Systems Theory: Toward a Research Agenda," *Perspectives on Global Development and Technology* 21(5-6), 2023, 426~48면.

46 아르투로 에스코바르 『플루리버스: 자체와 공동성의 세계 디자인하기』, 박정원·엄경용 옮김, 알렙 2022.

47 Hickel, 앞의 글, 30면.

48 Ulrich Brand et al., "From planetary to societal boundaries: an argument for collectively defined self-limitation," *Sustainability: Science, Practice and Policy* 17(1), 2021, 273~74면.

질문 8. 인간사회와 생태환경은 어떻게 함께 무너지는가

1 이주희 「필리핀 가사관리사, 글로벌 돌봄 체인의 비극」, 『한겨레』 2024년 9월 24일자.

2 필리핀 국가인권위원회의 결정 결과는 다음을 참조하라. "National Inquiry on Climate Change," Republic of the Philippines: Commission on Human Rights

3 Binayak Roy, "Precarity, Climate Change and Migrant Labour Amitav Ghosh's Eco-Aesthetics," *Critical South Asian Studies* 1(1), 2023, 57~71면.

4 Ilona Auer Frege et al., *The WorldRiskReport 2024*. Bundnis Entwicklung Hilft, Ruhr University Bochum – Institute for International Law of Peace and Armed Conflict 2024.

5 Sang-Hee Park and Francisia S. S. E. Seda, "Climate Anxiety Among Indonesians: The Impacts of Experience of Climate Change, Life-Threatening Events, and Well-Being," *Journal of Asian sociology* 54(2), 2025, 163~89면.

6 가이아 빈스, 『인류세, 엑소더스: 기후격변이 몰고 올 전 지구적 생존 르포르타주』, 김명주 옮김, 곰출판 2023

7 정승일 「[소셜 코리아] 언론이 놓친, 유럽 극우정당이 뜨는 진짜 이유: 독일 AfD 등 '복지 민족주의'로 지지 얻어… 우리 현재이자 미래 될 수도」, 『오마이뉴스』 2025년 3월 5일자.

8 허정원 "인구구조 변화 시대의 인권: 토론" 한국인권학회 2024년 하반기 공동학술대회: 2024년 11월 9일.

9 장주영 「외국인 요양보호사 확대와 지속가능한 돌봄서비스 구축을 위한 과제」『복지이슈 TODAY』146호, 2025, 5면.

10 Kousik Das Malakar et al., *Climate Change and Socio-Ecological Transformation*. Springer 2023, 18면.

11 홍기빈 『어나더 경제사 1: 자본주의』, 시월 2023, 11면, 강조는 필자.

12 아래의 기술은 다음 자료를 요약하고 보완한 것이다. Richard Heinberg and Asher Miller, *Welcome to the Great Unraveling: Navigating the Polycrisis of Environmental and Social Breakdown*. Post Carbon Institute 2023.

13 Anthony Kamande et al., *The Commitment to Reducing Inequality Index 2024*. Development Finance International and Oxfam International 2024, 15면.

14 UN DESA, *World Social Report 2025: A New Policy Consensus to Accelerate Social Progress*, United Nations Publication 2025.

15 조효제 『탄소 사회의 종말: 인권의 눈으로 기후위기와 팬데믹을 읽다』, 21세기북스 2020, 237~48면.

16 리처드 윌킨슨·케이트 피킷 『불평등 트라우마: 소득 격차와 사회적 지위의 심리적 영향력과 그 이유』, 이은경 옮김, 생각이음 2019.

17 최유석 『한국의 행복 불평등: 행복 격차의 구조와 해법』, 법문사 2023, 118면.

18 최근 '다중위기'(Polycrisis) 용어를 대중화시킨 애덤 투즈의 글 원문을 보라. Adam Tooze, "Chartbook #130 – Defining polycrisis-from crisis pictures to the crisis matrix," Chartbook, 24 June 2022.

19 Michael Lawrence et al., "Global polycrisis: the causal mechanisms of crisis entanglement," *Global Sustainability* 7, 2024.

20 Hui-Min Li et al., "Understanding systemic risk induced by climate change," *Advances in Climate Change Research* 12, 2021, 384~94면.

21 Lawrence et al., 앞의 글, 12면.

22 Peter J. Meyer, "Central American Migration: Root Causes and U.S. Policy," In Focus: Congressional Research Service, 30 October 2024.

23 아래 설명은 다음 연구를 요약한 것이다. Kanishka Jayasuriya, "Polycrisis or crises of capitalist social reproduction," *Global Social Challenges Journal* 2, 2023, 203~11면.

24 낸시 프레이저 『좌파의 길: 식인 자본주의에 반대한다』, 장석준 옮김, 서해문집 2023, 66면.

25 아래 설명은 다음 연구를 요약한 것이다. Ray Hudson, "Capitalism, contradictions, crises: pushing back the limits to capital or breaching the capacity of the planetary ecosystem?" *Area Development and Policy* 6(2), 2021, 123~42면.

26 추미화 「생태 위기와 『설국열차』 속 환경난민」, 『인문사회21』 13(6), 2022, 2655~64면

질문 9. A면 B라는 식의 직선적 사고로는 왜 안되는가

1 Andrew Jarvis and Piers M. Forster, "Estimated human-induced warming from a linear temperature and atmospheric CO2 relationship," *Nature Geoscience* 17, 2024, 1223면의 C그래프.

2 나정민 「복잡성 과학의 새로운 패러다임과 전일론적 존재론」, 『과학철학』 9(1), 2006, 37~73면.

3 Bart de Langhe, Stefano Puntoni, and Richard Larrick, "Linear thinking in a nonlinear world," *Harvard Business Review* 95(3), 2017, 130~39면.

4 Fabian Scheidler, *The End of the Megamachine: A Brief History of a Failing Civilization*, Zero Books 2020.

5 같은 책, 147면, 강조는 필자.

6 Joshtrom Isaac Kureethadam, *The Philosophical Roots of the Ecological Crisis: Descartes and the Modern Worldview*, Cambridge Scholars Publishing 2017, 5면.

7 아래 설명은 다음 연구를 요약한 것이다. Philipp Lepenies, "The Anthroposeen: The Invention of Linear Perspective as a Decisive Moment in the Emergence of a Geological Age of Mankind," *European Review* 26(4), 2018, 583~99면.

8 벨라스케스의 「시녀들」을 원근법적으로 분석한 다음 글을 보라. 김종엽 『타오르는 시간 II: 스페인 모로코 인문기행』, 창비 2024, 41~48면.

9 Lepenies, 앞의 글, 596면.

10 조향 「왜 인류세에 대한 인문학적 성찰이 필요한가?」, 이석재 외 『디지털 시대, 인문학의 미래를 말하다』, 사회평론아카데미 2024; 유희석 「기후위기가 세계문학에 던지는 질문」, 『자본주의근대와 세계문학』, 강출판사 2025.

11 데이비드 스피겔할터 『불확실성에 맞서는 기술: 실업률, 주식, 전쟁, 기후위기, AI까지』, 양병찬 옮김, 생각의힘 2025.

12 Yaneer Bar-Yam, "Complexity rising: From human beings to human civilization,

a complexity profile," In I. E. Cock (Ed.), *Encyclopedia of Life Support Systems*, UNESCO-EOLSS 2002.

13 Johan Colding and Stephan Barthel, "Exploring the social-ecological systems discourse 20 years later," *Ecology and Society* 24(1), 2019, 2~11면.

14 Rika Preiser et al., "Social-ecological systems as complex adaptive systems: organizing principles for advancing research methods and approaches," *Ecology and Society* 23(4), 2018, 46~60면.

15 Oran R. Young, *Governing Complex Systems*, The MIT Press 2017.

16 Elin Lerum Boasson and Michaël Tatham, "Climate policy: from complexity to consensus?" *Journal of European Public Policy* 30(3), 2023, 401~24면.

17 교차성, 통합성, 거버넌스 혁신에 대한 부분은 다음 연구를 참고했다. Katharine J. Mach et al., "Research to Confront Climate Change Complexity: Intersectionality, Integration, and Innovative Governance," *Earth's Future* 12(6), 2024, e2023EF004392.

18 Fariba Karimi, "Inequalities in complex networks," Ising Lectures, Institute for Condensed Matter Physics, Lviv, Ukraine, 14 May 2024.

19 전치형·김성은·김희원·강미량 『호흡공동체: 미세먼지, 코로나19, 폭염에 응답하는 과학과 정치』, 창비 2021.

20 이슬기·김태형 「코로나19 대응 성과의 영향요인에 관한 연구: 민첩한 정부의 비전 형성과 정부의 관리역량을 중심으로」, 『지방정부연구』 26(3), 2022, 225~54면.

21 정규호 『녹색국가: 지속가능한 대한민국을 위한 이론과 전략』, 모시는사람들 2025, 233면, 강조는 필자.

22 생태경제학을 복잡계 이론으로 분석한 논문은 다음을 보라. 조영탁 「생태경제학의 방법론과 비전」, 『사회경제평론』 22, 2004, 39~78면.

23 최정규·윤민호 「경제적 진화와 복잡계 경제학」, 민병원·김창욱 엮음 『복잡계 워크숍: 복잡계이론의 사회과학적 적용』, 삼성경제연구소 2006.

24 Sadie DeCoste and Jyotsna Puri, "Complexity, climate change and evaluation," IEU Working Paper No. 02, Green Climate Fund Independent Evaluation Unit 2019.

25 김병권 『기후를 위한 경제학: 지구 한계 안에서 좋은 삶을 모색하는 생태경제학 입문』, 착한책가게 2023, 44면.

26 Michael W. M. Roos, "Climate Change from the Perspective of Complexity Economics," In P. Chen, W. Elsner, and A. Pyka (Eds.), *Routledge International*

Handbook of Complexity Economics, Routledge 2024.

27 Ross Cathcart and Patrick Nelson, *Is Economics Education Fit for the 21st Century?*, Rethinking Economics 2025.

28 김고운·남보은·전영준「컴플렉시티(Complexity) 개념에 대한 고찰: 생태학 분야 문헌검토를 바탕으로」,『환경철학』21, 2016, 25면.

29 장덕진·임동권「복잡계와 사회구조」, 민병원·김창욱 엮음『복잡계 워크샵: 복잡계 이론의 사회과학적 적용』, 삼성경제연구소 2006, 60면.

30 Preiser et al., 앞의 글, 48면.

질문 10. 종말이 가까워져 희망이 없다, 하지만 사실인가

1 Luke Kemp et al., "Climate Endgame: Exploring catastrophic climate change scenarios," *PNAS* 119(34), 2022, e2108146119.

2 마이클 클레어『기후 붕괴, 지옥문이 열린다: 펜타곤의 인류 멸종 시나리오』, 고호관 옮김, 경희대학교 출판문화원 2021.

3 기후위기의 영향을 과학적으로 종합한 자료는 다음을 참조하라. 공우석『기후변화 충격』, 청아출판사 2024.

4 김재윤 외「기후변화 리스크가 실물경제에 미치는 영향: 기후대응 시나리오별 분석」,『한국은행 BOK 이슈노트』2024년 11월 4일자.

5 박혜진『기후리스크와 자산가격의 관계에 대한 조사 및 분석』, 자본시장연구원 2023.

6 Joe Ware and Oliver Pearce, *Counting the Cost 2024: A Year of Climate Breakdown*, Christian Aid 2024.

7 김환석「기후위기, 문명의 전환과 생태계급: 신유물론 관점」,『경제와사회』136, 2022, 47~86면.

8 김준우『인류의 미래를 위한 마지막 경고』, 생태문명연구소 2023, 12~13면, 강조는 원문.

9 빌 맥과이어『기후변화, 그게 좀 심각합니다: 지구인을 위한 안내서』, 이민희 옮김, 양철북 2023, 177~8면. 비슷한 관점에서 기후위기의 심각성을 강조하는 책은 다음을 보라. 마크 라이너스『최종경고, 6도의 멸종: 기후변화의 종료, 기후붕괴의 시작』, 김 아림 옮김, 세종서적 2022.

10 Toby Ord, "Ch.6: The risk landscape," *The Precipice: Existential Risk and the Future of Humanity*, Hachette Books 2020.

11 이진경 「기후위기 시대의 포스트휴머니즘」, 제1회 기후정치물결포럼, 2024년 11월 22일.

12 Fabian Scheidler, *The End of the Megamachine: A Brief History of a Failing Civilization*, Zero Books 2020.

13 본문의 이하 부분은 저자의 다음 글을 확장한 것이다. 조효제 「'수무드'가 가르쳐준 희망」, 『창작과비평』 207호, 2025, 343~51면.

14 지속적 성장에 기반한 팽창 사회 단계가 끝나고 저성장의 수축 사회 단계에 접어들었다는 주장은 다음을 보라. 홍성국 『수축 사회: 성장 신화를 버려야 미래가 보인다』, 메디치미디어 2018.

15 김병권 『AI와 기후의 미래: 디지털 과잉 함정에 빠진 한국, 더 위험해진 기후』, 착한책가게 2025.

16 구도완 『생태 민주주의』, 한티재 2018.

17 울리히 브란트·마르쿠스 비센 『제국적 생활양식을 넘어서: 전지구적 자본주의 시대의 인간과 자연에 대한 착취』, 이신철 옮김, 에코리브르 2020.

18 Nafeez Ahmed, "'Planetary phase shift' as a new systems framework to navigate the evolutionary transformation of human civilisation," *Foresight 27(2)*, 2025, 240~66면.

19 채수미·김혜윤·이수빈 「한국인의 기후불안 수준 및 특성」, 『보건사회연구』 44(1), 2024, 245~67면.

20 이혜선·호규현, 「기후변화를 향한 한국 청년들의 목소리: 기후변화로 인한 감정과 대화 시도를 중심으로」, 『한국언론학보』 68(5), 5~45면.

21 Caroline Hickman et al., "Climate anxiety in children and young people and their beliefs about government responses to climate change: a global survey," *The Lancet Planetary Health* 5(12), 2021, e863-873.

22 Tyler J. VanderWeele et al., "The Global Flourishing Study: Study Profile and Initial Results on Flourishing," *Nature Mental Health* 3(6), 2025, 636~53면.

23 같은 글, 637면.

24 여기서는 다음 연구들의 개념 정의를 참고했다. Kemp et al., 앞의 글, 5면; Richard Heinberg and Asher Miller, *Welcome to the Great Unraveling: Navigating the Polycrisis of Environmental and Social Breakdown*, Post Carbon Institute 2023, 27면; Toby Ord,

"Ch2. Existential Risk," *The Precipice: Existential Risk and the Future of Humanity*, Hachette Books 2020.

25 세상 종말에 관한 대중적 믿음과 성서의 묵시사상(apocalypticism)의 관계 및 역사적 배경에 관한 연구는 다음을 참조하라. 리처드 A. 호슬리 『서기관들의 반란』, 박경미 옮김, 한국기독교연구소 2016. 신학적 종말론과 세속적 종말론을 비교한 연구는 다음을 보라. Torbjörn Gustafsson Chorell, "Two concepts of apocalypse and apocalyptic history today," *Rethinking History* 28(3) 2024, 357~75면.

26 붕괴학을 이론적으로 정리한 연구는 다음을 보라. Pablo Servigne and Raphael Stevens, *How Everything Can Collapse: A Manual for Our Times*, Translated by Andrew Brown, Polity 2020.

27 Joost de Moor and Jens Marquardt, "Deciding whether it's too late: How climate activists coordinate alternative futures in a postapocalyptic present," *Geoforum* 138, 2023, 103666.

28 마크 오코널 『종말을 준비하는 사람들』, 이한음 옮김, 열린책들 2024.

29 젬 벤델·루퍼트 리드 외 『심층 적응』, 김현우·김미정·추선영·하승우 옮김, 착한책가게 2022.

30 Jem Bendell, *Breaking Together: a freedom-loving response to collapse*, Good Works 2023.

31 Mike Hulme, "Is it too late (to stop dangerous climate change)? An editorial," *WIREs Climate Change* 11, 2023, e619.

32 아래 설명은 다음 글의 얼개를 따랐다. Adam Sobel, "Climate of fear: How should the public—and scientists—cope with the daunting uncertainties of climate change?" *Nature* 627, 2024, 483~85면.

33 같은 글, 484면.

34 김백민 「흉포한 날씨… '기후 적응' 컨트롤타워 절실하다」, 『한겨레』 2025년 8월 25일자.

35 티머시 모턴 『하이퍼객체: 세계의 끝 이후의 철학과 생태학』, 김지연 옮김, 현실문화 2024.

36 Tim Palmer, *The Primacy of Doubt: From Quantum Physics to Climate Change, How the Science of Uncertainty Can Help Us Understand Our Chaotic World*, Basic Books 2022, 111~12면.

37 탄소중립이 이루어진다 해도 그것의 영향은 전세계 지역적으로 다르게 나타날 것이라는 연구는 다음을 보라. Liam J. Cassidy et al., "Regional temperature extremes and vulnerability under net zero CO2 emissions," *Environmental Research Letters* 19(1), 2024, 014051.

38 클라이브 해밀턴 『인류세: 거대한 전환 앞에 선 인간과 지구 시스템』, 정서진 옮김, 이상북스 2018, 249면.

39 Fuzhi Lu et al., "Tipping point-induced abrupt shifts in East Asian hydroclimate since the Last Glacial Maximum," *Nature Communications* 16, 2025, 477.

40 Daniel Hoyer et al., "Navigating polycrisis: long-run socio-cultural factors shape response to changing climate," *Philosophical Transactions B* 378, 2023, 5면, 강조는 필자.

41 Niclas O'Donnokoé, Christopher Steffen, and Phil C. Langer, "Hope in crisis: revisiting Erich Fromm's dialectic of transformation," *Journal of Psychosocial Studies* 17(3), 2024.

42 김홍중 「인류세의 사회이론 1: 파국과 페이션시(patiency)」, 『과학기술학연구』 19(3), 2019, 1~49면.

43 아래 설명은 다음 연구의 얼개를 따랐다. Åsa Wettergren, "Emotionalising hope in times of climate change," *Emotions and Society* 7(1), 2025, 133~51면.

44 Samantha Rose Hill, "When hope is a hindrance," *Aeon*, 4 October 2021. (검색: 2025. 10. 20.)

45 Wettergren, 앞의 글, 12면.

46 Carl Cassegard, "Activism without hope? Four varieties of postapocalyptic environmentalism," *Environmental Politics* 33(3), 2024, 444~64면.

47 Sobel, 앞의 글, 484면, 강조는 필자.

48 Alexandra Rijke and Toine van Teeffelen, "To Exist Is To Resist: Sumud, Heroism, and the Everyday," *Jerusalem Quarterly* 59, 2014, 86~99면.

49 Mohammad Marie, Ben Hannigan, and Aled Jones, "Social ecology of resilience and Sumud of Palestinians," *Health* 22(1), 2018, 20~35면.

50 김현미 「우리는 우주로 떠나지 않는다」, 에코페미니즘 연구센터 달과나무 엮음 『우리는 지구를 떠나지 않는다』, 창비 2023, 15면.

51 김수영 「詩여 침을 뱉어라」, 『창작과비평』 11호, 1968, 411면.

3부. 문명전환과 그 도전들

질문 11. 당신에게 엘리베이터가 없는 미래를 상상할 수 있는가

1 민영환 『해천추범: 1896년 민영환의 세계일주』(원문 집필연도: 1896), 조재곤 편역, 책과함께 2007.

2 David P. Tuttle et al., "The History and Evolution of the U.S. Electricity Industry," White Paper UTEI/2016-05-2, 2016, 4면. 전문(全文)은 다음 웹페이지에서 열람할 수 있다. https://energy.utexas.edu/sites/default/files/UTAustin_FCe_History_2016. pdf/ (검색: 2025. 10. 20.)

3 Peter Haff, "Technology and human purpose: The problem of solids transport on the Earth's surface," *Earth System Dynamics* 3, 2012, 14ᅌ~50면.

4 Peter Haff, "Humans and technology in the Anthropocene: Six rules," *The Anthropocene Review* 1, 2014, 129~34면.

5 필립 맥마이클 『거대한 역설: 왜 개발할수록 불평등해지는가』, 조효제 옮김, 교양인 2013, 31면.

6 제이슨 히켈 『격차: 빈곤과 불평등의 세기를 끝내기 위한 탈성장의 정치경제학』, 김승진 옮김, 아를 2024, 325면.

7 Christa Brelsford et al., "Dataset of recorded electricity outages by United States county 2014-2022," *Nature Scientific Data* 11, 2024, 217면.

8 윤지로 「스페인 대정전에서 가장 간절했던 것」, 『한겨레』 2025년 5월 19일자.

9 김형준 「기후위기가 남긴 잿빛 지옥」, 『한겨레』 2025년 1월 13일자.

10 Bernard Stiegler, *The Neganthropocene*, Edited and Translated by Daniel Ross, Open Humanities Press 2018, 42면.

11 Johannes Krause and Thomas Trappe, *A Short History of Humanity: A New History of Old Europe*, Translated by Caroline Waight, Random House 2021.

12 Robert Skidelsky, *Mindless: The Human Condition in the Age of Artificial Intelligence*, Other Press 2024.

13 Bee Wilson, "Artificial cryosphere," *London Review of Books*, 19 February 2025.

14 바츨라프 스밀 『세상은 실제로 어떻게 돌아가는가』, 강주헌 옮김, 김영사 2023.

15 기술권이 현대문명에 끼치는 리스크는 다음을 참조하라. João Ribeiro Mendes, "Does the Sustainability of the Anthropocene Technosphere Imply an Existential Risk for Our Species? Thinking with Peter Haff," *Social Sciences* 10, 2021, 314면.

16 Fredric Jameson, "Future city," *New Left Review* 21, 2003, 76면.

17 후쿠시마 원전 사고에 대해서는 다음을 보라. 이정윤 『원자력 묵시록: 아무도 달해주지 않은 핵 안전 이야기』, 산경이뉴스신문사 2021, 348~59면.

18 최용락 「'건설의 날' 기념식에 김훈 "주검 위에 건설 없다…죽음의 역사 청산해야"」, 『프레시안』 2025년 8월 27일자, 강조는 필자.

19 시노하라 마사타케 『인류세의 철학: 사변적 실재론 이후의 '인간의 조건'』, 조성환·이우진·야규 마코토·허남진 옮김, 모시는사람들 2022, 130~31면, 강조는 필자.

20 W. H. Auden, *The Dyers Hand And Other Essays*, New York: Random House 1952 / London: Faber and Faber 1963.

21 이런 입장의 대표적인 연구로 다음을 보라. Alessio Terzi, *Growth for Good: Reshaping Capitalism to Save Humanity from Climate Catastrophe*, Harvard University Press 2022.

22 Asher Miller, Rob Dietz, and Jason Bradford, "Crazy Town 84. Escaping Technologyism: Dreams of AI Sheep and the Deadliest Word in Film History," Resilience, 24 April 2024.

23 실라 재서노프 『테크놀로지의 정치』, 김명진 옮김, 창비 2022.

24 아래 부분은 다음 자료를 요약한 것이다. Eric Pineault, "A Note on the Social Ecology of Capital," Resilience, 8 June 2023.

25 Bingchun Meng, "The hidden production line behind AI," LSE Research for the World, 27 May 2025.

26 황대권 「생태문명에 관한 열한 가지 테제」, 『민들레』 2025년 2월 2일자.

질문 12. 유한한 행성에서 무한한 자유가 가능한가

1 정태석 『행복의 사회학: 당신은 대한민국 몇 %입니까?』, 책읽는수요일 2014, 246면.

2 황경식 「신자유주의 이후의 자유 담론」, 『철학연구회 2016년 추계학술대회』, 2016, 3~12면.

3 신자유주의의 자유관은 다음 저작을 참고하라. 프리드리히 하이에크 『노예의 길』(원

서 초판 출판연도: 1944), 김이석 옮김, 자유기업원 2024; 프리드리히 하이에크『자유 헌정론』(원서 초판 출판연도: 1960), 최지희 옮김, 자유기업원 2023; 밀턴 프리드먼 『밀턴 프리드먼 자본주의와 자유』(원서 초판 출판연도: 1962), 심준보·변동열 옮김, 청어람미디어 2007.

4 아래의 신자유주의 비판은 다음 글을 요약한 것이다. Joseph E. Stiglitz, "Freedom for wolves," *The Atlantic* , 22 April 2024. 한국어 번역판은 다음을 보라. 조지프 스티글리 츠『자유의 길: 경제학은 어떻게 좋은 사회를 만들 수 있는가』, 이강국 옮김, 북이십 일 2025.

5 Bruce Jennings, Kaitlin Kish, and Christopher J. Orr, "Introduction," In C. J. Orr, K. Kish, and B. Jennings (Eds.), *Liberty and the Ecological Crisis: Freedom on a Finite Planet*, Routledge 2020.

6 Peipei Tian et al., "Keeping the global consumption within the planetary boundaries," *Nature* 635, 2024, 625~30면.

7 같은 글, 630면.

8 Valerie Dupont et al., "The Role of Quota Systems in Realising Planetary Boundaries," *Journal of Environmental Law* 36, 2024, 203~25면.

9 황경식, 앞의 글.

10 같은 글, 8면.

11 앙드레 고르스『에콜로지카: 붕괴 직전에 이른 자본주의의 대안을 찾아서』, 임희근 ·정혜용 옮김, 갈라파고스 2015, 74면, 강조는 필자.

12 카스토리아디스의 자유론 설명은 다음 연구를 요약하였다. Felix Windegger and Clive L. Spash, "Reconceptualising freedom in the 21st century: neoliberalism vs. degrowth," *New Political Economy* 28(4), 2023, 554~73면.

13 앞의 글, 562면.

14 Philip Pettit, "Agency-freedom and option-freedom," *Journal of Theoretical Politics* 15(4), 2003, 387~403면

15 Augustin Fragniere, "Ecological Limits and the Meaning of Freedom: A Defense of Liberty as Non-Domination," *De Ethica* 3(3), 2015, 33~49면.

16 같은 글, 47면. 메이브 쿠크는 생태위기의 현실에 부응하여 자신의 행위성을 발 휘하는 자유를 '자기전환적 인간 행위성으로서의 자유'라고 부른다. Maeve Cooke, "Reenvisioning Freedom: Human Agency in Times of Ecological Disaster,"

Constellations 30(2), 2023, 119~27면.

17 Ivan Illich, *Tools for Conviviality*, Marion Boyars 2009. (초판 출판연도: 1973)

18 같은 책, 18~19면.

19 Bruce Jennings, Kaitlin Kish, and Christopher J. Orr, 앞의 글, 8면, 강조는 필자.

20 Fergus Green, "Ecological limits: Science, justice, policy, and the good life," *Philosophy Compass* 16, 2021, e12740.

21 같은 글, 9면.

질문 13. 신속하되 정의로운 사회변혁이 왜 중요한가

1 사회-지구시스템의 급전환점에 대한 일반적 설명은 다음을 참조했다. Timothy M. Lenton, et al. (Eds.), *Global Tipping Points Report 2023* . Global Systems Institute, University of Exeter 2023.

2 같은 글, 41면.

3 『글로벌 급전환점 보고서(*Global Tipping Points Report*) 』는 다음 사이트를 참조하라. https://global-tipping-points.org/ (검색: 2025. 10. 20.)

4 Timothy M. Lenton et al. (Eds.), *Global Tipping Points Report 2025* , Global Systems Institute, University of Exeter 2025.

5 Clayton Page Aldern, " 'Everybody has a breaking point': how the climate crisis affects our brains," *The Guardian* , 27 March 2024.

6 Wonil Lee et al., "Heat stress-induced memory impairment isassociated with neuroinflammation in mice," *Journal of Neuroinflammation* 12(102), 2015, 1~13면.

7 Tao Yu et al., "The association between anthropogenic heat and parent-report symptoms of childhood attention deficit hyperactivity disorder in China: A novel perspective reflecting climate change," *International Journal of Hygiene and Environmental Health* 264, 2025, 114518.

8 긍정적 급전환의 설명은 다음을 보라. Steven R. Smith et al., "Introduction: Positive tipping points in technology, economy and society," In T. M. Lenton et al. (Eds.), *Global Tipping Points Report 2023* , Global Systems Institute, University of Exeter 2023, 284면.

9 이창곤 「한국의 사회정책 확대 담론: 과거, 현재, 미래」, 『비판과대안을위한사회복지

학회 학술대회 발표논문집』, 2024, 205~24면.

10 Jonathan F. Donges et al., "Taxonomies for structuring models for World-Earth systems analysis of the Anthropocene: subsystems, their interactions and social-ecological feedback loops," *Earth System Dynamics* 12, 2021, 1115~37면.

11 안나 쿠트·앤드루 퍼시 『기본소득을 넘어 보편적 기본서비스로!』, 김은경 옮김, 클라우드나인 2021.

12 장승권·Robert Chia, 「복잡계적 조직연구의 쟁점과 과제」, 민병원·김창욱 엮음 『복잡계 워크샵: 복잡계이론의 사회과학적 적용』, 삼성경제연구소 2006.

13 Sara M. Constantino et al., "Political systems: Positive tipping points in technology, economy and society," In T. M. Lenton et al. (Eds.), *Global Tipping Points Report 2023*, Global Systems Institute, University of Exeter 2023, 352면.

14 정규호 「기후 위기 시대 '강한 국가'론이 놓친 것 '기후 리터러시'」, 『민들레』 2025년 10월 12일자.

15 Smith et al., 앞의 글.

16 에리카 체노웨스·마리아 J. 스티븐, 『비폭력 시민운동은 왜 성공을 거두나?』, 강미경 옮김, 두레 2019.

17 Viktoria Spaiser et al., "Socio-behavioural systems: Cross-cutting enablers of positive tipping points," In T. M. Lenton et al. (Eds.), *Global Tipping Points Report 2023*, Global Systems Institute, University of Exeter 2023, 326면.

18 같은 글, 327면.

19 Lukas Fesenfeld et al., "Food systems: Positive tipping points in technology, economy and society," In T. M. Lenton et al. (Eds.), *Global Tipping Points Report 2023*, Global Systems Institute, University of Exeter 2023.

20 조효제 「먹거리 인권과 먹거리 주권의 시론적 고찰」, 『민주주의와 인권』 13(2), 2013, 267~301면.

21 유정길 『거룩한 불편: 녹색전환사회를 위한 지혜』, 모과나무 2025, 160면.

22 한승태 『고기로 태어나서: 닭, 돼지, 개와 인간의 경계에서 기록하다』, 시대의창 2018.

23 Jonathan Ensor and Eric Hoddy, "Securing the social foundation: A rights-based approach to planetary boundaries," *Earth System Governance* 7(100086), 2021, 3면.

24 다음 기사를 참조하라. 김지윤 「'친환경' 전기차 산업의 역설…발암물질 오염된 섬

마을」, 『뉴스타파』 2025년 5월 13일자.

25 Laura Pereira et al., "Equity and justice should underpin the discourse on tipping points," *Earth System Dynamics*, 15, 2024, 341~66면.

26 제이슨 히켈 『격차: 빈곤과 불평등의 세기를 끝내기 위한 탈성장의 정치경제학』, 김승진 옮김, 아를 2024, 195면.

27 이반 일리치 『행복은 자전거를 타고 온다: 에너지와 공정성에 대하여』, 신수열 옮김, 사월의책 2018.

질문 14. 재앙을 낳는 '어둠의 자식들'을 어찌할 것인가

1 이 장의 서술은 다음 연구의 틀을 따랐다. Ray Galvin, "Power, evil and resistance in social structure: A sociology for energy research in a climate emergency," *Energy Research & Social Science* 61(101361), 2020, 1~8면; 안소니 기든스 『사회구성론』 개정판 (원서 초판 출판연도: 1984), 황명주·정희태·권진현 옮김, 간디서원 2012.

2 Richard Barnthaler et al., "The power to transform structures: power complexes and the challenges for realising a wellbeing economy," *Humanities and Social Sciences Communications* 11(558), 2024, 1~16면.

3 같은 글, 5면.

4 Eve Darian-Smith, "Rising authoritarianism and worsening climate change share a fossil fueled secret," *The Conversation*, 27 April 2022.

5 Harold Meyerson, "Ford and Musk. They made cars. They backed Fascists," *American Prospect*, 6 January 2025.

6 Nafeez M. Ahmed, "Trumpocracy 2.0, the collapse of the American dream and the battle for the next system," Age of Transformation, 11 February 2025.

7 Sarah Kerr, Michael Vaughan, and Annalena Oppel, "Talking about wealth inequality," Joseph Rowntree Foundation, 9 June 2025.

8 김동춘 『권력과 사상통제: 한국은 사상통제의 긴 터널에서 빠져나왔나』, 역사공간 2024, 519면.

9 Galvin, 앞의 글, 3면.

10 Jeffrey C. Alexander, "Toward a sociology of evil: Getting beyond modernist's sense about the alternative to 'the good'," In M. P. Lara (Ed.), *Rethinking Evil:*

Contemporary Perspectives, University of California Press 2001, 153면.

11 박경미 「고맙습니다」, 이화여자대학교 신학대학원 퇴임사, 2024년 11월 26일.

12 이런 문제를 파고든 저작으로 다음을 보라. 김왕배 『도덕감정의 사회학』, 한울 2024.

13 Galvin, 앞의 글, 6면.

14 Peter Duus, *The Idea of Evil*, Routledge 2004, 11면. 이는 다음에서 재인용했 다. Aliraza Javaid, "The sociology and social science of 'evil': Is the conception of pedophilia 'evil'?," *Philosophical Papers and Review* 6(1), 2015, 2면.

15 카우시크 바수의 다음 연구를 보라. Kaushik Basu, "The morphing of dictators: why dictators get worse over time," *Oxford Open Economics* 2, 2023, 1~19면. 브랑코 밀 라노비치의 반박은 다음을 보라. Branko Milanović, "There is no exit for dictators," *Global Policy Journal*, 7 November 2023.

16 Basu, 앞의 글, 3면, 강조는 필자.

17 Richard Heinberg, *Power: Limits and Prospects for Human Survival*, New Society Publishers 2021.

18 아래 두 문단은 다음을 참고했다. Lena Partzsch, "'Power with' and 'power to' in environmental politics and the transition to sustainability," *Environmental Politics* 26(2), 2017, 193~211면.

19 대커 켈트너 『선한 권력의 탄생: 1%가 아닌 '우리 모두'를 위한 권력 사용법』, 장석 훈 옮김, 한국경제신문 2018.

20 조희연 「'윤석열 탄핵' 이후 분노를 넘어 대전환의 희망을 잉태하려면: 전환의 필요 성과 그 단계별 과제」, 『프레시안』 2024년 12월 17일자, 강조는 필자.

21 이주영 「지구의 생태적 한계선 내에서 모두가 인간다운 삶을 누리는 것이 가능할 까」, 『월간 복지동향』 302호, 2023.

22 Neil Stammers, "Human Rights and Social Movements: Theoretical Perspectives," *Revue interdisciplinaire d'études juridiques* 75, 2015, 67~89면.

23 Galvin, 앞의 글.

24 데이비드 보이드 『자연의 권리: 세계의 운명이 걸린 법률 혁명』, 이지원 옮김, 교유 서가 2020.

25 오문환 「동학(천도교)의 인권사상: 인권의 보편성과 공동체성을 중심으로」, 『동학 학보』 17, 2009, 127~53면.

26 김중섭 「형평운동의 역사적 과정과 의의」, 김중섭·장만호 엮음 『형평운동과 인권의

시대』, 2020인문도시진주사업단 2023, 59~101면.

27 고범서『라인홀드 니버의 생애와 사상』, 대화문화아카데미 2007.

28 라인홀드 니버『빛의 자식들과 어둠의 자식들』(원서 초판 출판연도: 1944), 이한우 옮김, 문예출판사 1995, 23~4면.

질문 15. 왜 지구가 뜨거워질수록 극우가 득세하는가

1 Adolf Hitler, *Mein Kampf*(초판 출판연도: 1924), Translated by Ralph Manheim, Mariner Books 1971, 550~1면.

2 파시즘에 대한 현재적 함의로는 다음을 보라. 조효제「파시즘 논쟁에 종지부를 찍는 결정판」, 로버트 O. 팩스턴『파시즘: 열정과 광기의 정치혁명』, 손명희·최희영 옮김, 교양인 2005.

3 윌리엄 러츠『더블스피크: 대중을 유혹하는 은밀한 이중화법의 세계』, 유강은 옮김, 교양인 2025.

4 김용우「생태 파시즘과 극우 생태주의」,『청람사학』40. 2025, 373~406면.

5 Daniele Conversi, "Eco-fascism: an oxymoron? Far-right nationalism, history, and the climate emergency," *Frontiers in Human Dynamics* 6, 2024, 1373872.

6 Dani Rodrik, "Why Does Globalization Fuel Populism? Economics, Culture, and the Rise of Right-Wing Populism," *Annual Review of Economics* 13, 2021, 133~70면.

7 Jacob Fuller, "Backfire: How the Rise of Neoliberalism Facilitated the Rise of The Far-Right," *The Compass* 1(10), 2023, 16~28면.

8 국제 이주자에 관한 유엔의 조사를 참조하라. United Nations, *International Migrant Stock 2024: Key facts and figures*, UN DESA/POP/2024/DC/NO. 13, 2024.

9 Frédéric Docquier and Hillel Rapoport, "Immigration and Right-Wing Populism: The Vicious Circle of Xenophobia," International Migration Economics, Policy Brief 13, December 2024.

10 Zara Goldstone, "Migration as Reparation for Colonialism," *Res Publica* 30, 2024, 763~81면.

11 IPCC의『제6차 평가보고서—제2실무그룹보고서: 영향, 적응 및 취약성』중 7장을 참고하라. Guéladio Cissé et al., "Health, Wellbeing and the Changing Structure of Communities," In IPCC (Ed.), *Climate Change 2022: Impacts, Adaptation and*

Vulnerability. Contribution of Working Group II *to the Sixth Assessment Report of the Intergovernmental Panel on Climate Change*, Cambridge University Press 2022.

12 UNHCR (2025). *No Escape II: The Way Forward*. UNHCR.

13 Jacob Metz-Lerman, "Rising seas and rising authoritarianism: Fearful responses to climate migration," Open Global Rights, 5 March 2025.

14 Nafeez M. Ahmed, "Culture wars are a symptom of earth system crisis," Age of Transformation, 22 August 2023.

15 Guy J. Abel et al., "Climate, conflict and forced migration," *Global Environmental Change* 54, 2019, 239~49면.

16 『미국국립과학원회보(PNAS)』에 실린 기후변화와 시리아 난민 사태의 다면적 분석을 참조하라. Colin P. Kelley et al., "Climate change in the Fertile Crescent and implications of the recent Syrian drought," *PNAS* 112(11), 2015, 3241~46면.

17 Anthony Edo and Yvonne Giesing, "Has Immigration Contributed to the Rise of Rightwing Extremist Parties in Europe?" *EconPol Policy Report* 23, 2020.

18 최원형「기후행동 요구하는 89%에게 묻노니」,『한겨레』2025년 3월 25일자.

19 Cara Daggett, "Petro-masculinity: Fossil Fuels and Authoritarian Desire," *Millennium* 47(1), 2018, 25~44면.

20 조사 결과는 다음 웹페이지를 참조하라. https://earth4all.life/global-survey-2024/ (검색: 2025. 10. 20.)

21 황인정「누가 한국의 극우인가? 한국 극우의 특징과 정치적 함의」,『정치·정보연구』27(2), 2024, 127~62면.

22 미국의 기독교 파시즘을 일찍부터 경고한 다음 책을 참조하라. 크리스 헤지스『지상의 위험한 천국: 미국을 좀먹는 기독교 파시즘의 실체』, 정연복 옮김, 개마고원 2012.

23 권순부·류민희·박한희·송이원·심기용·이호림·강예정·정성조『극우리포트: 성소수자 혐오에서 내란옹호까지』, 성소수자차별반대 무지개행동·차별금지법제정연대 2025.

24 이세영「100명 중 4명 '심각한 극우'… 국힘 지지층선 12% 육박」,『한겨레』2025년 9월 17일자.

25 신혜정·윤순진「기후·환경에 앞서는 '생존': 생애사를 통해 본 태극기 집회 참가자들의 기후·환경 인식과 가치관」,『환경교육』36(4), 2023, 390~412면.

26 같은 글, 401면.

27 같은 글, 402면.

28 김윤민 「[소셜코리아] '성장'만으로 위기 넘을 수 있나…대선판 사라진 '복지 비전'」, 『오마이뉴스』 2025년 5월 8일자.

29 황인정, 앞의 글, 157~9면.

30 최원형 「원전과 극우 포퓰리즘, 그리고 윤석열」, 『한겨레』 2024년 12월 31일자.

31 박권일 「'이대남' 극우화보다 중요하다… 한국의 극우화」, 『한겨레』 2025년 7월 4일자.

32 Peter Hayes, *Why? Explaining the Holocaust*, W.W. Norton & Company 2017.

33 Adrienne R. Brown, "Environmental anomie and the disruption of physical norms during disaster," *Current Sociology* 72(3), 2022, 407~23면.

34 아래의 내용은 다음 연구의 골격을 따랐다. Viktoria Spaiser et al., "Negative social tipping dynamics resulting from and reinforcing Earth system destabilization," *Earth System Dynamics* 15, 2024, 1179~206면.

35 뤼트허르 브레허만 『휴먼카인드: 감춰진 인간 본성에서 찾은 희망의 연대기』, 조현욱 옮김, 인플루엔셜 2021.

36 Jon Green et al., "Depressive symptoms and conspiracy beliefs," *Applied Cognitive Psychology* 37(2), 2023, 332~59면.

37 Fatih Uenal et al., "Climate change threats increase modern racism as a function of social dominance orientation and ingroup identification," *Journal of Experimental Social Psychology* 97(5), 2021, 104228.

38 Katie Pruszynski, "The 2024 Elections: How "Wedge Lies" are fuelling democratic backsliding in the US," LSE USAPP Blogs, 19 May 2025.

39 오세연 「기후 젠트리피케이션으로 인한 범죄양상과 위험성에 관한 시론적 연구」, 『한국재난정보학회논문집』 20(3), 2024, 601~8면.

40 임용진·한종희 「젠트리피케이션과 범죄 두려움의 영향 관계에서의 지역해체 매개효과」, 『한국범죄정보연구』 6(1) 2020, 165~86면.

41 Dominic Eagleton, "Trump's minerals deal: Bad for Ukraine, bad for climate," Global Witness, 10 April 2025.

42 조효제 『침묵의 범죄 에코사이드』, 창비 2022, 230~35면.

43 김지혜 「조효제 교수 "성소수자 차별하면 지구도 못 지킨다"…인권과 환경 연결짓

는 책 '침묵의 범죄 에코사이드'」,『경향신문』 2022년 4월 5일자.

44 Anders Fremstad and Mark Paul, "Neoliberalism and climate change: How the free-market myth has prevented climate action," *Ecological Economics* 197, 2022, 107353.

45 신자유주의 정책과 정신건강에 관한 미국의 사례는 다음 연구를 보라. Antonio Ventriglio and Dinesh Bhugra, "Neoliberal capitalism policies and mental health," *International Journal of Social Psychiatry* 69(6), 2023, 1301~302면.

46 Glenn Adams et al., "The Psychology of Neoliberalism and the Neoliberalism of Psychology," *Journal of Social Issues* 75(1), 2019, 189~216면.

47 Nafeez Ahmed, " "Planetary phase shift" as a new systems framework to navigate the evolutionary transformation of human civilisation," *Foresight*, 6 November 2024.

48 배진아「극우의 탈을 쓴 여성혐오 선동, 방임된 '젠더 갈등'의 민낯」,『이대학보』, 2025년 3월 16일자.

49 홍성수「윤석열은 갔지만 혐오가 남았다」,『한겨레』 2025년 4월 23일자.

50 신진욱「윤석열이 남기고 간 폭력의 구조」,『한겨레』 2025년 4월 23일자.

51 장석준「내란 뿌리 뽑는 사회대개혁」,『한겨레』 2025년 3월 20일자.

52 윤홍식「극우·우경화 시대 '복지국가'의 길」,『한겨레』 2025년 3월 24일자.

53 노대명「[소셜코리아] 극우 급성장 배경은 '불평등'… 위기 극복 열쇠는 '사회권'」,『오마이뉴스』 2025년 3월 27일자.

54 이태호「아직 끝나지 않은 내란과 '변혁적 중도'」,『창비주간논평』 2025년 3월 4일자.

나오며

1 소송의 전체 개요는 다음 판례 사이트를 참조하라. Lennart Wegener, "C2LI Litigation Brief #2/2025 Higher Regional Court of Hamm, Germany Lliuya v RWE Judgment of 28 May 2025," Lexxion, 12 June 2025.

2 재독한인글뤼카우프회『파독광부 45년사 (1963~2008)』, 북마크 2009.

3 박경용「디아스포라 경계 넘기와 독일 광부 되기: 1960년대~1970년대 파독 광부를 중심으로」,『다문화와평화』 13(2), 2019, 83~106면.

4 모겐소는 이 같은 구상을 발전시켜 단행본을 출간했다. Henry Morgenthau, *Germany*

is Our Problem, Harper and Brothers Publishers 1945.

5 Richard Heede, "Tracing anthropogenic carbon dioxide and methane emissions to fossil fuel and cement producers, 1854-2010," *Climate Change* 122, 2014, 229~41면.

6 Yann Quilcaille et al., "Systematic attribution of heatwaves to the emissions of carbon majors," *Nature* 645, 2025, 392~98면.

7 이희영 「이주여성들, 정치를 관통하다: 재독 한인여성들의 1970년대 체류권 투쟁을 중심으로」, 『사회와역사』 117, 2018, 237~86면.

8 김귀옥 「1970, 1980년대 재독 한인의 한국민주화운동: '민주사회건설협의회'를 중심으로」, 『기억과전망』 48, 2023, 208~58면.

9 같은 글, 217면.

10 Noah Walker-Crawford, "A Peruvian farmer is trying to hold energy giant RWE responsible for climate change — the inside story of his groundbreaking court case," *The Conversation*, 27 November 2023.

11 저먼워치의 홈페이지(영문)를 참조하라. https://www.germanwatch.org/en/ (검색: 2025. 10. 20.)

12 Antony P. Mueller, "How Germany should have been de-industrialized: the Morgenthau Plan and what it reminds of today," Institut für Marktintegration und Wirtschaftspolitik, 30 October 2022.

13 Craig Lundy, "Towards a complex conception of progress," *The Sociological Review* 70(2), 2022, 275면.

불타는 지구에서 다르게 살 용기

새로운 전환의 서사를 위하여

초판 1쇄 발행/2025년 11월 27일

지은이/조효제
펴낸이/염종선
책임편집/김새롬 이한솔
조판/황숙화
펴낸곳/(주)창비
등록/1986년 8월 5일 제85호
주소/10881 경기도 파주시 회동길 184
전화/031-955-3333
팩시밀리/영업 031-955-3399 편집 031-955-3400
홈페이지/www.changbi.com
전자우편/human@changbi.com

ⓒ 조효제 2025
ISBN 978-89-364-8099-8 03300